왓 어모닝!

What a morning!

기막힌 아침

이강 지음

쿰란출판사

서지윤 집사(가득한 교회)

이강 목사님의 《왓 어 모닝!》 두 번째 묵상집 출판을 감사함과 기쁨으로 축하드립니다.

아침 묵상을 통해 목사님과 함께 지내온 지난 5년 넘는 세월을 돌이켜보려 하니 오늘 아침도 하나님의 말씀과 기도로 시작하고 있는 제 모습을 보게 됩니다.

매일 아침 눈으로만 읽던 목사님의 묵상 글이 언제부터인가 저와 주님과의 친밀한 교제로 바뀌었고 저도 주님과의 동행을 시작하였습니다.

목사님께서 하나님의 말씀을 쉽게 이해시켜 주시고 깨닫게 해 주셔서 제 믿음이 조금씩 자라나고 주님과 함께 걸어가는 길이 얼마나 귀하고 축복 받은 일인지 알려 주심에 감사드립니다.

목사님과 함께 왓 어 모닝! 기막힌 아침을 매일 경험할 수 있음에 저는 행복합니다. 말씀을 통해 슬플 때는 위로로, 낙심할 때는 소망으로, 기쁠 때는 감사로 인도해 주시는 우리 주님을 찬양합니다.

목사님, 책 출판을 축하 드립니다.

🕊 Dr. Lee(프린스턴, 뉴저지)

안녕하세요?

매일 아침 목사님의 은혜의 말씀으로 하루를 시작하고 있습니다. 목사님의 말씀을 통해 우리 좋으신 하나님의 무한하신 사랑을 붙잡고 항상 감사하는 마음입니다.

늦게나마 목사님께 감사의 마음을 전하고자 연락드렸습니다. 두 분 늘 건강하시고 언제나 주님의 은혜가 충만하시길 기도합니다.

🕊 조남중 선교사(뭄바이, 인도)

이강 목사님의 《오! 마이 갓!》에 이어서 두 번째 글모음 책 《왓 어 모닝!》의 출판을 축하합니다.

What a morning!

인도와 미국간 시차로 인하여 이강 목사님께서 나누어 주시는 묵상 나눔은 밋밋한 인도의 아침을 깨웁니다.

육신의 고단함은 말씀과 함께 나누어 주시는 일상의 이야기, 오랜 추억 그리고, 세계 역사와 문화를 담아내는 예화들로 인하여 What a morning! 기막힌 아침을 열게 합니다.

누구에게나 아침은 열리는 것이지만 말씀과 누구나 공감할 수 있는 삶의 지혜로 하루를 여는 것만큼 삶을 풍요롭게 하는 것은 없을 것입니다.

날마다 경이로운 하루의 아침을 열어주시는 이강 목사님께 감사한 마음 전합니다.
감축드립니다, 목사님, 참으로 기막힌 아침이었습니다.

📛 영원한 친구 이근호 목사(버지니아)

이 목사, 일일이 댓글을 보내진 않아도 매일 보내주는 글들에 많은 은혜와 감동을 받고 있어. 그 글들을 읽는 분들도 마찬가지일 것이라 생각해. 항상 좋은 글들을 보내줘서 감사해. 특히 며칠 전 "머니볼, 작은 자의 이론"과 "거울은 먼저 웃지 않는다"를 읽고 많은 깨달음과 감동을 받았지.

나도 배경이 없고 환경이 불행한 누군가를 위해 그리고 내 손주들의 앞날을 위해 좋은 후원자가 되야겠다는 다짐을 하게 되었어.

지난번 부족한 나를 부흥회 강사로 초대해주어 진심으로 감사하고, 내가 영적으로 회복되는 데 큰 도움을 주어서 감사하고 있어. 사모님이 많이 좋아지신 것을 보고 놀랐고 감사를 드렸어. 그동안 이 목사가 수고를 많이 했구나 하고 느낄 수 있었지. 이 목사도 연단을 많이 받아 매우 온유해진 것을 보며 '하나님이 갖가지 방법으로 우릴 사람을 만드시는구나' 생각했지.

항상 건강하고 승리하길 기도할게. 좋은 주말 되기를!

🌿 황혜진 권사(가득한 교회)

횟수로 6년이 넘는 목사님의 새벽 묵상글이 이제는 잠을 깨자마자 보는 일상이 된지 참 오래됐습니다. 저에게 새벽 묵상글은 일상생활에서 생각을 전환하게 하고, 어설픈 믿음의 방향을 잡아 주는 배의 키잡이와 같아요. 매일 아침 주님이 나의 삶의 주인이심을 말씀으로 깨닫게 해주셔요. 죄 가운데 있는 지금 이 순간도 방향을 주님께 돌리고 향하게 해주는 목사님의 묵상을 책으로 다시 낸다고 하셔서 참으로 감사드립니다.

🌿 이후석 목사(뉴저지)

7년여 전부터 미국 교회를 목회하면서 혼자 새벽 묵상과 기도 시간을 가지는 중에 만나게 된 이강 목사님의 매일 새벽 묵상글은 큰 도움이 됩니다.

개인적으로 아침 묵상은 영어로 된 Daily Bread를 이메일로 받아 매일 읽고 듣고 하는데, 이강 목사님께서 같은 성경 본문으로 새벽 묵상글을 올려주시니 갑절로 은혜가 됩니다.

저도 한인교회를 목회할 때 매일 새벽기도회 후에 "새벽 묵상"이라는 글을 SNS에 올리곤 했는데, 매일 지속적으로 올리는 게 결코 쉽지 않았던 기억이 있습니다.

그래서 매일 새벽에 적절한 예화와 함께 영감 있는 묵상글을 올려주시는 이강 목사님이 참으로 귀하고 감사하다는 생각이 듭니다. 다시 한번 두 번째 글모음 책의 출판을 축하드립니다. 샬롬!

이영선 권사(뉴저지)

아침마다 귀한 말씀을 볼 수 있는 것은 트레스디아스를 경험한 우리의 행운이라 여겨집니다. 늘 새롭고 재미있기까지 한 목사님이 전해주시는 주님의 말씀 묵상 시간이 너무 좋습니다.

이런 귀한 말씀을 매일 읽고 묵상할 수 있다면 많은 사탄의 발악적 몸부림을 가볍게, 지혜롭게 이겨낼 수도 혹은 최소한 비켜갈 수 있을 것입니다.(그래서 지인들에게 이 말씀을 공유하고 있습니다. 너무 좋아합니다.)

황의열 권사(뉴저지)

저도 뼈암을 앓고 있는 친구에게 매일 아침 아침 묵상을 보내고 있습니다. 많은 힘이 된다고 고마워하고 있습니다. 목사님, 계속 올려주셔서 정말 감사합니다!!!

한태영(뉴저지)

할렐루야!
What a Morning!(기막힌 아침)
새벽을 깨우는 목사님의 묵상으로
하루를 결단하며 은혜롭게 시작합니다.
Band를 통해 적은 여러 댓글에
꼭 엄지척 답변을 해주시는 목사님! 감사합니다

설금호 집사(필라델피아 교회)

목사님, 또 한 권 목사님의 분신이 태동을 시작했군요. 우선 축하 드립니다. 이 아침에 공지 글월을 보면서 제 가슴이 콩닥콩닥 뛰었습니다. 미약하고 부족한 댓글을 책에 실어 주신다는 것 때문에요. 무한영광, 이 영광을 하나님께 올려 드립니다.

이 아침의 기도 글월을 만난 지가 어느덧 3년이 되었군요. 이스라엘 성지 순례가 인연이 되어 오늘까지 이 아침을 열어 주십니다. 이 아침의 기도를 대할 때마다 어김없이 목사님의 한 모습이 떠오릅니다.

성지 순례길 버스 안에서 목사님 바로 앞좌석의 어떤 분이 목사님께 간식을 건네면서 하나밖에 없으니 조용히 드시라던 말에 그 간식을 안 받으시던 목사님과 저는 눈이 마주쳤습니다. 저는 순간 엄지척을 보내드렸습니다.

하나밖에 없다는 그것을 못 받으시던 그때의 목사님께 보인 정직?이란 말보다 어떤 표현이 목사님의 그 강직하심을 강하게 대변할지를 지금도 찾지 못했습니다.

버스 안에서 뵌 목사님의 그 모습은 제 일생의 모토로 삼아 적당히가 아닌 분명하고 확실한 정직성으로 살아가려고 노력합니다. 또한 목사님의 당당하게 거절하시던 참으로 자연스러우심과 선하심을 닮아가겠습니다.

매일 아침 수없이 많은 금과옥조의 글월은 매일을 살아가는 믿음 안에서 큰 은혜의 힘이 됨은 물론 많은 질문에도 정성껏 진솔한 답변을 주심에 큰 감사를 드립니다. 두서없는 답신 이만 줄이면서 매일 아침의 기도도 기막히는데 "기막힌 아침"은 저를 아주 기절시켜 버리진 않을까요?

출판 비용도 만만치 않으실 텐데 Book Fee 적으나마 선불로 지불하겠습니다. 메일 주소 좀 보내주십시오. 언제쯤 출판되는지 학수고대합니다.

❦ 김태언 장로(뉴욕)

목사님, 주님이 주시는 영적 혜안과 지혜의 말씀으로 아침마다 영의 양식을 먹게 하심에 감사합니다.

　귀한 말씀 속에서 천국의 소망을 갖게 하시고 삶에 지친 마음을 말씀으로 위로하시며, 회개케 하시고, 권면하시고, 헌신과 섬김의 본이 무엇인지, 우리가 어떤 삶을 이 땅에서 살아야 하는지를 너무도 명쾌하게 표현하시고 구현하시고, 실행케 하시는 목사님의 그 노고로 두 번째 책이 출판됨을 하나님께 감사드리며 축하드립니다. 목사님과 사모님 늘 건강하시고 주님 오실 그 날까지 계속되는 영혼 구원 사역과 아직도 주를 알지 못하는 수많은 뭇 영혼 위해 애쓰시고, 헌신하시는 목사님께 하나님의 크신 은혜와 사랑과 축복이 함께하시길 두 손 모아 진심으로 기도합니다.

🌷 이강례 전도사(애틀랜타)

　매오묵을 아시나요?
　매일 먹는데도 설렘 가득한 음식이랍니다. 달다가 써도 가장 좋아하는 음식이 되었시요. 드셔보세요! 기대감 가득한 맛에 하나만 생각날 거예요.
　주님 맛!
　매일 오는 묵상 매오묵…

🌿 임은경 집사(롱아일랜드)

늘 묵상하던 하나님의 말씀이 어느 날 특별히 가슴에 와 닿던 때가 있습니다. 내 상황과 딱 맞을 때 더 그런 것 같습니다. 어떻게 그리 딱 맞는지 놀랄 정도인데 아마도 뻔하게 읽던 말씀을 뻔하지 않게 읽어서인 것 같습니다. 오늘도 주님의 귀한 말씀으로 하루를 지혜롭게 살아갈 수 있기를 간절히 기도합니다. 감사합니다.

🌿 송은식 장로(스태튼 아일랜드 뉴욕)

매일 새벽 목사님께서 전해 주시는 말씀 묵상으로 많은 은혜를 받고 있습니다. 하루를 말씀 묵상과 기도로 시작하게 하시고 실생활에 적용된 풍성한 예화가 말씀을 더 깊이 깨닫게 하고 친근한 말씀이 되어 주위에 하나님으로부터 멀어진 사람들에게 전하고 공유할 수 있어서 더욱 감사드립니다.

목사님, 영육간에 강건하시고 항상 성령충만 하시길 기도합니다. 감사합니다.

🌿 장영숙(뉴저지)

아침에 일어나면 목사님의 영의 양식이 배달되어 있어서 주님께 감사드립니다. 지금 이 시간에도 추워지는 날씨에 지하감옥과 노동소에서 혹독한 고문과 노동으로 힘들어하는 북한정치범 수용소의 많은 사람들을 생각하면 가슴이 아픕니다. 마음껏 기도하고 큰소리로 찬양을 드릴 수 있는 우리는 얼마나 축복된 삶을 살고 있는지요. 그분들의 일용할 양식을 위해 매일 기도하면 좋겠습니다. 바울의 감옥이 터지듯이 북녘 땅에도 자유와 평화가 오기를요. 마라나타!

유승화 장로(웨인 뉴저지)

목사님의 주옥같은 말씀으로 제 영혼을 풍성한 은혜로 채워 주셨음을 감사드립니다. 그리고 많은 분들이 덩달아 매일매일 일상을 하나님의 말씀으로 채워 살아가게 된 줄 믿습니다.

제 생각에는 목사님의 글 마지막에 목사님 이름을 넣으면 어떨까 생각됩니다. 가끔 읽는 독자 중에는 제가 쓴 글로 혼동할 때가 있어 물어봅니다.

물론 목사님의 이름을 대며 자세히 설명해 줍니다. 지금도 200명 정도가 목사님의 글을 읽고 은혜를 받고 감동을 받고 회개도 하는 독자들이 있습니다. 저는 사명을 다하여 퍼 나릅니다.

모든 것 주님의 은혜입니다. 감사드리고요. 새해에도 주님께서 주시는 영감으로 글이 계속되기를 바랍니다. 감사합니다.

머리말

뻔한 말씀, 뻔하지 않은 이야기

흔히 '잔소리'가 듣기 싫을 때 '설교하지 말라'고 말합니다. 다 이미 들었던 '뻔한 이야기'라는 것입니다. 처음에 들을 때는 다른 이야기 같지만 도출되는 결론은 늘 같은 '뻔한 이야기'입니다. 그런데 하나님의 말씀이 바로 하나님의 '뻔한 이야기'입니다.

유대인들은 이 '뻔한 이야기'를 열심히 연구하고 배웁니다. 부모는 자녀들에게 반드시 가르쳐야 할 것이 무엇인지 압니다.

왜 하나님을 예배하는가? 여호와의 율법은 우리에게 무엇인가? 왜 아버지를 가정의 제사장이라고 하는가? 가정의 제사장인 아버지의 의무는 무엇인가? 성경에서 말하는 자녀의 바른 자세는 무엇인가? 아내는 왜 남편의 돕는 배필인가? 왜 부모에게 효도해야 하는가? 왜 고난의 역사 교육이 그렇게 중요한가?

왜 하나님은 사랑하시는 이스라엘 백성에게 고난의 광야 길을 걷게 하셨는가? 이런 '뻔하면서 뻔하지 않은 이야기'를 가정 안에 부모에게 배웁니다. 평범하지만 중요한 진리들입니다.

그리고 "왜?"라는 질문을 통해 토론하는 법을 배우고 상대방을 설득할 수 있는 '논리'를 배웁니다. 그래서 유대인 가운데 '논쟁을 잘 하는' 변호사들이 많은지도 모릅니다.

노벨상 수상자 가운데 전체 수상자의 4분의 1을 유대인이 차지하고 있습니다. 똑똑해서가 아니고 교육에 그 비결이 있습니다. 어려서부터 배운 '뻔한 이야기'를 뻔하지 않게 배운 데에 비밀이 있습니다.

세계적인 바이올리니스트 사라 장이 가장 연주하기 힘든 곡으로 '브람스'를 꼽습니다. 테크닉이 좋다거나 곡조만 잘 안다고 연주할 수 있는 곡이 아니기 때문입니다.

어려서 줄리어드 예비학교에서 배웠던 곡을 20세가 훨씬 지나서야 무대에서 연주할 수 있었습니다. '뉴욕 필'의 상임 지휘자를 역임했고 사라의 스승인 '쿠르트 마주어'가 말렸기 때문입니다.

몇 년 후 허락했을 때 조건을 내걸었습니다. 그것은 예전에 배웠던 브람스를 완전히 잊어버리라는 것입니다. 마주어는 사라 장의 브람스를 아주 처참할 정도로 뜯어 고쳤다고 합니다. 뻔한 연주를 뻔하지 않게 다시 배운 것입니다.

사라 장은 고백합니다. "브람스가 가진 드라마틱함 그리고 그 열정이 때로는 저를 힘들게 해요. 롤러코스터를 탄 것처럼 아무렇게나 분출하면 곧장 엉망이 되고 말거든요. 그 엄청난 감정과 에너지를 연주하는 내내 지적으로 컨트롤해야 하죠."

작곡가의 마음과 그 속에 담겨있는 전체를 습득하며 연주를 할 때 브람스의 '뻔한 이야기'가 뻔하지 않게 재연되고 살아난 것입니다. 이와 똑같은 프로세스로 말씀이 우리 안에 역사합니다.

'뻔한 이야기'임에도 '뻔하지 않게' 우리를 사랑과 기쁨 속에 살게 하는 운동력이 있습니다. 여호와의 증거가 확실하기 때문입니다. 뻔한 이야기같이 들려도 항상 신뢰할 수 있기에 우리 영혼을 살립니다.

어느 날 아침, 말씀을 묵상하다 마음에 들려온 노래가 어릴 적 즐겨 듣던 존 바에즈의 흑인 영가 '왓 어 모닝'입니다. 뻔한 말씀을 통해 뻔하지 않은 이야기가 마음속에 재구성된 '기막힌 아침'에 울려 퍼진 노래입니다.

> Oh Lord, what a morning!
> Oh Lord, what a morning
> Oh Lord, what a morning

When the stars begin to fall
주님, 기막힌 아침입니다
(새벽이 깃들어) 별이 지는
기막힌 아침입니다

2023년 새해 벽두
뉴저지 마틴스빌 마을에서
이 강 목사

목차

추천사 _ 2
머리말 _ 12

1부_ 두 모습

두 모습 22 / 약속의 무게 25 / 하나님도 아프시다 29
같이 하면 쉽습니다 33 / 깊은 데로 가라 36
은혜와 믿음의 이중주 39 / 예배의 향기 43
마음 항아리 46 / 무엇을 바라보십니까? 49
그들만의 나무 52 / 벽에 갇힌 사람, 벽을 뛰어넘는 사람 55
능동적 기다림 58 / 우리는 서로에게 선물입니다 61
우리 안에서 태어나시는 예수님 64 / 인생의 등불 68
얼굴값, 이름값 71 / 재해석된 지혜 75 / 새해의 결단 78
흔들리는 인생, 든든히 서는 인생 81 / 감추기와 드러내기 84
용서의 노래 87 / 터무니없는 일 91

권세 있는 새 교훈 94 / 아직 일할 때입니다 97

하나님의 공백 100 / "레디, 액션!" 103

홀로서기 106 / 스펙 쌓기 109 / 나의 주님 112

내면의 쿠데타 115 / 아빠의 잔소리 119

모든 것이 은혜였소 122

2부_ 성령의 터치

성령의 터치 128 / 바보 같은 사랑 131

리프로그래밍의 두 원리 134 / 남의 권고를 듣는 사람 138

존귀한 존재 142 / 이 시대에 꼭 필요한 기도 146

있을 때 잘하세요 149 / 그 한마디 152

또 하나의 열매를 바라며 155 / 염려와 불안의 치유 158

역할극 161 / 궁색한 변명 164 / 영혼의 노숙자 167

여우의 노림수 170 / 평강을 찾는 법 173

희생인가, 투자인가? 176 / 악순환과 선순환 180
남은 때를 사는 지혜 183 / 바보 사랑 186 / 베드로 189
가상칠언 192 / 우리도 그렇게 할 수 있을까? 195
사랑하면 나타나는 것들 198 / '싱 어게인'의 삶 201
꼭 필요한 불편함 205 / 쉽게 하는 거짓말 209
마음을 토하십시오 212 / 반지의 영광 215
짙은 냄새 218 / 영적 진단 221 / 근거 있는 용기 224
리부트 시나리오 228

3부_ 품격 있는 나눔, '페아법'

품격 있는 나눔, '페아법' 232 / 미지근한 신앙의 덫 236
영혼의 몸살 239 / 거위의 꿈, 하나님의 꿈 242
자원하는 심령 245 / 인생 후반전 248
침묵의 소리 251 / '유레카'와 '심봤다' 254

'야무진 꿈'을 꾸며 달리는 그대에게 **257**

새 노래로 부르자 **261** / 작은 믿음의 행보 **265**

기도의 줄 **268** / 기독교의 핵심 **271**

'월클' 아닙니다 **274** / 록펠러의 흑역사 **277**

믿음의 행보 **280** / 폴리스 시티 **283**

준비된 돈키호테 **286** / 누가 다스리는가? **289**

못다 한 말들 **292** / 끝날 때까지 끝난 게 아닙니다 **296**

주님의 눈물 **300** / 마음이 무너질 때 **303**

쉽지 않은 고백 **307** / 차이를 만드는 사람들 **310**

'염려'라는 헛발질 **314** / 먼저 감사 **317**

아브람 미션 **320** / 뜻밖의 결과 **323**

말년 실수 **326** / 아직 공사 중 **330**

기막힌 우연 **333**

1부

두 모습

어떤 것이 진짜 엘리야의 모습일까요? 갈멜 산의 엘리야일까요, 아니면 로뎀나무 아래의 엘리야일까요? 우리 안에도 이렇게 전혀 다른 두 모습이 있습니다. 모든 것이 잘될 때의 당당해 보이는 모습과 낙심해서 죽을 것같이 초라한 모습입니다. 무엇이 우리의 진짜 모습일까요?

두 모습

"내가 이스라엘 가운데에 칠천 명을 남기리니 다 바알에게 무릎을 꿇지 아니하고 다 바알에게 입 맞추지 아니한 자니라"(왕상 19:18).

성경에서 엘리야는 모든 선지자를 대표합니다. 그만큼 엘리야가 차지하는 비중은 높습니다. 그런데 갈멜 산에서 엘리야를 보다가 로뎀나무 아래에서 그의 모습을 보면 당황할 수밖에 없습니다. 그렇게 능력 있게 사역하던 엘리야가 갑자기 좌절해서 초라한 모습으로 바뀌기 때문입니다.

엘리야는 갈멜 산에서 850명의 바알과 아세라 선지자들과 대결을 벌여 승리를 거두었습니다. 기도할 때 불이 제단에 떨어졌고, 3년 6개월 동안 가문 땅에 큰 비가 내리게 했던 기적의 선지자입니다. 그 기적의 중심에 말씀을 붙잡고 당당히 서 있던 엘리야의 모습은 우리에게 뚜렷하게 각인되어 있습니다.

그런데 이세벨이 자신을 죽일 것이라는 소식을 듣고 당당하게 맞설 줄 알았는데 뜻밖의 반응을 보입니다. 갑자기 갈멜에서 브엘세바로 도망을 갑니다. 그리고는 하룻길을 더 가서 아무도 추격하지 않는 것을 확인

합니다. 그리고는 광야의 로뎀나무 아래에 앉아 죽기를 간구합니다. 참으로 이해하기 어렵고 실망스러운 모습입니다. 그 담대하던 엘리야의 모습은 어디 가고 목숨을 부지하기 위해서 도망하는 모습을 보이고 있습니다. 그리고 절망하면서 자기연민에 빠져 제발 죽여 달라고 간구하는 처량한 모습을 보여 줍니다.

어떤 것이 진짜 엘리야의 모습일까요? 갈멜 산의 엘리야일까요, 아니면 로뎀나무 아래의 엘리야일까요? 우리 안에도 이렇게 전혀 다른 두 모습이 있습니다. 모든 것이 잘될 때의 당당해 보이는 모습과 낙심해서 죽을 것같이 초라한 모습입니다. 무엇이 우리의 진짜 모습일까요?

〈우리들의 행복한 시간〉이란 영화는 죽고 싶었던 두 남녀가 살아 있어야 하는 이유를 찾아가는 과정을 그리고 있습니다.

주인공 윤수는 사형수입니다. 윤수는 어렸을 때 아버지에게 맞아서 눈이 먼 동생과 고아원에서 살았습니다. 엄마를 찾아가도 아빠에게 맞으니 그냥 고아원에서 살라고 합니다. 그러나 그럴 수 없어 뛰쳐나온 후, 동생은 길거리에서 얼어 죽습니다. 그러다 사랑하는 여자가 생겼는데 자궁외 임신이라 돈이 급히 필요해졌습니다. 그래서 아는 형과 도둑질을 하다가 그 과정에서 살인 사건이 발생합니다. 이후 윤수는 애인이 자신을 배신했음을 알고, 더는 살고 싶은 마음이 생기지 않아 살인의 모든 책임을 뒤집어쓰고 사형 선고를 받습니다. 삶의 의미를 잃는 것이 곧 죽음입니다.

또 다른 주인공 윤정도 마찬가지입니다. 14세 때 사촌오빠에게 성폭행을 당하고 자신은 그 상처에서 벗어나지 못하고 있는데, 그 오빠는 결혼해서 잘만 살아갑니다. 이 이야기를 엄마에게 털어놓았더니 엄마는 딸만 탓합니다. 사촌오빠도 엄마도 미워 세 번이나 자살을 시도합니다. 그러던 중 수녀인 이모의 소개로 사형수 윤수를 만납니다. 둘은 대화 가운데 깊은 이야기까지 털어놓습니다.

그토록 죽고 싶어 하던 두 사람이 이제 살고 싶어집니다. 두 사람은 홀로 버려진 느낌으로 죽기만 바라던 서로의 모습에서 자신의 모습을 발견한 것입니다. 그리고 그 모습을 사랑하게 되었습니다. 사랑하는 누군가가 생기면 살고 싶은 마음이 생기고, 삶의 의미를 되찾습니다.

그러나 인간에 대한 사랑은 살아야 하는 이유로써는 한계가 있습니다. 예수님은 우리에게 살아야 하는 이유를 알려 주러 오신 분입니다. 하나님께서 우리를 사랑하심을 알려 주러 오신 것입니다. 그리고 우리로 하여금 하나님을 사랑할 수밖에 없도록 하십니다. 그 가운데 삶의 의미를 찾고 영원히 살게 됩니다.

낙심하고 탈진한 모습의 엘리야를 하나님은 사랑의 손길로 만지십니다. 먹을 것과 마실 것을 주십니다. 그리고 마음이 상한 엘리야의 넋두리를 들어주심으로 상한 마음을 치유하십니다. 그의 구구한 변명을 잠잠히 들어주십니다. 비난하거나 정죄하지 않으시고 그냥 들어주십니다. 그리고는 작고 세밀한 음성을 들려 주심으로 엘리야를 회복시켜 주십니다. 새로운 비전을 보여 주십니다. 아직 해야 할 일이 있고, 불러야 할 노래가 있다는 것을 알려 주심으로 삶의 의미를 보여 주십니다. 그것은 사랑입니다.

오늘 우리는 이 두 모습 중 어떤 모습을 보이고 있습니까? 주님은 언제나 우리를 어루만져 주시고 세미한 음성으로 우리를 인도하십니다. 그것은 사랑입니다.

"오, 주여.
우리에게도 두 모습이 있습니다.
나무라지 않고 우리의 변명을
들어주시는 하나님,
그 하나님을 더 사랑하게 하소서.
오늘도 세밀한 사랑의 음성을 듣게 하소서.
이 아침의 기도입니다."

약속의 무게

"우리도 조상들에게 주신 약속을 너희에게 전파하노니 곧 하나님이…이 약속을 이루게 하셨다 함이라"(행 13:32-33).

'약속의 무게'에 대해 생각해 본 적이 있습니까? 약속의 무게는 우리가 생각하는 것보다 훨씬 무겁습니다. 약속에는 생명의 무게가 담겨 있기 때문입니다. 이 세상에 가볍고 사소한 약속은 없습니다.

누구나 약속하기는 쉽습니다. 그러나 그 약속을 온전히 이행하기는 쉽지 않습니다. 특히 지키기 어려운 약속이 자신과의 약속입니다. 우리는 매 순간 자신과 약속하지만 지키지 못하는 약속이 훨씬 더 많습니다. 이는 자신과의 약속을 가볍게 여기기 때문입니다. 약속할 때는 신중하게 하고, 약속했다면 무겁게 지켜야 합니다. 자신과의 약속부터 지킬 수 있어야 다른 사람들과의 약속도 소중히 지킬 수 있습니다.

인간관계에서 약속보다 더 무겁고 중요한 것은 없습니다. 약속을 지키지 않는 사람들은 상대로부터 잊히게 됩니다. 그러나 약속을 지키는 사람은 마음속 깊이 새겨집니다.

약속의 무게를 잘 알려 주는 이야기가 오래된 전쟁 문헌에 남아 있습니다. 로마와 카르타고 사이에 벌어진 포에니 전쟁 때의 일입니다. 치열한 전투가 계속되는 가운데, 로마의 레규러스 장군이 포로로 잡힙니다. 카르타고는 처음에 그를 죽이려고 했지만, 점점 전세가 불리해지자 그를 이용하기로 하고 한 가지 제안을 합니다.

"장군, 우리는 로마와 휴전하기를 원합니다. 장군을 석방시켜 줄 테니 로마로 가서 휴전을 주선해 주시오. 그러나 만일 장군이 주선했음에도 로마가 응하지 않는다면 장군은 다시 감옥으로 돌아오겠다고 약속해 주시오."

레규러스 장군은 살기 위해 로마로 돌아갈 것인지, 죽음을 택할 것인지 깊은 갈등에 빠집니다. 결국 그는 자신이 죽기 전에 조국을 위해 해야 할 일을 깨닫고 그들의 요구를 받아들입니다. 얼마 후 그는 로마로 돌아갑니다. 그가 살아온 것을 진심으로 기뻐하는 황제에게 장군은 자신이 살아온 이유를 설명합니다.

"나는 그들에게서 휴전 요구를 받고 돌아왔습니다. 하지만 그들의 요구에 응하지 말라고 권하고 싶습니다. 지금 카르타고는 심한 혼란 속에 있기 때문에 우리가 조금만 더 버티면 그들은 곧 스스로 망하고 말 것입니다."

그는 카르타고의 실정과 군사 정보를 상세히 알려 준 뒤, 자신은 그들과의 약속대로 카르타고로 다시 돌아가겠다고 말합니다. 곁에 있던 많은 사람이 만류했지만 그는 단호히 말합니다.

"만일 내가 돌아가지 않는다면 그들은 로마인들을 거짓말쟁이라고 비웃을 겁니다. 이것은 나 개인이 아닌 로마 제국의 명예와 신의와 관계된 일입니다. 비록 적과의 약속이지만 지킬 것은 지켜야 합니다."

약속의 무게를 느끼고 신의를 지키는 것은 신실함의 근본입니다. 이는 하나님의 가장 근본적인 성품이기도 합니다. 약속은 자기의 이름을 걸고

하는 것입니다. 그래서 약속을 어기면 자기의 이름을 더럽히는 것이 됩니다. 이름은 그 사람의 인격을 나타냅니다. 고대 근동에서는 약속을 어기면 목숨까지 잃었습니다.

하나님께서 아브라함과 맺은 약속은 아브라함으로 복의 근원과 통로가 되게 하겠다는 것이었습니다. 그리고 하나님의 이름을 알려 주심으로써 그것은 하나님의 이름이 걸린 약속이 되었습니다. 이 약속은 '횃불 약속'으로 재천명됩니다. 아브라함은 하나님과 약속을 맺을 때 짐승을 죽여 둘로 나눕니다. 그리고 약속의 당사자들이 그 사이를 지나가는 의식을 가집니다. "타는 횃불이 쪼갠 고기 사이로 지나더라"(창 15:17). 그 후 여기서 '피의 언약'이라는 표현이 나왔습니다.

그 약속이 온전히 이루어진 곳이 바로 십자가입니다. 예수께서 십자가에 죽으심으로 마침내 그 약속의 무게를 지신 것입니다. 그 무게가 너무 과중해 "할 만하시거든 이 잔을 내게서 지나가게 하옵소서"(마 26:39)라고 기도하십니다. 그러나 그 무게를 온전히 감당하시고 "다 이루었다"고 선언하시고, 마침내 우리 모두의 복의 근원이요 통로가 되셨습니다. 그래서 우리는 약속을 지키신 예수님께 감사하고 찬송하는 것입니다.

사도 베드로는 그의 설교에서 이렇게 말합니다. "우리도 조상들에게 주신 약속을 너희에게 전파하노니 곧 하나님이…이 약속을 이루게 하셨다 함이라." 그래서 성경을 '언약'이라고 합니다. 그 언약은 '피의 언약'으로, 아들을 희생시켜 이루신 약속입니다.

우리는 그 약속의 무게를 알기에 매일의 삶에서 그 약속을 신뢰하고 그 위에 서는 것입니다.

"오, 주여.
약속의 무게를 온전히 감당하신
주님을 바라봅니다.

그 약속을 믿고 의지하며
우리도 약속을 신중히 감당하는
신실한 주의 백성 되게 하소서.
이 아침의 기도입니다."

하나님도 아프시다

"내가 땅의 기초를 놓을 때에 네가 어디 있었느냐"(욥 38:4).

당대의 의인 욥은 알고 싶었습니다. 왜 하나님이 자신을 이토록 고난 가운데 두시는지 그 이유라도 듣고 싶었습니다. 아무리 찾고 부르짖어도 대답이 없으시던 하나님께서 드디어 폭풍 가운데 나타나셔서 욥에게 말씀하셨습니다. "무지한 말로 생각을 어둡게 하는 자가 누구냐"(38:2). 잘 알지도 못하면서 어리석은 말로 하나님의 뜻에 질문을 던지는 자가 누구냐고 물으십니다.

욥은 자신이 어느 정도 세상의 이치를 이해한다고 생각했습니다. 하나님께서 살아 계시고 역사하신다는 사실도 알았고, 하나님의 뜻과 말씀도 어느 정도 알고 있다고 생각했습니다. 그러나 하나님이 막상 나타나셔서 하신 말씀은 차원이 달랐습니다. 욥이 가진 지혜로는 하나님의 질문에 대해 그 이치의 깊이와 넓이와 높이를 측정할 수 없음을 보여 주셨습니다.

하나님의 질문의 핵심은 듣는 우리 모두로 하여금 무릎을 꿇을 수밖에 없게 합니다. "내가 땅의 기초를 놓을 때에 네가 어디 있었느냐 네가 깨달아 알았거든 말할지니라 누가 그것의 도량법을 정하였는지, 누가 그 줄을 그것의 위에 띄웠는지 네가 아느냐"(38:4-5).

하나님의 말씀은 모두 질문이었습니다. "질문이 많은 너, 스스로 지혜롭다고 생각하는 너는 이 질문들에 대해서 하나라도 답해 보아라" 하고 물으십니다. 이는 마치 끝없는 평행선을 이어 가는 사춘기 딸과 엄마의 대화 내용을 듣고 있는 것 같습니다. 도저히 서로 이해의 간격을 줄일 수 없는 듯, 서로 딴 세상의 이야기를 하고 있는 것 같은 모습입니다.

김상운 씨의 《리듬: 부정적 생각 싹 날려 버리는 도구》에는 대화의 간격이 좁혀지지 않는 두 모녀의 이야기가 등장합니다.

경아는 고등학교 1학년 때까지 반에서 1등을 놓친 적이 없던 아이입니다. 그런데 1학년 학기말 시험을 앞두고 난데없이 머리가 쪼개질 듯 아프기 시작했습니다. 엄마는 눈앞이 캄캄해졌습니다. "경아야, 좀 쉬었다 해 봐. 이번 시험 망치면 그동안 애써 쌓아 왔던 게 말짱 물거품이 되잖아." 시험을 보고 온 경아에게 엄마는 묻습니다. "시험은?" "엄마, 시험이 나보다 더 중요해? 나 지금도 머리가 쪼개지는 것 같아. 시험은 그냥 백지답안지 내고 왔어." 엄마는 10년 노력이 물거품이 되는 것 같아 그 자리에 주저앉았습니다.

정밀 검진 결과 경아는 중증 우울증으로 자살 위험이 있으므로 조심해야 한다는 소견이 나왔습니다. 그 후 경아는 방에 틀어박혀 이어폰을 끼고 온종일 핸드폰만 들여다봤습니다. 엄마가 말을 걸면 죽어 버리겠다고 소리를 질렀습니다.

무조건 아이의 감정에 동의해 주고 절대 비난조의 말을 하지 말라는 전문가의 당부를 받고, 엄마는 처음엔 어색했지만 애써 미안하다는 말을 했습니다. 아이는 엄마의 손을 뿌리치며 소리를 지릅니다. "그냥 평소처럼 해. 이상해." 엄마의 눈에서 눈물이 흘러내렸습니다. "그래. 경아야. 네

말이 맞아. 엄만 맨날 너를 들볶기만 했어. 말 한마디 따뜻하게 못 했어. 늘 공부하라고만 강요했어. 정말 미안하다."

엄마를 물끄러미 바라보던 경아는 쌀쌀맞은 말투로 또박또박 말합니다. "미안한 짓을 왜 했어? 내가 그동안 얼마나 힘들었는지 알아? 꼭두각시 노릇 하는 게 얼마나 힘든지 알아? 내가 얼마나 힘들고 괴로운지 물어본 적이나 있어? 중학교 1학년 때 기억해? 내가 독감에 걸려 초죽음이 다 됐는데, 엄마는 날 새벽 1시까지 못 자게 했어. 어떻게든 이번 시험에선 1등을 해야 한다며. 그러면서 엄마도 안 마시는 커피까지 마시라고 했지. 1등 하는 게 그렇게 중요해? 딸의 건강보다 성적이 더 중요하냐고. 내 건강은 망가져도 시험은 망치면 안 되는 거야?"

엄마가 손을 다시 잡으려 했지만 경아는 엄마의 눈을 노려보며 손을 뿌리쳤습니다. 엄마의 눈에서는 눈물이 하염없이 흘러내렸습니다. 그리고 다시 경아의 손을 잡았습니다. 이제 경아의 눈에도 눈물이 맺혔습니다.

"미안하다. 경아야. 내가 그동안 너를 자동차처럼 몰고 다녔어. 세상에 기댈 사람은 엄마뿐인데. 엄마가 참 미련하고 못되게 굴었어. 미안하다, 용서해 줘. 경아야."

"엄마, 나도 미안해. 다 나 잘되게 하려고 그랬던 거 나도 알아."

엄마는 귀를 의심했습니다. 딸이 처음으로 미안하다는 말을 한 것입니다. 엄마는 그 이후로 딸의 감정에 장단을 맞춰줄 뿐 자신의 감정을 강요하지 않았습니다. 얼마 후 딸은 우울증에서 완전히 벗어났습니다.

고통 가운데 있을 때 우리는 하나님과 우리 사이에 너무나 큰 간격이 있는 것처럼 느껴집니다. 우리는 모든 것을 아는 것처럼 말하지만 극히 일부분만 알고 있을 뿐입니다. 우리가 아플 때, 하나님도 아프십니다. 이제 침묵 가운데 하나님의 울음 소리에 귀를 기울일 때입니다. 그 소리는 하나님의 위로입니다.

"오, 주여.
우리는 마치 모든 이치를 아는 듯이
말하고 행동합니다.
우리가 아플 때
하나님도 아프시다는 것을 깨닫고
그 울음소리에 귀 기울이게 하소서.
이 아침의 기도입니다."

같이 하면 쉽습니다

"나는 포도나무요 너희는 가지라"(요 15:5).

우리의 삶에서 가장 힘든 것이 무엇입니까? 가장 힘든 것은 그 어떤 일이 아닙니다. 삶에서 허무함을 느끼는 것입니다. 뭔가 열심히 했는데 자신이 생각한 결과나 열매가 없을 때 우리는 허무함을 느낍니다.

헤밍웨이의 소설 《노인과 바다》는 이러한 인생의 허무함을 보여 준 작품입니다. 마치 성경의 전도서를 읽는 것 같은 느낌입니다. 노인이 작은 배를 타고 먼 항해를 떠납니다. 천신만고 끝에 큰 고기를 잡고 항구로 돌아옵니다. 그런데 돌아와서 보니 상어 떼들이 고기를 다 뜯어먹고 앙상하게 뼈만 남아 있었습니다. 혼자 수고하고 애써서 큰 물고기를 잡았지만, '남은 것' 곧 '열매'는 아무것도 없었던 것입니다.

헤밍웨이의 이 작품에는 인생의 허무함이 짙게 배어 있습니다. 자신이 '혼자'라는 사실에 절망합니다. 열매를 맺은 줄 알았는데 실제 아무 열매도 맺지 못한 사실에 절망합니다.

EBS의 어느 교육 다큐 프로그램에서 공부의 성과에 대한 실험을 한

적이 있습니다. 능력이 뛰어난 학생이 혼자 공부하는 것과 덜 뛰어난 학생이 다른 아이들과 함께 공부한 것을 비교하는 실험입니다. 결과적으로 후자의 학생이 더 좋은 성적을 받았습니다. 그 이유는 메타인지 때문입니다. '메타인지'(metacognition)는 '자신의 생각을 판단하는 능력'입니다.

이것이 학습 측면에서는 '자신이 아는 것과 알지 못하는 것을 구분하는 능력', 즉 '내가 나를 볼 수 있는 능력'으로 나타납니다. 혼자 공부하면 자신이 다 아는 줄 알지만, 타인과 대화하다 보면 자신의 한계를 볼 수 있습니다. 다른 사람의 모습에서 자신의 부족함을 보고 그것을 보충하게 되는 것입니다. 그래서 나온 것이 '그룹 스터디'입니다. 서로 중요하다고 생각하는 것을 묻고 답하며 함께 배우는 것입니다.

유대인들은 이미 '하브루타'(havruta)라는 토론식 공부로 모든 것을 공동체를 통해 전수하는 전통을 가지고 있습니다. 개인 경쟁 위주의 공부는 무엇이든 공동체로 하는 이들을 넘기 어렵습니다.

최근 페이스북이 회사 이름을 '메타'라고 바꾼 것도 이러한 맥락에서 나온 발상일 것입니다. 사람은 공동체 속에서 창의력과 지치지 않는 능력을 발휘하게 됩니다. 공동체 의식이 강한 아이가 창의력도 좋습니다.

개인의 신앙도 공동체 속에서만 성장합니다. 믿음은 공동체를 통해서만 전수되기 때문입니다. 교회에서 큰 역할을 한 분들을 보면, 대부분 자기의 명예를 세우려 한 분들이 아니라 교회 전체를 위한 분들이었습니다.

공동체를 위할 줄 아는 사람이 거기에서 믿음을 전수받을 수 있고, 그 믿음이 그 사람을 성장시킵니다. 이러한 공동체 개념을 예수님은 포도나무와 가지의 비유를 통해 말씀하십니다. 요한복음 15장 전체가 공동체 신앙에 대한 말씀입니다. 신앙은 개인적인 성장보다 공동체 안에서 함께 성장할 때 더 큰 능력과 영향력을 발휘하게 됩니다. 사실 누구든지 신앙은 공동체 속에서 성장합니다.

코로나 팬데믹으로 '공동체 신앙'이 많이 흔들리고 있는 이때, 우리는 교회라는 공동체와 믿음을 서로 나누고 배우는 공동체에 속하는 것이 얼마나 중요한지를 다시 한번 깊이 인식해야 합니다.

예수님은 당신을 믿으라고 하시기보다 포도나무로 예시된 '공동체'에 참여하라고 하시며 이렇게 말씀하셨습니다. "나는 포도나무요 너희는 가지라 그가 내 안에, 내가 그 안에 거하면 사람이 열매를 많이 맺나니 나를 떠나서는 너희가 아무것도 할 수 없음이라."

여기서 중요한 단어는 '거하다'입니다. 이 말은 어딘가에 '붙어 있다'는 의미입니다. 즉, 한 곳에 머물러 있는 것을 뜻하며, 요즘 말로는 '소속하다'라고 표현합니다. '소속하다'를 영어로 'belong'이라고 합니다. 여기에는 깊은 의미가 담겨 있습니다. 어딘가에 '소속'하면 'be-long', 즉 원래의 길이보다 '(더) 길어진다'는 것입니다.

"그가 내 안에, 내가 그 안에 거하면"은 강력한 결속을 의미합니다. 가지가 나무에 온전히 붙어 있기만 하면 생명의 충만함이 밀고 들어옵니다. 그리고 열매는 쉽게 저절로 맺힙니다.

그러므로 잘 붙어 있어야 합니다. 잘 붙어 있는 것이 실력 중의 실력입니다. 같이 하면 쉽습니다. 서로 연락하고 상합하면 주 안에서, 공동체 안에서 마음껏 열매 맺는 것입니다.

"오, 주여.
혼자 애쓰며 열매 맺으려 했습니다.
공동체에 잘 붙어서
저절로 쉽게 열매 맺는 것을 도외시했습니다.
서로 묻고 배우며 자라게 하소서.
주 안에서 함께하게 하소서.
이 아침의 기도입니다."

깊은 데로 가라

"예수께서…이르시되 무서워하지 말라 이제 후로는 네가 사람을 취하리라"
(눅 5:10).

성경에는 '하나님의 부르심'이라는 분명한 신앙의 시작점이 있음을 암시해 주는 장면이 많이 나옵니다. 모세는 불타는 떨기나무 숲에서 하나님의 부르심을 받았고, 이사야는 성전에서 그 부르심을 받았습니다. 바울은 빛 가운데서 주님의 음성을 들었고, 베드로는 조그만 배에서 깊은 데로 가라는 주님의 명령을 들었습니다.

이렇게 우리 안에 말씀하시는 주님의 음성을 들으려 할 때, 하나님의 음성과 우리 생각의 소리를 분별하기 어려운 경우가 있습니다. 우리 안에 들려주시는 주님의 음성과 우리의 소리를 어떻게 구별할 수 있을까요?

우선, 우리 안에서 들리는 소리가 우리가 일반적으로 생각하던 것과 반대되면 주님의 음성일 가능성이 큽니다. 자아의 소리는 우리의 순종을 유보하도록 설득합니다. 우리의 이론도 말씀보다 앞섭니다. 그러나 주님은 조그만 물맷돌로 골리앗을 쓰러뜨리고 홍해를 가르신 분입니다. 다윗은 그런 주님을 의심하고 '인구 조사'를 실시했습니다. 자기 생각의 소리를 따른 것입니다. 이처럼 주님의 음성은 우리의 생각과 반대될 수 있습니다.

주님의 음성인지는 그 음성을 따르는 과정에서도 분별됩니다. 이것을 확연하게 알려 주는 것이 행함의 '동기'입니다. 즉, 그 음성을 따르는 동기가 호기심인지, 신앙인지의 차이입니다. 호기심은 자기의 이익을 위해 예수님을 만나려는 것이고, 신앙은 예수님을 만족시키기 위해 주님께 나아가는 것입니다.

잃었다 찾은 아들의 비유에서, 둘째 아들이 처음에 아버지에게 나아갔던 것은 철저한 호기심과 탐욕 때문이었습니다. '아버지가 유산을 주실까, 안 주실까?' 하는 욕심에 근거한 호기심이었습니다. 그러나 먼 타국에서 회개하고 돌이킨 후 아버지께 돌아갈 때는 신앙으로 바뀝니다. 일꾼 중 하나로라도 받아 주기를 바라는 마음이었습니다. 섬김의 마음으로 바뀐 것입니다.

호기심은 자신의 유익을 구하는 마음이지만, 신앙은 남의 유익을 구하는 마음이며 주님의 은혜에 어떻게 보답해야 할지를 묻기 위해 하나님께 다가가는 마음입니다.

우리가 주님의 음성과 자신의 소리 중 어떤 것을 선택하든 둘 다 힘든 것은 마찬가지입니다. 그러나 베드로가 자신의 소리를 따라 밤새 고생하며 그물을 던졌을 때는 아무것도 잡지 못했지만, 주님의 음성을 따랐을 때는 그물이 찢어질 정도로 고기를 많이 잡았습니다. 주님의 멍에는 쉽고 가벼워서 예수님의 음성을 따라 한 번만 던지면 됩니다. 주님의 음성을 따르는 것이 훨씬 편하다는 것을 상징적으로 알려 줍니다.

자기 생각의 소리를 따르는 사람은 자책을 합니다. 열심히 했는데도 그것밖에 못 했다고 자책합니다. 하지만 주님의 음성을 따르면 상상했던 것보다 훨씬 좋은 결과를 낳습니다. 그래서 "주여 나를 떠나소서 나는 죄인이로소이다"(눅 5:8)라고 말할 정도로 겸손해집니다. 자신의 힘으로 한 일이 아님을 알기 때문입니다. 그리고 주님과 함께라면 못 할 것이 없다고 믿게 됩니다.

예수님께서 "깊은 데로 가서 그물을 내리라"라고 베드로에게 명령하실 때, 이 '깊은 데'는 바로 우리 '자아의 죽음'을 상징합니다. 자아의 생각을 '수장'시키는 곳입니다. 베드로 자신의 경험에 따른 생각을 수장시키는 곳입니다. '깊은 데'는 '자기를 부인하고 십자가를 지고 주님을 따르는 곳'이며 '모든 생각을 사로잡아 그리스도에게 복종'하는(고후 10:5) 곳입니다.

'깊은 데'는 우리가 말씀에 순종할 때 역사하는 성령의 기름 부음이 있는 곳입니다. 기름 부음의 역사는 우리의 생각과 이론을 초월하시는 하나님의 능력이며, '갑절의 영감'이 임하는 현장입니다. '깊은 데'는 주님이 계신 곳입니다. 그곳은 '지존자의 은밀한 곳'이며 '전능자의 그늘'입니다.

하나님은 생각이 얕고 얄팍한 나의 이론에 머물러 있지 말 것을 명하십니다. 깊은 데로 가서 더 깊은 말씀의 의미를 '레마'로 받을 것을 명하십니다. 기도의 깊이, 순종의 깊이를 더하라 말씀하십니다. 그리고 그곳에서 비로소 말씀하십니다. "무서워하지 말라 이제 후로는 네가 사람을 취하리라."

"오, 주여.
우리가 너무 얕은 곳에서
자신의 생각의 소리와 이론에
좌우되었습니다.
이제 깊은 데로 가서
주님의 음성을 듣게 하소서.
이 아침의 기도입니다."

은혜와 믿음의 이중주

"너희는 그 은혜에 의하여 믿음으로 말미암아 구원을 받았으니"(엡 2:8).

구원은 은혜와 믿음의 이중주로 이루어집니다. 은혜는 구원의 동인(motivator)이고, 믿음은 구원을 이루게 하는 엔진입니다. 사도 바울은 이러한 은혜와 믿음이 이중주로 연주될 때 구원이 이루어진다고 말씀합니다. 어느 한쪽에 치우치지 않으면서도, 100퍼센트 하나님께서 이루시고 또한 100퍼센트 인간이 합력하여 선을 이루는 것이 구원이라는 작품으로 나타나는 것이라고 말씀합니다.

"두렵고 떨림으로 너희 구원을 이루라 너희 안에서 행하시는 이는 하나님이시니 자기의 기쁘신 뜻을 위하여 너희에게 소원을 두고 행하게 하시나니"(빌 2:12-13).

히브리서 기자는 이것을, 오늘 들리는 은혜의 말씀을 그냥 흘려보내지 말고 믿음으로 화합하게 할 때 하나님이 예비하신 안식(구원)에 이른다고 설명합니다. 바로 그 유명한 히브리서 4장 12절의 "하나님의 말씀은 살아 있고 활력이 있어 좌우에 날 선 어떤 검보다도 예리하여 혼과 영과 및 관절과 골수를 찔러 쪼개기까지 하며"라는 말씀의 배경입니다.

이러한 은혜와 믿음의 이중주를 실제 삶에서 이룬 한 그리스도인 부부가 있습니다. 데이비드는 베트남 전쟁 당시 해군 특수부대 요원으로 근무했습니다. 그런데 어느 날, 야간 공격 중 적진에서 기관총 집중 사격이 있었습니다. 데이비드는 백린 수류탄을 빼서 던지려고 일어섰습니다. 백린 가루는 공기와 접촉하면 급격히 연소해 밝은 빛과 고열을 내서 연막탄으로 사용됩니다.

그가 허리에 찼던 수류탄을 뽑아 던지려고 팔을 뒤로 젖혔을 때, 마침 적이 발사한 총알이 수류탄에 맞아 그의 귀 바로 옆에서 폭발했습니다. 강둑에 쓰러진 그는 자신의 얼굴 가죽이 마치 파편처럼 물 위에 떠다니는 것을 보았습니다.

백린 가루가 몸에 박히며 불이 붙어 얼굴과 어깨에서 연기가 피어올랐습니다. 그러나 그런 와중에도 기적적으로 살아 동료 군인에 의해 구출되었고, 하와이로 후송되었습니다.

병원에서 처음 수술할 때, 수술팀이 그의 불에 탄 피부를 잘라내자 피부 속에 박혀 있던 백린 가루가 공기와 접촉해 다시 연소했습니다. 수술팀은 불이 산소통으로 옮겨 붙을까 봐 환자를 놔둔 채 수술실 밖으로 대피했습니다. 그러나 또 그런 상황에서도 하나님은 데이비드를 살리셨습니다.

얼마 후 그는 중환자실로 옮겨졌습니다. 그의 머리는 농구공처럼 부었고 얼굴은 흉측하게 변했습니다. 그런 자신의 모습에 그는 깊은 좌절감을 느꼈습니다. 그의 옆에 부상당한 동료 환자 병사가 있었는데, 그는 팔과 다리를 하나씩 잃었고, 얼굴도 심하게 훼손되었습니다.

어느 날, 그 병사의 아내가 미 본토에서 도착해 병실로 들어왔습니다. 그녀는 이러한 남편의 모습을 보고 혐오스러운 듯한 표정을 지으며 결혼반지를 손에서 빼더니 옆 탁자에 올려놓고 말했습니다. "미안해요. 당신과 살 자신이 없어요." 그리고는 병실을 나갔습니다. 그 병사는 아무 소리도 내지 못하는 찢어진 목과 입으로 몇 시간 동안 서럽게 울었습니다. 아내의 행동은 그 병사에게 그 어떤 것보다 더 치명적인 상처를 남기며 그의 마지막 희망을 짓밟았습니다. 결국 그는 이틀 후에 죽었습니다.

그 병사가 죽고 3일 후, 데이비드의 아내가 도착했습니다. 동료 병사의 죽음을 목격했던 그는 아내가 자기에게 어떤 반응을 보일지 두려웠습니다. 신실한 그리스도인이었던 아내는 그의 얼굴에서 붕대를 감지 않은 유일한 곳에 키스하며 조용히 말했습니다. "여보! 사랑해요. 우리가 마음을 함께하면 이 어려운 상황을 얼마든지 극복할 수 있어요. 용기를 내세요."

데이비드는 아내의 말에 큰 용기를 얻었고, 아내를 통해 신앙심도 깊어졌으며, 12회의 수술을 거쳐 기적적으로 보고 들을 수 있게 되었습니다. 그 후 수많은 사람에게 희망을 전하는 희망 전도사가 되었습니다.

그는 말합니다. "하나님은 고통당하는 사람들을 하나님의 품으로 이끌도록 나의 고통을 사용하셨습니다. 나는 고통으로 많은 유익을 얻었고 선한 영향력을 끼칠 수 있었습니다. 나는 그 고통의 경험을 어떤 것과도 바꾸지 않을 것입니다."

이 간증에서 데이비드의 구원 역사가 삼각 구도로 나타납니다. 데이비드의 곁에서 그에게 힘을 북돋워 준 아내는 '은혜'를 상징합니다. 그 은혜에 힘입어 어려움을 딛고 일어선 데이비드는 '믿음'을 의미입니다. 이러한 고통의 경험을 나누면서 믿음의 사람으로, 희망 전도사로 쓰임 받고 있는 두 부부의 모습은 구체적이고 실제적인 '구원'의 모습입니다. 은혜와 믿음의 이중주로 연주된 '구원 합주곡'입니다.

오직 은혜 가운데, 오직 믿음으로 이렇게 우리는 구원의 길을 한 걸음 한 걸음 걸어가는 것입니다.

"오, 주여.
은혜와 믿음의 이중주가
우리 삶에 늘 울려 퍼지게 하소서.
이 아침의 기도입니다."

예배의 향기

"아버지께 참되게 예배하는 자들은 영과 진리로 예배할 때가 오나니"(요 4:23).

프랑스의 나폴레옹 황제가 워털루 전쟁에서 참패하고 세인트헬레나섬에 유배되었을 때였습니다. 어느 작가가 찾아와 그에게 물었습니다.

"당신의 생애에서 가장 행복했던 순간이 언제였다고 생각하십니까?"

나폴레옹은 한참 눈을 감고 생각한 후 대답합니다.

"전투가 치열하던 어떤 주일이었습니다. 그때 나는 졸병이었습니다. 아침에 교회에 나가 하나님께 하루를 감사하며 눈물로 예배를 드렸던 것이 기억납니다. 지금 돌이켜보면 그때가 가장 행복했던 순간이었습니다. 그런데 어느 때부터인지 모르지만 예배에 차츰 소홀하게 되었고, 결국 오늘 이렇게 전쟁에 패해 유배 생활을 하게 되었습니다."

예배는 하나님 쪽으로 방향을 잡고 하나님과 우리의 간격을 좁혀 나가는 작업입니다. 우리가 어떤 상황에 있든지, 설사 숨을 쉬기조차 어려운 상황일지라도 우리를 호흡할 수 있게 하는 것이 예배입니다. 따라서 예배가 없는 삶은 호흡이 멈춘 삶입니다. 나폴레옹이 예배를 등한시하기 시작했을 때, 그 영적 호흡이 멈추었습니다. 그리고 그의 불행은 그때 시작된 것입니다.

예배에는 특유의 냄새가 있습니다. 구약시대의 번제에서 짐승의 피 냄새가 하나님께 올리는 향기였듯이, 우리가 드리는 예배에는 '예수의 피' 냄새가 있습니다. 십자가에서 드리신 피로 단번에 해결하신 예배의 향기입니다. 하나님과 우리 사이를 막았던 장막을 찢으셨던 단 한 번의 드림이었습니다.

그래서 예배가 마친 후에도 이 냄새는 남는 것입니다. 마치 우리가 사랑하는 사람을 잃었을 때, 사람은 떠났어도 그 사람의 향기는 남는 것과 같습니다. 언제나 우리 마음에 있고 기억나게 합니다. 마찬가지로 예배가 마친 후에도 우리에게는 짙은 예배의 향기가 남습니다. 큰 감동과 울림으로 우리 안에 남아 있습니다. 그 향기는 들숨으로 들어와 우리와 함께하고, 날숨으로 세상으로 나갑니다.

예배의 향기는 보이지 않는 세계를 보이는 세계와 연결하는 고리입니다. 이 연결고리는 우리의 몸과 마음을 위로하고 치유하는 동반자가 됩니다. 동시에 날숨으로 나간 향기는 세상을 치유합니다.

사도 바울은 우리 그리스도인의 특징을 이러한 예배의 향기가 나는 사람으로 설명합니다. 죄와 사망으로 싸움을 거는 악한 세력을 물리치고 예수의 이름으로 승리한 예배의 향기가 난다는 것입니다. 그리고 우리는 악취가 진동하는 세상에서 예수의 향기를 발하는 사람이라고 말씀합니다. "너는 그리스도의 향기라"라는 말씀은 그리스도 안에서 나는 승리의 향기가 예배를 통해서 전해진다는 것입니다.

안도현 시인은 어른을 위한 동화 《연어》에서 "연어라는 말에서는 강물 냄새가 난다"라고 표현합니다. 대부분의 시간을 바다에서 보내는 연어에게 바다 냄새가 아닌 강물 냄새가 난다는 것입니다. 비록 세상에서 살아가지만 세상에서는 맡을 수 없는 천국 냄새가 우리에게서 나는 것과 같습니다.

예배자의 삶에서는 바로 예배의 향기가 뚜렷하게 나타나야 합니다. 이러한 예배의 향기는 우리가 '영과 진리'로 예배할 때 나는 냄새입니다. 예배의 향기가 우리 안에 있을 때, 우리에게서는 숨길 수 없는 예수 그리스도의 향기가 납니다. 결코 감출 수 없는 예수 그리스도의 냄새입니다. 우리가 예수님의 향기가 되기 때문입니다. 이는 영과 진리로 드리는 예배에서 나는 예수님의 '피 냄새'입니다.

지난 3년간 코로나 팬데믹을 겪으면서 우리는 자신의 신앙을 돌아볼 수 있는 시간을 가졌습니다. 신앙은 하나님과 우리 자신과의 관계에 기초합니다. 이 관계는 오직 예배로 연결되어 있습니다. 예배는 우리에게 주신 주님의 생명의 꽃다발을 한아름 안는 것입니다. 그래서 예배를 무엇보다 소중하게 지켜야 합니다.

예배는 그리스도께서 피로 사서 우리에게 주신 생명의 선물입니다. 그리고 그 예배의 향기는 언제나 예배자와 함께합니다.

"오, 주여.
우리의 예배에 '예수 향기'가
넘치기를 원합니다.
영과 진리로 드리는 예배로
'예배의 향기'가 늘 남게 하소서.
이 아침의 기도입니다."

마음 항아리

"내가 주께 범죄하지 아니하려 하여 주의 말씀을 내 마음에 두었나이다"(시 119:11).

한 나라의 재상까지 오른 어느 목동의 이야기입니다.

어느 날 시골 마을을 지나던 왕이 날이 어두워지자 어쩔 수 없이 한 목동의 집에서 하룻밤을 묵게 되었습니다. 그 집에 머물며 본 목동은 욕심이 없고 성실하고 평온했습니다. 평소 자기 신하들에게서 찾아보기 힘든 모습이어서, 왕은 그런 젊은 목동에게 마음이 끌렸습니다. 그래서 목동을 나라의 관리로 등용하고 궁궐로 데려갔습니다.

목동은 관리로 등용된 후에도 청빈한 생활과 정직을 유지했습니다. 또 양 떼를 잘 이끌었던 경험이 있어서 그런지 왕을 잘 보필했습니다. 왕은 마침내 그를 재상에 임명했습니다. 재상은 능력도 중요하지만, 청빈한 마음을 가진 사람이어야 한다는 생각에서 나온 결정이었습니다. 그러자 다른 신하들이 그를 시기하기 시작했습니다. 일개 목동이 나라의 관리가 된 것도 모자라 재상까지 오르고, 더욱이 적당히 뇌물도 받았으면 좋으련만 모든 일을 공정하게 처리하니 자신들의 입지가 좁아지고 곤란해졌기 때문입니다.

신하들은 재상이 된 목동을 쫓아내기 위해 티끌 하나라도 모함할 것이 있는지 찾기 시작했습니다. 그러던 중, 재상이 한 달에 한 번 자기가 살던 시골집에 다녀온다는 것을 알게 되었습니다. 신하들이 뒷조사를 하기 위해 몰래 따라가 보니, 창고에 커다란 항아리가 있는데 그가 그 뚜껑을 열고 안쪽을 들여다보는 것입니다. '옳다구나! 드디어 잡혔다'고 여긴 신하들이 왕께 고변했습니다. 재상이 청렴한 척하면서 항아리 속에 아무도 모르게 금은보화를 채우고 있다고 알렸습니다.

왕은 누구보다 그를 신임했던 터라 무척 화가 나, 사실을 밝히고자 신하들과 함께 재상의 시골집으로 직접 찾아갔습니다. 왕은 모두가 보는 앞에서 광 속에 있는 항아리를 열어 보게 했습니다. 그런데 항아리에 들어 있던 것은 금은보화가 아니라 재상이 목동 시절에 입었던 낡은 옷과 지팡이였습니다. 그는 항아리를 들여다보며 늘 자신의 처음 모습을 기억하고 감사하며 동시에 자신을 경계해 왔던 것입니다.

'마음 항아리'에 무엇을 담는지는 그 사람의 삶에 대한 중요한 잣대가 됩니다. 시편 기자는 고백합니다. "내가 주께 범죄하지 아니하려 하여 주의 말씀을 내 마음에 두었나이다."

성막의 지성소에 있는 법궤에는 십계명이 기록된 돌판 두 개와 만나를 담은 항아리, 그리고 아론의 싹 난 지팡이가 들어 있었습니다. 이 모든 것을 담은 법궤는 하나님의 통치를 상징했습니다. 우리의 '마음 항아리'에 하나님의 말씀을 암송하며 담는 것은, 이러한 하나님의 통치를 인정하며 받아들이는 것입니다. 그렇게 함으로 하나님의 나라를 기억하고 우리 가운데 임하게 하는 것입니다.

사도 바울도 고백합니다.

"우리가 이 보배를 질그릇에 가졌으니 이는 심히 큰 능력은 하나님께 있고 우리에게 있지 아니함을 알게 하려 함이라"(고후 4:7).

우리 마음은 생명의 떡, 말씀의 만나를 담은 항아리가 되어야 합니다. 마음에 보배를 담을 때 우리는 보배로운 백성이 됩니다. 말씀을 마음에 두는 방법 중에 중요한 것이 암송입니다. 우리 교회에서는 매주 토요일 새벽예배 말씀을 암송 구절로 지정하여 한 주에 한 구절을 암송하는 'OVM(One Verse Memory) 캠페인'을 진행하고 있습니다. 성경 암송은 우리 마음 항아리에 보배를 담는 것입니다.

마음이 질그릇인 것처럼 우리 기억도 질그릇입니다. 그 그릇에 무엇을 담는지가 중요합니다. 그릇은 무엇을 담는지에 따라 그 가치가 결정되기 때문입니다. 같은 그릇이라도 오물을 담은 것과 황금을 담은 것의 가치는 다를 수밖에 없습니다. 우리의 기억이라는 항아리도 거기에 무엇을 담는지에 따라 그 가치가 달라집니다.

마음 항아리에 말씀을 담아 '말씀 도서관'을 만드십시오. 그리고 필요할 때 꺼내 사용하십시오. 무엇보다 기도할 때 사용하십시오(요 15:7). 말씀의 능력을 경험하게 될 것입니다.

"오, 주여.
우리의 마음 항아리에 쓸데없이
잡다한 것들을 담아 왔습니다.
이제 말씀을 담아 만나를 담은 항아리,
'말씀 도서관'을 만들게 하소서.
이 아침의 기도입니다."

무엇을 바라보십니까?

"나의 영혼아 잠잠히 하나님만 바라라 무릇 나의 소망이 그로부터 나오는 도다"(시 62:5).

인생에서 단순하면서도 심오한 성공 비결을 알려 주는 질문이 있습니다. '무엇을 바라보고 있는가?' 하는 질문입니다. 삶에 얽매여 문제에서만 해답을 얻으려고 헤매는 인생은 땅만 보고 사는 인생입니다. 땅만 바라보고 살던 인생이 하늘을 바라보는 순간 하늘 문이 열려 있는 것을 발견하게 됩니다. 땅만 보지 않고 말씀을 통해 하나님을 바라보고 살면 그때부터 달라집니다.

스티븐 스콧은 대학을 졸업하고 취업을 했지만 6년 동안 가는 곳마다 해고를 당했습니다. 인생 초년병으로 쓴맛을 톡톡히 경험하다가 어느 순간 죽음을 생각하게 되었습니다.

그런데 그가 인생을 포기하려 할 때 게리 스몰리(Gary Smalley) 박사의 '매일 잠언 한 장씩 읽기'라는 권면을 받아들입니다. 땅에서 하늘로 바라보는 방향을 바꾼 것입니다.

스티븐은 잠언 총 31장을 하루에 한 장씩 매일 읽었습니다. 한 달이 30일까지 있는 달은 마지막에 두 장을 읽고 그달 분량의 읽기를 마쳤습니다. 그렇게 2년을 쉬지 않고 되풀이했습니다. 그는 몰아 읽기(binge-reading)를 하지 않았습니다. 차분하고도 꾸준하게, 그러나 깊이 있게 잠언을 대했습니다. 그야말로 '하루에 한 장 읽기'였습니다.

지혜의 왕 솔로몬의 이야기가 기록된 잠언서를 통해 매일 자신의 본성을 가다듬으며, 그는 어제와 다른 오늘을 만들고자 노력했습니다. 그리고 그의 삶은 획기적으로 변화되었습니다. 공동 경영자들과 함께 '아메리칸 텔레캐스트'(American Telecast Corporation)를 설립해 수십억 달러의 판매량을 달성하고, 10여 개의 회사를 세웠습니다. 지금은 마케팅 사업가로 《솔로몬 부자학 31장》(The Richest Man Who Ever Lived) 등 여러 권의 베스트셀러를 저술하는 등 다양한 활동을 하며 여러 회사를 경영하고 있습니다. 아울러 성공에 관한 강연 활동도 하고 있습니다.

결국 그는 자신이 꿈꿔 오던 성공을 이루어 가고 있으며, 자신의 경험을 바탕으로 잠언서의 지혜를 전파하고 있습니다. '무엇을 바라보고 있는가?'에 대한 좋은 예를 보여 주고 있습니다.

다윗이 살아가면서 고통의 순간마다 되뇐 독백이 있습니다. "나의 영혼아 잠잠히 하나님만 바라라 무릇 나의 소망이 그로부터 나오는도다."

믿음은 자기 영혼에게 들려주는 독백으로 시작합니다. 묵상도 독백이며, 설교도 남에게 들려주기 위해 먼저 설교자 자신에게 들려주는 독백입니다. 하나님과의 대화도 독백으로 시작됩니다. 먼 타국에 나가 돼지들이 먹는 쥐엄 열매를 먹어야 했던 둘째 아들도 결국 독백을 통해 바닥에서 하늘을 보기 시작합니다. 성경은 그의 돌이킴이 독백에서 비롯되었음을 보여 줍니다.

우리가 실패하는 가장 큰 원인은 항상 기본을 무시하기 때문입니다. 기본만 잘하면 우리도 성공할 수 있습니다. 신앙도 마찬가지입니다. 신앙의 기초를 든든히 세우는 것이 중요합니다. 그러기 위해 먼저 스스로에게 물어야 합니다. '무엇을 바라보고 있는가?' 독백의 질문입니다. 항상 독백으로 시작해야 합니다. 우리 자신이 스스로에게 가장 진실할 수 있는 순간입니다. 이것이 독백의 힘입니다.

다른 사람과의 대화에는 포장과 과장이 있을 수 있습니다. 그러나 독백에는 이러한 허례가 있을 수가 없습니다. 그러기에 진실한 순간입니다. 이때 우리의 영혼에서 우러나는 마음이 있습니다. 바로 '사모하는 마음'입니다. 사모하는 마음은 '순전한 마음'입니다. 우리 영혼이 갈망하는 순수한 마음입니다.

성경은 이러한 사모하는 마음을 몇 가지로 크게 나눠 알려 줍니다. 우리의 영혼이 잠잠히 하나님을 바라는 마음입니다. 하나님과의 깊은 만남을 사모합니다(시 27:4). 그리고 순전하고 신령한 젖을 사모합니다(벧전 2:2). 또 더욱 큰 은사를 사모합니다(고전 12:31). 이러한 사모하는 마음은 결국 한 가지의 사모함으로 귀착됩니다. "더 나은 본향"(히 11:16)을 사모하는 마음입니다

지금 바라보고 있는 것을 바꾸십시오. 조그만 것으로 시작하십시오. 너무 큰 결심은 우리 스스로를 질리게 하고 포기하게 합니다. '작게 그러나 꾸준히' 바라보고 있는 것을 바꾸는 것입니다.

오늘을 독백으로 시작하십시오! '나는 무엇을 바라보고 있는가?'

"오, 주여.
땅만 보고 살아왔습니다.
소망이 주께 있다는 말씀을 듣고
그저 가끔씩 하늘을 바라보았습니다.
이제 시선을 고정하고 꾸준하게
주를 바라보게 하소서.
이 아침의 기도입니다."

그들만의 나무

"평안의 매는 줄로 성령이 하나 되게 하신 것을 힘써 지키라"(엡 4:3).

시골 교회에서 함께 자라 사랑하게 된 청년 커플이 있었습니다. 시골이라 특별히 갈 곳이 많지 않아 두 사람은 자신들만의 공간이라고 할 수 있는 뒷산에 가서 둘만의 시간을 갖곤 했습니다. 그곳에 있는 한 나무에 못으로 하트 모양을 파고 자신들 이름의 머리글자를 새겨 넣으며 결혼을 약속했습니다. 이로써 그 나무는 '그들만의 나무'가 된 것입니다. 그리고 둘은 함께 다니던 교회에서 결혼했습니다.

결혼 후, 고향을 떠나 근처 도시로 이사해 행복하게 살았습니다. 하지만 아내가 임신하고 육아로 바빠지자 남편이 조금씩 비뚤어지기 시작했습니다. 술을 마시고 아내에게 욕하기도 하고, 심지어 폭력을 행사할 때도 있었습니다. 아내는 다 참았습니다. 아버지 없는 아이들로 만들고 싶지 않았기 때문입니다. 남편은 그런 아내가 바보 같았습니다.

그러다 직장 동료와 외도까지 했습니다. 하지만 그것도 오래 가지 못했습니다. 어느 날 상대 여자가 가정을 지키고 싶다고 결별을 선언합니다.

더는 부정한 관계를 계속하고 싶지 않다는 것입니다.

허탈한 마음에 사는 게 뭔지 몰라 방황하던 남편은 예전에 아내와 결혼을 약속했던 고향 마을 뒷산에 갔습니다. 그곳에는 이미 크게 자란 '그들만의 나무'가 있었습니다. 가까이 가서 보니 그 나무에 큰 못들이 박혀 있었습니다. 보기만 해도 끔찍하고 가슴이 아파 왔습니다. 집에 돌아온 남편이 아내에게 '그들만의 나무'에 못이 박혀 있더라고 말했습니다. 그 말을 들은 아내가 말합니다.

"알고 있어요. 당신이 아이들 앞에서 나를 무시하고 욕하고 때릴 때, 그리고 외도하는 것을 알았을 때 내가 그 나무에 못을 박았어요. 그 나무는 우리의 기억이니까요."

그날 밤 잠을 이루지 못하던 남편은 홀로 그곳을 다시 찾아갑니다. 그 나무를 부여잡고 울었습니다. 그리고 그다음부터 더는 아내 마음에 못 박는 일을 하지 않겠다고 결심했습니다.

세월이 흘러 자녀들을 다 결혼시키고 인생의 황혼에 부부는 그 나무를 다시 보러 고향 마을 뒷산에 갔습니다. 그런데 놀랍게도 못이 다 빠져 있는 것입니다. 의아해하는 남편에게 아내가 말했습니다. "당신에게 고마울 때마다 못을 하나씩 빼냈더니 이제 하나도 남아 있지 않네요." 그러자 남편이 말했습니다. "여보. 아직 멀었어. 못은 없어졌지만 못 자국들은 그대로 남아 있잖아." 그 나무는 그들에게 바로 '십자가 나무'였습니다.

사도 바울은 우리를 자녀 삼으신 하나님의 부르심에 합당한 행위로서 우리가 힘써 지켜야 할 것을 말씀합니다. 바로 '하나 됨'입니다. '우리가 그리스도의 복음 안에서 하나 된 것은 하나님의 비밀이었다'라고 말씀합니다. 이 '하나 됨'은 성부 하나님의 뜻을 따라 그리스도의 십자가로 이루어졌고, 이제 우리 가운데서 성령 하나님께서 이루십니다. 그리고 우리가 이 '하나 됨'을 힘써 지켜야 합니다.

하나 됨을 깨는 것은 쉬워도, 오래 함께 지켜 나가기는 쉽지 않습니다.

그래서 "평안의 매는 줄로 성령이 하나 되게 하신 것을 힘써 지키라"고 말씀합니다. 하나로 만드는 것은 성령께서 하시는 일입니다. 그러나 그것을 힘써 지키는 것은 우리 몫입니다. 가정이나 직장 그리고 교회에서도 이 '하나 됨'은 힘써 지켜야 할 일입니다.

우리 주변에는 언제나 품고 사랑하기 어려운 사람이 있게 마련입니다. 그런데 정작 상대방에게는 우리가 품고 사랑하기 어려운 사람일지도 모릅니다. 내가 불편해하는 사람, 하나 되기 힘든 사람이 있는 것처럼, 나를 불편해하는 사람, 나와 하나 되기 힘들어하는 사람이 있을 수 있습니다.

이런 문제를 해결하기 위해 우리가 선택하는 잘못된 방법은 편한 사람하고만 어울리는 것입니다. 하나 되기 어려운 사람은 굳이 하나가 될 필요가 없다고 생각하고 적당히 거리를 두고 피하는 것입니다. '하나 됨'을 선택사항이라고 생각해서 그렇습니다. 그러나 '하나 됨'은 선택이 아니라 필수입니다. 이를 위해 예수님께서 나무에 달리셨습니다. 이제 우리가 그 못을 하나하나 빼내야 할 때입니다.

"오, 주여.
우리는 알게 모르게
우리의 나무에 못을 박아 왔습니다.
주님을 못 박은 것입니다.
이제 그 나무에 박힌 못을
하나하나 빼게 하소서.
그리고 못 자국을 만지게 하소서.
이 아침의 기도입니다."

벽에 갇힌 사람, 벽을 뛰어넘는 사람

"나를 강한 원수와 미워하는 자에게서 건지셨음이여"(삼하 22:18).

자신을 믿는 사람은 사랑을 믿지 않습니다. 반대로 사랑을 갈구하는 사람은 자신을 믿지 않습니다. 교만한 사람은 사랑의 힘을 믿지 않습니다. 그래서 기도하지 않습니다. 사랑은 성령을 통해 우리 마음에 부어지고(롬 5:5), 성령은 기도를 통해 우리 안에 오십니다. 사랑의 불은 우리 안에서 꺼질 수도 있는데, 바로 우리가 죄를 지을 때입니다. 그리고 가장 큰 죄는 자신을 믿는 죄입니다.

조선 말, 다른 조선인들이 아무 생각 없이 살고 있을 때 세상 물정에 밝고 시대를 앞서가던 인물이 있습니다. 그는 당시의 고시라고 할 수 있는 '과거'에 합격하기 전에 이미 영어를 배워 미국인들과 친구가 되었습니다. 러시아의 입김이 강해질 때는 친러파로 일했고, 러일전쟁에서 일본이 승리하자 이제는 친일파가 되어 국무총리가 됩니다. 그는 바로 배신의 아이콘, 이완용입니다.

시대적으로 보면 굉장히 머리가 좋은 사람이었고 성공한 사람이었지만 승리하는 삶을 살지 못했습니다. 철저히 자신을 믿었기 때문입니다. 승리는 자신을 이기는 데서 옵니다. 그는 자신의 생각이 옳음을 절대적으로 믿었기에 민족의 배신자가 될 수밖에 없었습니다. 사람을 배신하게 만드는 것은 자신의 생각에 대한 믿음입니다. 이런 사람은 자신이라는 벽에 갇혀 있습니다.

이 벽에 갇혀 자신의 생각을 굳게 믿으면, 결코 자신을 이길 수 없으며 자신에게 이용당하고 남도 이용하는 사람이 됩니다. 이완용의 '똑똑함'이 불러온 비극입니다.

반면 다윗은 우리에게 자신이라는 벽을 뛰어넘는 신앙의 본을 보여 준 인물입니다. 그의 현실은 비참할 정도로 죽음과 불가능의 벽에 겹겹이 둘러 싸여 있었습니다. 사울, 블레셋, 아말렉, 모압, 암몬, 가나안 족속뿐 아니라 내적으로는 아들 압살롬의 반란, 신하의 반역, 게다가 개인적 범죄로 말미암은 죄의 보응 등 이루 다 말할 수 없는 벽에 싸여 있었습니다. 그러나 다윗은 그 벽을 훌쩍 뛰어넘어 우리에게 신앙의 모델이 되었습니다. 바로 '사랑의 힘'을 철저하게 믿고 하나님을 신뢰했기 때문입니다.

유진 피터슨은 《다윗: 현실에 뿌리박은 영성》(Leap over a Wall)에서 다윗의 가장 대표적인 고백으로 사무엘하 22장 30절을 꼽습니다. 심지어 다윗의 묘비명이라고 말합니다.

"내가 주를 의뢰하고 적진으로 달리며 내 하나님을 의지하고 성벽을 뛰어넘나이다."

실제로 이 책의 원제가 'Leap over a Wall'(벽을 뛰어넘어)입니다. 유진 피터슨이 다윗의 생애를 묵상하면서 한마디로 내린 결론이 '벽을 뛰어넘은 사람'이었습니다. 다윗은 어떻게 그 벽을 뛰어넘었을까요? 당연히 하나님께서 벽을 넘을 수 있는 은혜를 베풀어 주셨기 때문입니다. 그러면 하나님은 어떤 사람에게 벽을 뛰어넘을 수 있는 은혜를 주실까요?

하나님에 대한 그의 사랑이 그 비결이라고 단언합니다. 그는 이를 시편 18편 1절에서 고백하고 있습니다.

"나의 힘이신 여호와여 내가 주를 사랑하나이다."

이어서 그는 하나님을 사랑하는 이유를 길게 고백합니다.

"여호와는 나의 반석이시요 나의 요새시요 나를 건지시는 이시요 나의 하나님이시요 내가 그 안에 피할 나의 바위시요 나의 방패시요 나의 구원의 뿔이시요 나의 산성이시로다"(시 18:2).

다윗은 앞이 꽉 막혀 있는 것처럼 벽에 둘러싸여 있을 때 이완용처럼 다른 어떤 것을 바라보지 않았습니다. 오직 주만 바라보았습니다. 그리고 그분께 모든 것을 아뢰고 기도 가운데 맡겼습니다. 인생의 고비마다 하나님께 부르짖고 눈물로 간구하며 하나님이 주시는 평안을 힘입었습니다. 그 평안이 바로 그에게 엄청난 능력이 되었고, 그 힘으로 가로막힌 벽을 훌쩍 뛰어넘을 수 있었습니다.

이러한 다윗의 하나님에 대한 '사랑의 힘'을 잘 이해했던 이가 사도 바울입니다. 그래서 이렇게 말씀합니다.

"하나님을 사랑하는 자 곧 그의 뜻대로 부르심을 입은 자들에게는 모든 것이 합력하여 선을 이루느니라"(롬 8:28).

이러한 '사랑의 힘'을 믿으며 다윗은 고백합니다.

"내가 주를 의뢰하고 적군을 향해 달리며 내 하나님을 의지하고 담을 뛰어넘나이다"(시 18:29).

"오, 주여.
벽에 갇혀 있는 우리를 봅니다.
하나님을 사랑하는 능력으로
그 벽을 뛰어넘게 하소서.
이 아침의 기도입니다."

능동적 기다림

"그러나 여호와께서 기다리시나니 이는 너희에게 은혜를 베풀려 하심이요…
그를 기다리는 자마다 복이 있도다"(사 30:18).

누군가는 우리의 인생을 '기다림의 박물관'이라고 정의합니다. 아기를 낳으면 성장할 때까지 기다려야 하고, 시험을 치르면 결과가 나올 때까지 기다려야 합니다. 결혼도 좋은 배우자를 만날 때까지 기다려야 합니다.

기다림은 일상에서도 이어집니다. 은행에서도, 차량등록사업소에서도 번호표를 먼저 받고 순서가 될 때까지 기다려야 합니다. 병원에서 건강검진을 한 후에도 결과가 나오기까지 기다려야 합니다. 병이 들면 회복되기를 기다려야 합니다. 심지어 죽는 것을 기다리는 경우도 있습니다.

인생은 이같이 온통 기다림입니다. 기다림의 기술은 한순간에 습득되는 것이 아닙니다. 성경에는 기다림에 실패한 예와 성공한 예가 모두 나옵니다. 실패의 대표적인 예는 '잃었다 다시 찾은 아들 비유'에서 볼 수 있습니다. 이스라엘 유산법은 아버지가 죽은 후에야 아들이 유산을 받을 수 있습니다. 둘째 아들은 아직 죽지도 않은 아버지에게 자기에게 돌아올 유산을 미리 달라고 졸랐습니다. 여기서 실패가 예고되고 있습니다.

때를 기다리지 못한 아들은 자기 몫을 미리 받아 먼 타국에 가서 탕진하고 말았습니다. 그래서 생계를 위해 돼지를 치면서 살아야 했습니다. 지금 식의 '멋있는 귀농'이 아닙니다. 유대인에게 금기시되던 돼지를 치고 돼지나 먹는 쥐엄 열매를 먹게 되었다는 것은, 그가 실패와 저주의 아이콘이 되었음을 의미합니다. 밑바닥 막장 인생이 된 것입니다.

기다림의 성공 사례는 단연코 아브라함의 인생입니다. 자녀가 없던 아브라함은 75세에 자녀를 주시겠다는 하나님의 약속을 받습니다. 그러나 그 약속이 성취되기까지 25년을 기다려야 했습니다. 하나님이 아무리 확실한 약속을 했어도 그 약속의 성취는 반드시 기다림이 전제된다는 것을 보여 줍니다. 즉, 기다리는 자만이 약속의 성취를 보게 됩니다.

성경 밖 인물 중에서 모범적 신앙인으로 항상 설교 때마다 소개되는 사람이 있습니다. 에이브러햄 링컨 대통령입니다. 기다림의 아이콘 아브라함을 닮으라고 부모가 이름을 그렇게 지었는지도 모릅니다.

그가 대통령 재직 시에 섬기던 교회는 워싱턴 DC에 있는 '뉴욕 애비뉴 교회'였습니다. 그 교회 목사님이 어느 날 우연히 링컨 대통령이 펴놓은 성경을 옆에서 볼 수 있었습니다. 링컨의 낡은 성경에는 손자국이 많이 나 있었고 눈물 자국이 여기저기 있었습니다. 그날 목사님은 그가 펼쳐 놓았던 성경의 한 구절을 눈여겨 보았습니다. 시편 37편 7절 말씀이었습니다. "여호와 앞에 잠잠하고 참고 기다리라." 이 구절을 수없이 읽고 기도하며 눈물 흘린 흔적이 그 손때 묻은 성경에 선명히 남아 있었던 것입니다.

살다 보면 때론 매우 가까운 사람으로 인해 큰 고통을 겪을 때가 있습니다. 그를 돌이키게 하기 위해 백방으로 힘쓰고 애쓰지만, 앞뒤를 재봐도 가망이 없다고 느껴집니다. 마음이 답답하고 해결 방법은 없을 때 무엇을 어떻게 해야 합니까? 기다려야 합니다.

우리 신앙인은 '할 수 없어서' 기다리는 것이 아닙니다. 우리의 기다림은 '능동적 기다림'입니다. 하나님의 해결을 믿고 기다리기에 '능동적 기다림'입니다. 그 기다림은 우리 하나님도 우리를 기다려 주신 하나님이라는 깨달음으로 인해 깊어집니다. 그분은 도저히 가능성이 없던 우리를 기다려 주신 분입니다.

그뿐이 아닙니다. 약속을 받고도 우물쭈물하며 때로 의심하던 아브라함이 끝까지 믿을 수 있도록 인도하신 분도 하나님이십니다. 아브라함의 믿음이 아니었습니다. 하나님의 믿음이었습니다. 그런데 그 공을 아브라함에게 돌리십니다. 그를 의롭다 하시고 믿음의 조상으로 삼으셨습니다. 그래서 이사야 선지자는 말씀합니다. "그러나 여호와께서 기다리시나니 이는 너희에게 은혜를 베풀려 하심이요…그를 기다리는 자마다 복이 있도다."

헨리 나우웬은 기다림을 깊이 있게 정의합니다.

"기다리는 사람들은 매우 능동적으로 기다린다. 기다림의 비밀은 씨가 심겼고 무엇인가가 시작되었다는 사실을 믿는 것이다. …능동적인 기다림은 내가 머물고 있는 곳에 무슨 일이 일어나고 있다는 확신과 그 사실을 마음에 품고 현재에 충실한 것이다. 기다리는 사람은 현재에 충실하며, 바로 지금 이 순간이 '그 순간'이라는 것을 믿는 사람이다."

"오, 주여.
우리는 너무 조급합니다.
기다리는 것을 무척 싫어합니다.
이제 믿음과 소망 가운데
능동적 기다림을 배우게 하소서.
이 아침의 기도입니다."

우리는 서로에게 선물입니다

"눈이 손더러 내가 너를 쓸 데가 없다…하지 못하리라"(고전 12:21).

"우리의 만남은 우연이 아니야" 하고 시작하는 노사연의 노래가 있습니다. 오랜만에 친구들과 만나면 노래방에서 어우러져 부르는 애창곡입니다.

이러한 '만남'에 관해 마틴 부버가 학문적으로 정의를 내린 《나와 너》(Ich und Du)라는 책이 있습니다. 기독교 영성 형성에 많은 영향을 끼친 명저입니다. 그는 사람은 독존할 때가 아니라 '나와 너'의 만남을 통해 비로소 '나'가 되고 그 의미를 갖게 된다고 설명합니다. 관계와 공동체의 중요성을 강조한 것입니다.

그리고 "사람은 나와 너의 관계를 맺음으로써 너와 더불어 현실에 참여한다. 너와 더불어 현실을 나눠 가짐으로 말미암아 현존적 존재가 된다. 그리고 그 만남의 연장선은 '영원자 너'(하나님)에게 향한다"라고 말합니다. 그래서 '나와 너의 만남'은 하나님의 은혜로 말미암은 것이지, 결코 나의 '찾음'으로 이뤄지는 게 아니라고 정의합니다. 노사연의 노래와 일치하는 부분입니다.

　옛날이야기 한 토막입니다. 어느 나라에 자신을 치장하는 것에만 시간과 정성을 쏟는 왕이 있었습니다. 백성은 어떻게 살든 관심이 없었고 자기만 생각했습니다. 매일 고급스러운 장식이 주렁주렁 달린 눈부신 의복을 입고 항상 거울 앞에서 자신의 모습을 보며 만족했습니다.

　그런데 그 나라에 왕과 나라를 진심으로 걱정하는 신하 하나가 있었습니다. 어느 날 그 신하가 몰래 왕이 매일 들여다보던 거울을 치워 버렸습니다. 다음 날 왕은 평상시처럼 자기 모습을 보려고 거울을 찾았지만 보이지 않았습니다. 역정을 내며 거울을 찾던 왕은 거울이 놓여 있던 자리에 있는 창문을 통해 바깥을 보았습니다. 그리고 거울에 비친 자기 모습 대신, 창밖의 거리를 오가는 사람들의 모습을 보았습니다. 굶주림에 지쳐 얼굴이 창백해진 여인들과 아이들의 모습이 보였습니다. 창밖 백성들의 이러한 모습은 왕에게 충격으로 다가왔습니다.

　창밖을 한참을 바라보던 왕은 자신의 화려한 의복을 벗어 버렸습니다. 그리고는 소박한 옷으로 갈아입고 백성들에게 찾아가 그들의 이야기를 들었습니다. 그리고 그들의 아픔을 함께 나누기 시작했습니다. 왕이 비로소 진짜 왕이 된 것입니다.

　'나'만 보면 '너'는 보이지 않습니다. 나의 눈이 나를 보지 않을 때 비로소 '너'가 보입니다. 그리고 '나와 너'를 같이 보기 시작할 때 우리는 서로에게 선물이 됩니다.

　하나님께서 우리 몸을 설계하신 방식이야말로, 우리가 더불어 살아가는 삶을 이해하는 데 가장 적합한 모형입니다. 이것의 축소판이 교회입니다. 사도 바울이 교회를 '그리스도의 몸'(body)으로 비유한 이유가 여기에 있습니다. 우리는 그 몸의 '지체'(member)들입니다.

　우리 몸은 여러 지체로 이루어진 한 몸입니다. 우리 몸의 각 지체는 알맞은 크기로 알맞은 자리에 있습니다. 어떤 지체도 중요하지 않은 것이 없습니다. 눈이 손에게 "나는 네가 필요치 않아" 하고 말할 수 없습니다. 트럼프 전 대통령이 '리얼리티 쇼'에서 했던 것처럼 머리가 발에게 "너는 해고야!"라고 말하는 것은 상상할 수도 없는 일입니다. 우리는 서로가 필수적이고 모두 요긴합니다.

어린이들을 위한 《힘 자랑 재주 자랑》이란 우화 그림책이 있습니다. 힘이 센 곰과 빠르게 잘 달리는 토끼와 나무를 잘 타는 원숭이가 함께 모여 살고 있었습니다. 그들은 서로 자기가 제일 잘났다고 뽐내며 힘 자랑, 재주 자랑을 했습니다. 그 마을에는 두더지도 함께 살았는데, 두더지는 곰처럼 힘도 세지 않고, 토끼처럼 잘 달리지도 못하고, 원숭이처럼 나무도 잘 타지 못했습니다. 그래서 늘 무시를 당했습니다.

그러던 어느 날 토끼네 집에 불이 나 아기 토끼가 위험하게 되었습니다. 그러나 아무도 선뜻 나서지 못했습니다. 이때 땅을 잘 파는 두더지가 땅 속으로 들어가 아기 토끼를 구해 왔습니다. 곰과 토끼와 원숭이는 두더지가 자기들보다 약하다고 늘 무시하고 깔보았는데 정작 위험한 순간에 아기 토끼를 살려 낸 것은 두더지였던 것입니다.

잊지 마십시오. 우리는 서로에게 선물입니다!

"오, 주여.
알게 모르게 우리는 서로
무시하고 경원시해 왔습니다.
우리의 어리석음을 용서하여 주옵소서.
'너'가 있어야 '나'도 있다는
평범한 진리를 다시 깊이 깨닫게 하소서.
이 아침의 기도입니다."

우리 안에서 태어나시는 예수님

"무서워하지 말라…너희를 위하여 구주가 나셨으니"(눅 2:10-11).

우리가 잘 아는 D.L.무디 목사님의 유품인 성경에 관한 귀한 이야기가 있습니다. 목사님의 성경책에는 여백 구석구석에 깨알같이 'T/P'라고 적혀 있었습니다. 그것을 본 사람들이 의아해서 물었습니다. 그것은 'Tested'와 'Proved'의 약자로, 무디 목사님이 말씀을 자신의 삶에서 '시험'해 보고, '증명'해 보았다는 표기라는 것입니다.

그것이 무디 목사님이 남긴 믿음의 유산입니다. 믿음은 말씀이 실제로 이루어지는지의 여부를 삶에서 시험해 보고 증명해 보는 심령에 잉태되고 자라납니다.

2천 년 전 베들레헴에서 태어나 구유에 누우셨던 아기 예수는 오늘도 누울 자리를 찾고 계십니다. 말씀이 육신이 되어 오신 아기 예수는 오늘도 그 말씀을 시험하고 증명하는 우리의 마음을 구유로 삼고 누우십니다. 말씀이 다시 육신을 입으시고 우리 안에 '믿음'으로 잉태되어 '성육신' 하는 것입니다. 이것을 흔히 '로고스'(기록된 하나님의 말씀)가 '레마'(들리는 하나님의 말씀)로 변화되는 것이라고 설명합니다.

성경 말씀은 마치 2천 년 전 목자들에게 전해 주신 천사의 말씀처럼, 우리에게 그대로 해보고 우리의 믿음을 키우라고 주신 것입니다. 그 말씀을 믿고 행함으로 옮기는 사람이 복 있는 사람입니다. 그래서 엘리사벳이 마리아의 방문을 받았을 때 성령의 감동으로 말합니다. "주께서 하신 말씀이 반드시 이루어지리라고 믿은 그 여자에게 복이 있도다"(눅 1:45).

천사가 목자들에게 나타나 기쁜 소식을 전합니다. "무서워하지 말라… 너희를 위하여 구주가 나셨으니." 그리고 이렇게 말합니다. "너희는 강보에 싸여 구유에 누워 있는 아기를 보게 될 텐데, 그것이 너희를 위한 표징이다."

목자들은 천사의 말을 믿었습니다. 아니, 실제로는 너무 놀라서 어쩌면 반신반의했을지도 모릅니다. 그러나 천사의 말대로 아기가 강보에 싸여 구유에 누워 있는 것을 보고는 확증을 얻고 믿게 되었습니다. 우리 또한 하나님의 말씀이 우리 삶에 그대로 이루어지는 것을 볼 때 믿게 되고, 그분을 온전히 받아들이게 됩니다. '믿음의 성육신'입니다.

그러나 그 말씀이 이루어지는지 여부를 시험해 보지 않고 또 그런 노력도 하지 않는 사람에게 성경 말씀은 도서관에 진열된 문학작품과 다를 바가 없습니다.

오래전 SBS TV 예능 프로그램 〈힐링캠프〉에 기부천사 션과 정혜영 부부가 출연해 그들의 삶을 나눈 적이 있습니다. 정혜영 씨는 아이를 넷이나 키우면서도 남편 션이 점점 더 좋아진다고 고백합니다. 션도 마찬가지입니다. 가수와 연기자로 만나 잉꼬부부로 단 한 번도 싸운 적이 없다고 합니다.

이 부부는 지난 10년 동안 35억을 기부했습니다. 션은 신실한 그리스도인으로서 "예수께서 친히 말씀하신 바 주는 것이 받는 것보다 복이 있다"(행 20:35)는 말씀을 시험해 보았다고 합니다. 그랬더니 진정 주는 것이 더

복되다는 것을 체험하고 하나님을 더 잘 믿게 된 것입니다. 비록 전셋집에 살지만 더 불쌍한 이들을 돕기 위해 모든 힘을 쏟습니다. 그에게는 항상 첫째가 아내이고, 둘째가 가족이며, 셋째가 가난한 이들입니다. 이것을 철저히 믿을 수 있게 생활하기 때문에 정혜영 씨는 혼자 아이 넷을 키우며 전셋집에 살아도 행복하다고 말합니다. 단 1초도 선과 결혼한 것을 후회해 본 적이 없다고 합니다.

성탄 절기를 맞아 우리의 믿음을 돌아보아야 할 때입니다. 어쩌면 우리는 천사가 나타나 마구간에 가서 구유에 누워 있는 아기를 보라고 해도 가지 않을지도 모릅니다. 이는 말씀을 행하지 않는 모습입니다. "항상 감사하라"는 말씀도 마찬가지입니다. 그 말씀을 실제 행함으로 옮기고 따르는 이들도 있고, 따르지 않는 이들도 있을 것입니다.

오프라 윈프리는 하루 열 가지 '감사 거리'를 찾아 일지를 매일 썼습니다. 말씀을 실제 행함으로 옮겨 그 엄청난 결과를 체험한 대표적인 사람입니다. 만약 그녀가 항상 감사하는 습관을 키우지 않았다면 아마 자아가 커져서 불평하게 되고 안 좋은 방향으로 갔을지도 모릅니다.

이렇게 말씀을 실제로 삶에서 시험해 보고 틀림없이 이루어진다는 것을 볼 때, 진정 믿음이 우리 안에 잉태되고 또한 자라게 될 것입니다. 작은 겨자씨 하나가 심겨져 큰 나무가 되는 것과 같습니다. 만약 이러한 말씀을 시험해 보지 않는다면 우리의 신앙은 그저 말뿐인 신앙이 될 수 있습니다. 우리도 천사의 말을 듣고 아기 예수를 만났던 목자들처럼, 큰 기쁨을 누리며 더 큰 믿음이 잉태되는 성탄 절기가 되었으면 좋겠습니다.

"오, 주여.
말씀을 듣고 구체적인 행함으로
옮기지 못했던 나날들이 많았습니다.
이번 성탄을 맞아 '진짜 믿음'이

잉태되고 자라나게 하소서.
지금은 겨자씨처럼 작은 것을 심지만
큰 나무로 자라게 하소서.
이 아침의 기도입니다."

인생의 등불

"주의 말씀은 내 발에 등이요 내 길에 빛이니이다"(시 119:105).

옛날 중국 기(杞) 나라에 걱정을 너무 많이 하는 우(憂)라는 사람이 살았습니다. 이 사람은 하늘이 무너질까 봐 두려워서 잠도 제대로 이루지 못할 정도였다고 합니다. 요즘도 태양이 식을까 봐 걱정하는 사람들이 있다고 하는데, 이 사람도 비슷했습니다. 결국 그는 신경 쇠약에 걸려 죽었습니다. 그 후 '쓸데없는 걱정'이라는 뜻의 '기우'라는 말이 생겨났습니다.

걱정은 하면 할수록 끝이 없습니다. "혹시 지진이 나면 어쩌나, 전쟁이 나면 어쩌나, 지구 온난화로 홍수가 나면 어쩌나…."

어느 날 아침, 죽음의 신이 한 마을을 향해 걸어가고 있었습니다. 그때 한 사람이 죽음의 신이 가는 길을 막으며 물었습니다. "여기서 무슨 일을 하려고 하십니까?" "100명의 목숨을 가져가려 한다." 그 이야기를 들은 그 사람은 죽음의 신보다 빨리 마을로 달려가 모든 사람에게 이 일에 대해 경고해 주었습니다.

해가 졌을 때 그 사람은 마을 밖으로 나가는 죽음의 신을 다시 만났습니다. 그는 다짜고짜 그에게 항의했습니다. "당신은 분명 100명의 목숨만 가져간다고 하지 않았습니까? 그런데 왜 1,000명의 사람이 죽은 것입니까?" 죽음의 신이 대답했습니다. "나는 내가 한 말대로 했을 뿐이다. 나는 분명히 100명의 목숨만 가져갔다. 나머지는 내가 아니라 '염려'라는 놈이 한 일이다."

우리는 살면서 주변에서 일어나는 상황에 신경을 쓸 수는 있지만 염려할 필요는 없습니다. 신경을 쓰는 것과 염려하는 것은 분명히 다릅니다. 어떤 문제에 대해 신경을 쓴다는 것은, 그 문제에 대해 알고 있고, 구체적인 사실에 대한 정보와 지식이 있으며, 그 일을 조심하는 것을 말합니다. 그러나 염려는 매우 비생산적인 일이고, 믿음 없는 행동이며, 하나님을 믿는 사람의 인생에는 있어서 안 되는 것입니다. 염려는 상황을 더 낫게 만드는 것이 아니라 오히려 우리 마음을 마비시킵니다.

하나님은 우리가 이 땅에서 풍성한 삶을 살기 원하십니다. 그리고 그 복을 나누어 주는 삶을 살기를 원하십니다. 그 비결이 무엇입니까? 하나님의 말씀을 붙드는 것밖에 없습니다. 시편 기자는 고백합니다. "주의 말씀은 내 발에 등이요 내 길에 빛이니이다." 말씀만이 우리 삶의 빛이요 등불이라는 확고한 신앙 고백입니다.

땅콩버터를 창안한 흑인 농학자 조지 카버의 이야기는 우리가 꼭 기억해야 할 필요가 있습니다. 그가 수백 종의 농작물에서 기름을 추출해 내는 데 성공하자 그 공로를 치하하고 강연을 듣고자 미 상원에서 초청했습니다. 그 자리에서 사회자가 이런 질문을 했습니다. "박사님은 어떻게 다른 사람이 생각지도 못한 그런 대단한 업적을 이루셨습니까? 그 비결을 말씀해 주십시오." 카버 박사는 마침 손에 들고 있던 성경책을 들어 올리면서 대답했습니다. "모든 비결이 다 여기에 들어 있습니다."

그러자 한 상원 의원이 빈정거리며 질문합니다. "아니, 박사님! 성경에 땅콩으로 기름 짜는 법도 나옵니까?" 그러자 카버 박사가 대답했습니다.

"물론 땅콩 기름을 짜는 법은 성경에 구체적으로 나와 있지 않습니다. 그러나 창조주 하나님이 성경을 통해 나에게 말씀하시고 동행해 주셨습니다. 그러면서 그 모든 것을 배울 수 있었습니다." 그는 성경 말씀을 통해 남들이 감히 흉내 낼 수 없는 지혜를 얻었던 것입니다.

오늘날은 정보의 홍수 시대입니다. 얼마나 많은 지식과 정보가 인터넷과 서적과 매스컴을 통해 유통되는지 모릅니다. '메타버스'라는 가상현실을 마치 초월세계인 것처럼 유도하는 세상을 살고 있습니다. 그런데 아이러니하게도 홍수가 나면 가장 아쉬운 게 식수라는 사실입니다.

지식의 홍수 시대에 오히려 영적인 기갈이 있습니다. "보라 날이 이를지라…물이 없어 갈함이 아니요 여호와의 말씀을 듣지 못한 기갈이라"(암 8:11). 많은 사람이 영적 기갈에 괴로워하고 어둠 가운데서 헤매며 살아갑니다. 영적인 기갈 중에서 말씀의 생수를, 영적인 어둠 속에서 말씀의 등불을 붙드는 것이 우리가 살길입니다.

"오, 주여.
우리가 어둠 가운데서 방황할 때
빛으로 오신 주님!
주님의 말씀을 놓치지 않게 하소서.
꼭 붙잡고 가게 하소서.
이 아침의 기도입니다."

얼굴값, 이름값

"제자들이 안디옥에서 비로소 그리스도인이라 일컬음을 받게 되었더라"(행 11:26).

얼굴에는 값이 있습니다. 한국에서는 얼굴에 관심이 많은 사람들을 중심으로 성형 바람이 불어 지나칠 정도로 성형 수술이 유행하고 있습니다. 심지어 한국을 '외모 지상주의 나라'라고 부르고 있습니다. 이제 "예쁘면 얼굴값 한다"는 말은 "예쁘면 얼굴에 손을 대서 수술한 값이 있다"는 말로 변용되고 있습니다. 그런데 이 '얼굴값'의 진정한 의미를 알려 주는 소설이 있습니다. 너새니엘 호손의 《큰 바위 얼굴》입니다.

어린 어니스트는 마을에 있는, 매우 온화한 사람 얼굴을 닮은 큰 바위를 좋아했습니다. 언젠가 그 얼굴을 닮은 사람이 마을에 나타날 것이란 예언도 믿었습니다. 그는 매일 그 얼굴을 닮은 사람을 기다렸습니다. 정치가나 군인 등 여러 사람이 마을에 나타났지만 큰 바위 얼굴 모습은 아니었습니다. 그래도 어니스트는 그런 얼굴을 사모하고 기다리며 살았습니다. 그러면서도 어니스트는 정작 자신이 그 얼굴로 변해 가고 있는 줄은 깨닫지 못했습니다.

그러던 어느 날 한 시인이 늙고 주름졌지만 온화함이 깃든 어니스트의 얼굴이 문득 큰 바위 얼굴을 닮았음을 깨닫고는 마을 사람들에게 이 사실을 알렸습니다.

"보시오, 보시오! 어니스트 씨야말로 큰 바위 얼굴과 똑같습니다."

그 말에 어니스트를 본 사람들은 모두 예언이 실현되었음을 알게 되었습니다. 어니스트의 주인이 된 큰 바위 얼굴이 그를 그렇게 변화시켜 놓았던 것입니다.

그러나 어니스트는 머리를 흔들며 언젠가 분명히 큰 바위 얼굴과 닮은 사람이 나타날 것이라고 말합니다. 이 소설에서 말하고 있는 '얼굴값'은 우리에게 큰 깨달음을 줍니다.

우리도 어니스트처럼 우리 자신은 전혀 그리스도를 닮지 못했다고 생각할 때 누군가로부터 그분을 닮았다는 소리를 들을 수 있어야 합니다. 그것이 그리스도인으로서의 진정한 '얼굴값'입니다. 우리를 높이는 것은 우리가 아닙니다. 우리가 끊임없이 자신을 부인하고 낮추면 하나님께서 다른 사람들을 통해 우리를 높이실 때가 옵니다. 그것이 바로 '인정'이며, 진정한 '얼굴값'입니다.

예수님께서는 빌립에게 "나를 본 사람은 곧 아버지를 본 것이다. 그런데 너는 어찌하여 아버지를 보여 달라 하느냐? 나를 못 믿겠으면 내가 한 일을 보고 나를 믿으라"고 말씀하셨습니다.

우리도 언젠가 "나를 본 것이 곧 예수님을 본 것입니다"라고 말할 수 있는 때가 온다면, 바로 그때 이 세상에서 그리스도를 대표하는 사람이 되는 것입니다. 이것이 바로 '그리스도인'이라는 '이름값'입니다.

그런 의미에서 '얼굴값'과 '이름값'은 동의어입니다. '그리스도인'이라는 호칭은 맨 처음 안디옥에서 시작되었습니다. 처음에는 결코 우호적인 표현이 아니었습니다. 오히려 조롱 섞인 표현이었습니다. 그러나 그 호칭은 이내 제자들이 가장 사랑하는 호칭이 되었습니다. '그리스도인'이란 '그리스도에게 속한 사람'이라는 뜻이었습니다.

그리스도인의 삶의 양식은 세상 사람들과 달랐습니다. 그들은 세상의 가치와 풍조를 따라 살지 않았습니다. 그런 모습 때문에 자주 조롱의 대상이 되었습니다. 세상 물정 모르고 착하기만 한 바보들처럼 여겨졌기 때문입니다. 바꿔 말하면 그들에게는 누가 봐도 구별되는 삶의 양식이 있었다는 뜻이기도 합니다.

그러나 그들이 확연히 구별되었던 것은, 그들이 주의 손이 함께하심을 믿고 주께 돌아온 사람들이었기 때문입니다(행 11:21). 그들은 주의 손에 의해 고침 받고 회복되어 돌아온 사람이었습니다.

그리스도인의 '이름값'을 하려면 상황에 따라 믿고 안 믿고 해서는 안 됩니다. 일관성 있는 믿음 생활을 해야 합니다. 상황이 힘들다고 좀 쉬었다가, 좀 괜찮아지면 다시 믿는 것으론 안 됩니다. 상황과 상관없이 늘 주님께 머물러 있어야 합니다.

그런 굳건한 마음은 마치 오뚜기 같습니다. 넘어질 것 같지만 넘어지지 않습니다. 쓰러질 것 같지만 쓰러지지 않습니다. 주님을 의지하는 마음이 그 '이름값'을 하는 것입니다.

그러한 '이름값'을 하기 위해 그들은 늘 가르치고 배웠습니다(행 11:26). 일이든 신앙생활이든 얼렁뚱땅하지 않았습니다. 늘 목마르고 주린 심령으로 배웠습니다. '이름값'을 톡톡히 치른 것입니다. 그들이 처음으로 그리스도인이라 불린 것은 결코 우연이 아니었습니다. '얼굴값'과 '이름값'을 톡톡히 치른 결과입니다.

"오, 주여.
우리가 그리스도인이란 '이름값'을
제대로 치르고 있는지 돌아보면

부끄럽기만 합니다.
'얼굴값'과 '이름값'을
우리도 감당하게 하소서.
이 아침의 기도입니다."

재해석된 지혜

"지혜는 그 얻은 자에게 생명나무라"(잠 3:18).

세상의 지혜와 하나님의 지혜는 다릅니다. 세상 지혜는 살면서 저절로 또는 교육을 통해 배우고 알아 가며 쌓입니다. 그러나 하나님의 지혜는 말씀이 우리 안에 믿음으로 잉태될 때 '나타나는' 것입니다. 전에는 알 수 없었고, 생각조차 못 했던 것들이 실체화되는 것입니다. 하나님의 지혜는 성령으로 말미암은 말씀의 실체화입니다. 그래서 잠언은 지혜를 마치 인격인 것처럼 의인화합니다.

"지혜가 길거리에서 부르며 광장에서 소리를 높이며 시끄러운 길목에서 소리를 지르며"(잠 1:20-21).

사도 바울은 이것을 '성령의 나타나심' 또는 '능력'이라고 재해석합니다(고전 2:4-5). '재해석'은 과거의 경험을 통해 이미 알던 것들이 성령의 역사로 조명되어 새롭게 깨닫게 되는 과정입니다.

율법과 복음과의 관계에서 그것을 가장 분명하게 볼 수 있습니다. 복음서에서 주님께서 구약의 율법을 인용하며 재해석하신 모든 것이 '지혜'

입니다. 산상수훈이나 비유의 말씀이 그 대표적인 사례입니다. 이미 알던 것들이 성령에 의해 재조명되고 재해석된 지혜입니다. 그래서 우리가 흔히 은혜를 '깨닫다' 또는 '받았다'라고 표현하는 것입니다.

말콤 글래드웰은 캐나다 출신의 맥길 대학 심리학 교수로 여러 저서를 발표한 베스트셀러 작가입니다. 그는 자신의 책 《다윗과 골리앗》(David and Goliath)에서 다윗이 골리앗을 이길 수밖에 없었던 요인을 분석합니다.

물론 하나님께서 도우셔서 이겼지만, 일반적으로 따져 봐도 다윗이 이길 수밖에 없었다고 주장합니다.

골리앗은 보병이고 다윗은 포병입니다. 보병과 포병이 싸우면 포병이 이기게 되어 있습니다. 물론 무기 없이 힘으로 싸우면 보병이 포병을 이기듯, 골리앗이 다윗을 이깁니다. 그러나 다윗이 물맷돌을 던지자 골리앗은 한 방에 무너져 버렸습니다. 포병인 다윗에게 보병 골리앗은 매우 큰 목표물이었습니다. 명사수인 다윗이 보기에 골리앗의 급소가 너무 쉽게, 너무 많이 노출되어 있는 것입니다. 말콤 글래드웰은 그의 약점을 이렇게 지적합니다.

"골리앗은 거대한 몸집으로 상대방에게 두려움을 주기에는 좋지만, 상대적으로 약점을 가지고 있다. 그는 건장한 사람이라기보다 비대증 환자였을 가능성이 높다. 뇌하수체의 악성종양으로 말단 비대증(거인병)을 앓고 있는 사람과 유사하다. 말단 비대증 환자는 합병증으로 시력에 문제가 생겨 시야가 매우 좁아진다. 그리고 물체가 두 개로 보인다."

상상력을 동원해 현대적인 관점에서 골리앗의 약점을 날카롭게 지적한 것입니다.

더구나 골리앗은 무거운 갑옷과 무기로 무장해 기동력이 없었습니다. 그에 비해 다윗은 매우 가벼웠습니다. 마치 날아다니는 듯했습니다. 다윗이 골리앗을 두려워할 이유가 없었던 것입니다.

다윗은 상대를 과대평가하지 않고 제대로 보았습니다. 싸움에서는 적을 제대로 평가하는 것은 중요합니다. 그래야 두려워하지 않을 수 있기 때문입니다. 적을 알고 자신을 알면 승리합니다. 거기에다 다윗이 평소에 쌓았던 기술이 한몫하면서 상대방에 대한 두려움이 전혀 없는 '겁 모르는 아이'가 되었습니다. 그것은 목동으로서 양을 지키기 위해 연습했던 물맷돌질입니다. 다윗은 이것을 평소에 가지고 있던 그의 신앙과 연결합니다. 지혜의 탄생입니다.

"너는 칼과 창과 단창으로 내게 나아 오거니와 나는 만군의 여호와의 이름 곧 네가 모욕하는 이스라엘 군대의 하나님의 이름으로 네게 나아가노라"(삼상 17:45).

이스라엘 사람들도 하나님께서 자신들과 함께하신다는 것을 알고는 있었지만 그것은 단지 지식일 뿐이었습니다. 그 누구도 이렇게 엄청나고 담대한 선포는 생각조차 하지 못했습니다. 그런데 어린 다윗의 이러한 선포는 융합된 지혜, 재해석된 지혜가 나타난 것입니다. 이것을 후대 왕들도 깨닫고 선포합니다. "전쟁은 너희에게 속한 것이 아니요 하나님께 속한 것이니라"(대하 20:15).

사도들도 똑같이 '지혜의 탄생'을 경험합니다. "은과 금은 내게 없거니와 내게 있는 이것을 네게 주노니 나사렛 예수 그리스도의 이름으로 일어나 걸으라"(행 3:6).

신앙생활은 이러한 '재해석된 지혜의 탄생'을 묵상과 기도 가운데 경험하며 나아가는 여정입니다. 이에 생명나무가 무성하게 자라납니다.

"오, 주여.
말씀을 지식으로만 받아 왔습니다.
이제는 '재해석된 지혜'로
받게 하소서.
은혜 받고 깨닫게 하소서.
이 아침의 기도입니다."

새해의 결단

"여호와께서 자기를 사랑하는 자들은 다 보호하시고"(시 145:20).

20세기 동시대를 살면서 똑같은 이름을 가지고 각각 다른 분야에서 인류 역사에 엄청난 족적을 남긴 두 사람이 있습니다. 바로 앨버트 슈바이처와 앨버트 아인슈타인입니다. 학창 시절 귀에 못이 박히도록 들었던 이름입니다.

두 사람 모두 노벨상 수상자이기도 합니다. 물론 아인슈타인은 물리학 부문, 슈바이처는 평화 부문 수상자입니다. 그런데 전혀 뜻밖의 공통점이 하나 더 있습니다. 바로 두 사람 모두 음악을 사랑했다는 것입니다. 슈바이처는 오르간을, 아인슈타인은 바이올린을 전문 음악가 수준을 훨씬 능가할 정도로 탁월하게 연주했습니다. 두 사람의 일대기에는 음악에 얽힌 일화가 많습니다.

그중 우리의 마음을 따뜻하게 만드는 아인슈타인의 일화가 하나 있습니다. 그가 독일에 있을 때의 이야기입니다. 베를린 뒷거리 한 모퉁이에서 거지 소녀가 바이올린을 켜고 있었습니다. 그러나 골목의 꼬마들만 몇 명

모여서 구경할 뿐, 아무도 그 소녀를 거들떠보지 않았습니다. 소녀는 기운이 빠져 힘없이 팔을 내려뜨렸습니다.

그때 어떤 젊은 신사가 소녀에게 다가가더니 바이올린을 받아 들고는 익숙한 솜씨로 연주하기 시작했습니다. 아름답고 황홀한 멜로디에 지나가던 사람들이 걸음을 멈추고 모여들기 시작했습니다. 이윽고 연주가 끝나자 구름처럼 몰려든 사람들은 아낌없이 갈채를 보내며 바구니에 돈을 넣었습니다. 젊은 신사는 사람들에게 조용한 미소로 답례하고 돈과 바이올린을 소녀에게 건네준 뒤 아무 말 없이 그 자리를 떠났습니다. 젊은 신사는 물론 아인슈타인이었습니다.

만약 그때 그 자리에서 소녀가 자기 바이올린을 맡길 수 없다고 떼를 쓰면서, 자기가 연주하겠다고 우겼다면 어떤 광경이 벌어졌을까요? 아인슈타인도 어쩔 도리가 없었을 것입니다. 도움을 주려는 사람은 그 도움을 받는 사람이 먼저 힘을 빼기를 원합니다. 힘주고 버티고 있으면 도와주고 싶어도 도와줄 수가 없습니다. 하나님도 마찬가지입니다.

깽깽이 소리만 내던 바이올린이 아인슈타인의 손에 들리자 아름다운 선율을 선사하는 엄청난 악기로 바뀌었습니다. 우리 인생도 하나님의 손에 붙잡히기만 하면 엄청난 선율을 만들어 낼 수 있습니다. 아직 못 다 연주한 예수의 음악은 우리의 인생에 얼마든지 남아 있습니다.

하나님의 도움을 받으려면 먼저 우리가 가진 것을 내려놓아야 합니다. "여호와께서 자기를 사랑하는 자들은 다 보호하시고." 하나님을 사랑하는 자는 자기의 것을 내려놓고 주를 의지합니다. 그래서 성경은 "여호와의 이름은 견고한 망대라 의인은 그리로 달려가서 안전함을 얻느니라"(잠 18:10)라고 말씀합니다.

주님께서 우리에게 다가오시는 이유는 우리 삶의 운전대를 잡아 주시기 위함입니다. 그러려면 먼저 우리의 힘을 빼야 합니다. 우리의 깽깽이 악기를 맡겨야 합니다. 주님은 우리의 힘이 빠졌을 때 도와주실 수 있습니다. 내 것이라 주장하고 우기면, 우리의 운전대를 잡지 않으십니다. 우리가 신앙생활 할 때 잊지 말아야 하는 것은, 우리가 힘을 빼고 우리 것을 버릴 때, 버리는 만큼 주님께서 우리를 도우실 수 있다는 점입니다.

기도의 사람 조지 뮬러는 말합니다.

"우리의 바로 그 연약함이 주 예수 그리스도의 능력이 나타날 수 있는 기회입니다. 찬송을 받으실 그분은 절대로 우리를 떠나거나 버리지 않으십니다. 우리의 연약함이 클수록 자기의 힘을 나타내시려고 더 가까이 오십니다. 우리의 궁핍이 클수록, 그가 친히 우리의 친구이심을 믿을 수 있는 근거를 우리에게 주십니다. 이것은 70여 년 기도로 살아 온 나의 체험입니다."

새해 우리는 우리의 힘을 빼고, 우리 마음을 그분 앞에 쏟아 놓기를 결단해야 합니다. 그러면 주님께서는 그분이 원하시는 방법으로 우리를 도우실 것입니다.

"오, 주여.
매년 새해 결단을 합니다.
항상 해야 할 일 목록을 만듭니다.
올해는 우리 힘을 빼고 주님께
더욱 맡기게 하소서.
우리의 깽깽이 악기를 주님께 맡겨
예수의 노래가 연주되게 하소서.
이 아침의 기도입니다."

흔들리는 인생, 든든히 서는 인생

"나의 이 말을 듣고 행하지 아니하는 자는 그 집을 모래 위에 지은 어리석은 사람 같으리니"(마 7:26).

고등학교를 졸업하고 다니던 대학을 중퇴한 후, 수도원에서 영성을 공부하며 아무도 기억해 주지 않는 이들의 고통을 위해 기도하는 것을 사명으로 여기는 특이한 이력을 가진 사람이 있습니다. 심리상담전문가 박우란 씨입니다. 그의 책 《딸은 엄마의 감정을 먹고 자란다》에서 언급된 한 사례를 소개합니다.

하루는 한 고등학교 여학생이 찾아와 "이대로 가면 도무지 제대로 살 수 없을 것 같다"고 말합니다. 항상 열심히 하고 싶고 잘하고 싶은데 충분히 잘하지 못하는 자신 때문에 힘들다는 것입니다. 답답하고 불안하며 하루하루 견디기가 어렵다고 합니다. 이처럼 그 학생은 자책감에 사로잡혀 있었습니다. 어떤 선을 도저히 넘어갈 수가 없는데, 그 선이 무엇인지도 도대체 모르겠다고 말합니다. 자기가 자신을 모르고, 어떻게 해야 하는지도 모르겠다며 고통스러워했습니다.

여학생이 그토록 힘들어하는 데는 엄마의 태도가 큰 영향을 미쳤습니다. 엄마는 강요하거나 억압하지 않는 민주적인 신세대 엄마였기에 늘 딸에게 모든 것을 맡기는 투로 말했습니다. 그러나 딸은 숨이 막혔습니다. 엄마의 말에 모호함이 있었기 때문입니다. 엄마 자신의 기대나 바람을 뚜렷하게 표현하지 않아 딸은 오히려 더 고통스러웠던 것입니다. 엄마의 대화는 늘 이런 식이었습니다. "그걸 하고 싶니? 꼭 하고 싶다면 해. 그런데 그걸 진짜 원하기는 하는 거야?"

이러한 엄마의 태도에 지친 아이가 어느 날 엄마에게 물었습니다. "그래서 엄마는 나에게 원하는 게 뭐야? 정확히 말해 줘." 엄마가 부드럽게 대답합니다. "난 그저 네가 잘됐으면 좋겠어. 그게 전부야. 남들이 하는 만큼만 하면 돼."

'남들이 하는 만큼이란 도대체 어느 만큼일까?' 명확한 선을 그어 주지 않으니 아이는 답답하기만 했습니다. 자녀는 부모의 뜻을 따르고 싶어 합니다. 하지만 부모의 뜻을 알지 못하면 흔들릴 수밖에 없습니다.

그런데 부모가 자녀에게 명확한 선을 그어 주고 나아가야 할 바를 알려 주지 못하는 이유는, 자신도 자신 안의 선을 보고 싶어 하지 않기 때문입니다.

소위 MZ세대라고 일컫는 젊은 세대의 문제는 명확한 가치관을 잃은 데 있습니다. 항상 표류합니다. 그 원인은 바로 그 전 세대인 부모 세대의 '전략적 모호성' 때문입니다. 자율적 상대주의가 빚은 결과입니다. 절대가치를 잃고 가르치지 않으면 결국 표류할 수밖에 없습니다. 무엇이 진리이며, 무엇이 지켜야 할 절대적 가치인지, 명확한 가이드라인이 있어야 하는 이유입니다.

예수님의 산상수훈에서 중심적인 가르침은 '절대적인 가치' '최고의 진리'에 있습니다. 부평초처럼 흔들리는 인생이 되지 말라는 것입니다. 인생 설계의 명확한 가이드라인을 제시하고 있습니다. 주님의 가르침을 듣고 행하는 자와 그렇지 못한 자는 인생의 설계가 명확히 다름을 말씀합니다. 지혜로운 인생 설계는 예수님을 반석(기초)으로 합니다.

우리의 인생 설계는 집을 짓는 것과 똑같습니다. 문제는 기초에 있습니다. 기초가 튼튼하고 기본이 탄탄해야 합니다. 기초를 반석 위에 놓아야 합니다. 반석이 무엇입니까? 예수 그리스도입니다. 예수님이 구원의 반석입니다. 그러므로 먼저 우리의 믿음을 점검해야 합니다. 날마다 예수께서 주 되심을 입으로 시인하고 믿고 행하는 것이 기초입니다.

성경적 교리의 가르침이 교회에서 회복되어야 합니다. 구원의 확신이 분명히 서야 합니다. 인생 설계도는 하나님의 말씀입니다. 말씀대로 살면 누구나 훌륭하고 아름다운 인생을 설계할 수 있습니다.

신앙이란 하나님의 말씀을 믿고 그대로 순종하는 것입니다. 순종하지 않는 것은 믿음이 아닙니다. 말씀을 아무리 많이 알아도 순종이 없다면 자기를 속이는 것입니다.

한 번뿐인 인생입니다. 리허설이 없습니다. 그렇기에 더욱 우리의 인생을 결코 실패하지 않을 반석 위에 지어야 합니다. 우리 인생의 기초는 오직 예수 그리스도 한 분뿐입니다. 우리 인생의 설계도는 하나님의 말씀입니다. 이것이 확실할 때 우리에게 분명한 가이드라인이 회복됩니다. 흔들리는 인생이 아니라 든든히 서는 인생이 됩니다.

"오, 주여.
왜 우리가 흔들립니까?
확고하고 분명한 가치관의 회복이
우리 모든 세대에 필요합니다.
새해를 분명한 기초 위에 설계하게 하소서.
이 아침의 기도입니다."

감추기와 드러내기

"너희는 포악과 겁탈을 제거하여 버리고 정의와 공의를 행하여"(겔 45:9).

살다 보면 우리 모두 인생의 흑역사를 경험할 때가 있습니다. 삶에서 되새기고 싶지 않고 잊어버리고 싶은 어두운 기억입니다.

일본과 독일 두 나라를 보면서 흑역사를 다루는 방식에서 두 나라가 매우 다름을 느낍니다. 독일은 나치의 흑역사를 그 후손들이 '정주행'했습니다. 메르켈 총리의 방식입니다. 그러나 일본은 아직도 군함도에 담긴 흑역사를 숨기고 아름답게 포장해 유네스코 문화유산에 등재하려 노력하고 있습니다. '정주행'이 아닌 '우회주행'입니다.

하나님은 우리 인생에 있을 수 있는 흑역사를 다루는 방법을 이스라엘에게 주신 명령을 통해 분명하게 알려 주십니다. 바로 '정주행'입니다. "너희는 포악과 겁탈을 제거하여 버리고 정의와 공의를 행하여."

이스라엘의 지도자들에게 주신 하나님의 명령은 간결했습니다. 어떠한 상황에도 굴하지 말고 피하지도 말라는 것입니다. 어떤 흑역사를 겪더라도 버려야 하는 것은 '포악과 겁탈'이고, 행해야 하는 것은 '정의와 공의'라고 명하십니다. '포악'은 짓누르는 것입니다. '겁탈'은 포악의 결과로 멸망시키는 것입니다. '정의'는 올바른 판단을 통해 하나님의 의를 실천하는 것이고, '공의'는 긍휼히 여기는 마음으로 하나님의 의로운 성품을 나타내는 것입니다.

이러한 '정주행'으로 인생의 흑역사를 돌파한 사람이 있습니다. 한국과 일본 두 나라 사이에 있었던 흑역사의 희생자인 우장춘 박사입니다. 우장춘 박사는 조선 말 무신이자 친일파였던 아버지와 일본인 어머니 사이에서 태어났습니다. 어려서 아버지가 피살되고, 가세가 기울자, 어린 우장춘은 여섯 살의 어린 나이에 보육원에 갔습니다. 그는 그렇게 아버지의 원죄를 짊어지고 일본에서는 조선인으로, 조선에서는 민족 반역자의 아들로 살아야 했습니다. 한국의 흑역사를 상징하는 인물입니다.

그런데 그는 신념을 잃지 않고 꿋꿋하게 성장합니다. 동경대학에서 농학박사 학위를 받고 세계적인 육종학자가 되었습니다. 집안 형편과 출신 때문에 학업 실력과 관계없이 실업 분야를 선택했지만 그 분야에서 단연코 정상에 오른 것입니다.

광복 후 식량난에 허덕이던 대한민국이 도움을 청하자 우장춘 박사는 남은 일생을 조국을 위해 희생하고자 했습니다. 그리고 죽는 날까지 어깨를 짓누르던 아버지의 원죄의 그림자를 지우고자 사력을 다합니다. 그가 한국으로 돌아가려 할 때 뛰어난 인재를 잃고 싶지 않았던 일본 정부는 그를 감옥에 가두며 방해했습니다. 그러나 그는 스스로 조선인 수용소로 들어가 한국으로 돌아왔습니다. 그 후 그가 이룩한 쾌거는 일일이 열거하기 어려울 정도입니다. 맛 좋고 튼튼한 강원도 감자를 개량합니다. 이어 배추와 무의 품종을 개량하고, 한국 땅에 맞도록 개량된 쌀과 과일 품종의 정착과 대량 생산 기술 개발, 씨앗의 생명력 강화 개량 등을 이끕니다.

또 제주도를 최대의 감귤 생산지로 일굽니다. 그러면서 죽는 날까지 따라다녔던 아버지의 그림자와 씨름합니다. 긴장된 한일관계 속에서 훈장 수여를 놓고 갑론을박하던 한국 정부는 마침내 그에게 '대한민국 문화포장'을 수여합니다. 그는 한국 정부가 준 포상금까지 우량 종자를 사는 데 활용합니다.

훈장 수여식은 우장춘 박사가 사망하던 그해 병상에서 이루어졌습니다. 병상에서 상을 받고 한참 동안 오열하던 그가 입을 엽니다. "조국이 드디어 나를 인정했습니다." 그리고 수많은 냉대 속에서도 세계적인 농학자로 성장할 수 있었던 것은 그가 '길가에 핀 민들레'처럼 살았기 때문이라고 술회합니다. 밟혀도 끈질긴 자생력을 갖고 금빛 찬란한 꽃을 피우는 민들레는, 그가 억압과 포탈에도 소망을 잃지 않고 얻은 정의와 공의의 회복을 상징합니다. 바로 '정주행'이었습니다.

우리는 동양식의 '수치 문화'(Shame Culture)를 가지고 있습니다. 부끄러운 것을 숨기려 하는 문화입니다. 그러나 하나님은 우리의 치부를 오히려 드러내고 도려내어 떳떳해지라고 하십니다. 역시 '정주행'입니다. 이것이 억눌린 것에서 자유하게 되는 방식입니다. 마음에 남은 상처를 하나님 앞에 솔직히 드러내십시오. 필요하다면 사람들에게도 드러내십시오. 그리고 자유하십시오.

"오, 주여.
우리는 인생의 흑역사와 치부를
감추기에 급급했습니다.
솔직하고 정직하지 못했습니다.
이제 솔직히 드러내고 '정주행'으로
정면 돌파할 수 있도록 도와주소서.
이 아침의 기도입니다."

용서의 노래

"주께서 너희를 용서하신 것같이 너희도 그리하고"(골 3:13).

요즈음 사람들이 BTS의 유명세를 50년 전의 비틀즈에 비교하곤 합니다. 실제로 BTS가 미국의 어느 TV 쇼에 출연해 비틀즈의 50년 전 의상을 입고 그들의 노래를 부르던 것을 본 적이 있습니다. 그중 한 곡이 바로 〈Hey Jude〉였습니다. 비틀즈의 팬이라면 아시겠지만, 이 곡은 폴 매카트니가 존 레논의 아들 줄리안을 위해 작곡한 노래입니다.

당시 존 레논은 안타깝게도 아내와 아들을 버리고 외도를 하였습니다. 이에 폴은 아빠를 찾는 아이가 불쌍해 그를 위로하고 격려하기 위해 이 곡을 만들었습니다.

Hey Jude, don't make it bad
Take a sad song and make it better
Remember to let her into your heart
Then you can start to make it better

헤이 주드, 너무 힘들어하지 마
슬픈 노래를 괜찮은 노래로 만들어 봐
그녀를 네 마음에 용납해야 함을 기억해
그러면 마음이 편해지기 시작할 거야

   폴 매카트니도 어머니를 일찍 여읜 상처가 있었기에 부모 없이 사는 고통을 알고 있었습니다. 그래서 줄리안에게 슬픈 마음을 밝게 바꾸어 보라는 노래를 작곡해 선물한 것입니다.
   이 노래는 '용서의 노래'입니다. 아픈 현실을 먼저 받아들이고, 그 현실에 처하게 한 상대를 용서하고, 또 그러한 상황에 있는 자신을 용납하고 '용서의 노래'를 부를 때 용서는 온전해집니다. 용서의 완성은 잊는 것이 아니라, 상처를 준 사람과 다시 회복된 '기쁨'을 누리는 것입니다. 용서의 궁극적 목적은 관계의 회복에 있습니다. 회복된 관계를 기쁨의 노래로 부르는 것입니다.
   사도 바울은 용서의 깊은 의미를 예수님께서 십자가에서 우리를 품으시고 베푸신 용서에서 찾고 있습니다. "주께서 너희를 용서하신 것같이 너희도 그리하고." 이는 마치 〈헤이 주드〉의 가사처럼 용서의 노래를 부르라는 명령입니다. 그런데 여기서 우리가 분명히 알아야 할 것이 있습니다. 용서와 비슷하지만 용서가 아닌 것이 있습니다.
   먼저 용서는 '잊는 것'이 아닙니다. 하나님은 우리의 죄를 망각하지 않으십니다. 오히려 죄를 또렷이 기억하시지만 우리를 벌하시는 것을 기억하지 않기로 하셨습니다.
   용서는 인내가 아닙니다. 인내는 도발을 참을성 있게 견디고, 가볍게 넘기고, 절망적인 상황에서 자신을 잘 추스르는 것을 뜻합니다. 상대를 사랑, 지혜, 분별로 참아 내고 보응하지 않는 것이 인내입니다.
   또 용서는 감정이 아닙니다. 감정이 용서에 수반될 수는 있습니다. 누군가에 의해 상한 마음이 용서하지 않았음에도 시간이 지나면 누그러지기도 합니다. 그러나 그러한 누그러진 감정이 용서는 아닙니다.

용서는 신뢰가 저절로 회복되는 것을 의미하지도 않습니다. 학대하는 배우자를 지금 용서한다고 금 간 관계가 내일 복원될 거라고 생각하는 것은 잘못입니다. 용서는 이 모든 것을 아우르고 뛰어넘는 '과정'입니다. 진정한 용서는 한순간의 결단으로 이루어지지 않습니다. 오랜 고통의 과정이 수반됩니다.

사람들은 대개 용서하려는 마음을 먹으면 용서가 된 것처럼 생각합니다. 용서하려는 마음과 용서가 이루어지는 것은 별개입니다. 용서하려는 마음은 용서의 시작에 불과합니다.

용서는 미워하지 않는 것을 넘어서서 상대가 나에게 한 일을 잊는 것이고, 또 그것을 넘어서서 상대와 함께 있어도 기뻐할 수 있는 회복을 의미합니다. 이러한 '동행의 기쁨'이 회복되지 않았다면 용서가 진정으로 이루어진 것이 아닙니다.

미운 사람을 안 보는 것만으로는 부족합니다. 그 사람과 함께 있어도 행복할 만큼 회복되어야 합니다. 만약 용서했지만 속에 쓰린 마음, 즉 쓴 뿌리가 남아 있다면 용서가 완성되지 않은 것입니다. 그래서 용서는 고통과 연단의 과정입니다.

그 모든 어려움을 극복하기 위해 오늘도 우리는 함께 '용서의 노래'를 부릅니다. 주님께서 이미 그 값을 치르신 용서가 우리 가운데 온전히 이루어지도록 노래를 부르며 나아가는 것입니다.

"오, 주여.
이 아침에도 우리 마음 깊은 곳에
쓴 뿌리가 남아 있는 것을 봅니다.
오늘도 용서의 노래를 부르게 하소서.

주님의 마음을 우리 안에 담고
주를 따르게 하소서.
관계에서 기쁨의 회복을 이루게 하소서.
이 아침의 기도입니다."

터무니없는 일

"내가 이것이 여호와의 말씀인 줄 알았으므로…밭을 사는데"(렘 32:8-9).

 인생을 살다 보면 항상 좋은 일만 일어나는 것은 아닙니다. 터무니없는 일이 일어날 때도 있습니다. 이때 기억해야 할 것은, 비록 터무니없어 보이는 일일지라도 그 문제를 대하는 태도는 중요하다는 것입니다.
 터무니없는 일이 우리 인생 여정에 새로운 전기가 되는 경우는 얼마든지 있습니다. 정약용의 둘째 형 정약전의 삶이 그러했습니다. 그는 약 15년간 흑산도라는 섬에서 유배 생활을 했습니다. 홀로 유배지에서 살아야 했기에 그가 겪은 외로움과 슬픔은 이루 말할 수 없었습니다. 이름처럼 아득하고 어두운 섬, 흑산도는 앞날이 보이지 않는 어두운 절망이었습니다.
 그러나 그는 그곳에서 근해의 생물을 직접 채집하고 관찰해 《자산어보》라는 책을 씁니다. 이전에는 전혀 관심을 두지 않던 분야입니다. 그 당시 누구도 쉽게 접근하지 못한 연구를 완성한 것입니다. 정약전은 유배지에서 벗어나지 못한 채 58세의 나이로 세상을 떠날 때까지 연구에 정진했습니다. 그 결과 《자산어보》는 오늘날에도 중요한 자료가 되었습니다. 터무니없는 일을 당했을 때 두려워하지 않고 겸허한 자세로 받아들인 결과, 상황에 지배되지 않고 그 상황을 새로운 전기로 만든 것입니다.

마더 테레사에게도 이런 터무니없는 일이 일어났습니다. 1910년 마케도니아의 한 부유한 가정에서 태어난 테레사는 어머니의 신앙에 영향을 받아 18세에 수녀회에 입회합니다. 그리고 1년 후인 1929년 인턴 수녀로 인도에 파송됩니다. 그곳에서 많은 사건을 겪는 중에 "약자의 편에 서겠다"는 사명을 다지게 되는 한 터무니없는 일을 경험하게 됩니다.

어느 날, 밤길을 가다 한 여자의 비명을 듣습니다. 즉시 병원 치료를 받지 않으면 위급한 환자였습니다. 테레사 인턴 수녀는 급히 그 여인을 데리고 근처 병원으로 향했습니다. 하지만 첫 번째로 찾아간 병원은 돈 없는 환자는 받아 줄 수 없다며 그들을 쫓아냈습니다. 어쩔 수 없이 테레사는 여인을 데리고 조금 더 먼 병원으로 갔습니다. 두 번째 병원은 그 환자의 신분 계급이 낮아서 받을 수 없다고 거절했습니다. 엄격한 인도의 카스트 제도에 따른 것이었습니다. 환자 신분은 '불가촉 천민'(untouchable)이었습니다.

두 병원에서 거절당하고 세 번째 병원으로 가는 도중 그 여인은 테레사 수녀의 품에서 숨을 거둡니다. 자신의 품 안에서 죽어 가는 여인을 보면서 테레사 수녀는 결심했습니다.

"이제부터 내가 서 있을 곳은 가난하고 병든 사람들의 곁이다."

그녀가 일개 인턴 수녀에서 마더 테레사로 거듭나게 된 '터무니없는' 사건이었습니다.

우리 눈에는 터무니없어 보일지라도 하나님의 경륜과 계획 아래 일어나는 사건은 얼마든지 있을 수 있습니다. 그렇기에 터무니없어 보이는 사건을 당했을 때 우리의 태도는 중요합니다.

이러한 터무니없는 일은 선지자 예레미야에게도 일어났습니다. 유다 왕국이 망하기 1년 전 선지자 예레미야가 감옥에 갇혀 있을 때, 그의 사촌 하나멜이 그를 찾아옵니다. 그리고 고향 아나돗의 밭을 사라고 요청합니다.

이때는 바벨론의 군대가 유다 왕국의 전역을 짓밟고 수도인 예루살렘을 포위하여 공격하던 시점입니다. 이제 곧 예루살렘이 적군에 짓밟히면 토지 소유권이 무슨 소용이 있습니까? 터무니없는 요청입니다. 은 17세겔에 매매가 이루어진다 해도 터무니없는 계약일 뿐입니다.

그러나 "그 땅을 사라"는 강력한 메시지를 받은 예레미야는 그 터무니없는 매매에 순종합니다. 돈이 문제가 아니었습니다. 하나님의 말씀을 귀히 여긴 그의 자세가 그 사건의 가장 핵심이었습니다.

그런 제안을 한 하나멜도 터무니없지만, 아무 소용이 없을 땅을 하나님의 뜻으로 알고 기업을 무르는 형식으로 산 예레미야도 세상의 눈으로 보면 대책 없는 사람입니다.

세상의 모든 것은 다 지나갑니다. 불의한 재물로 영원한 것에 투자하는 것은 세상의 눈으로 볼 때 터무니없는 일입니다. 그러나 영원의 관점에서는 현명한 투자일 수 있습니다. 우리의 신앙생활, 우리의 모든 헌신이 세상 눈에는 터무니없어 보이겠지만 영원의 관점에서 보면 현명한 투자입니다.

"오, 주여.
우리 눈을 열어 주시고
영원한 것을 보게 하소서.
터무니없는 일에 숨겨진
지혜를 보게 하소서.
이 아침의 기도입니다."

권세 있는 새 교훈

"지혜 있는 자는 듣고 학식이 더할 것이요 명철한 자는 지략을 얻을 것이라"
(잠 1:5).

지혜와 명철은 같은 것을 다르게 보기 시작하며 새로운 시각을 얻을 때 우리 안에 터득되는 '지략'입니다. 지혜와 명철이 있으면 같은 말씀도 어제 읽었을 때와 오늘 읽을 때가 다르게 다가옵니다. 하나님의 말씀을 좋은 격언으로 받으면 하나의 지침(reference)밖에 되지 않지만, 생명의 말씀으로 받으면 새로운 시각으로 다가옵니다. 전에는 보이지 않던 것이 보입니다.

아인슈타인은 어린 시절에 또래의 아이들에 비해 정신 능력 발달 속도가 떨어졌습니다. 소위 발달 장애를 앓았고, 이로 인해 주변에서 많은 놀림을 받았습니다. 따돌림을 받으며 외로운 청소년기를 보냈지만 15세 때 그는 이미 뉴턴이나 스피노자, 데카르트 같은 위인들의 전기와 잠언 등의 지혜서를 읽으며 '다른 시각'을 가진 사람으로 성장합니다.

아무도 눈치채지 못했지만, 아인슈타인의 어머니는 그것을 알고 있었습니다. 그리고 그 남다름을 존중해 주었습니다. 그런 어머니가 있었기에 아인슈타인이 존재하게 된 것입니다. 만약 그녀가 남과 비교하기 좋아하는 어머니였다면 아인슈타인은 지금 우리가 아는 아인슈타인으로 성장하지 못했을 것입니다. 그녀는 아들의 남다른 면을 격려했습니다.

탈무드에 이런 말이 있습니다. "형제의 개성을 비교하면 모두 살리지만, 형제의 머리를 비교하면 모두 죽인다." 그래서 유대인들은 자녀들에게 "남보다 뛰어나려 하지 말고, 남과 다르게 되라"고 가르칩니다.

지혜는 천편일률적인 것을 배격합니다. 같은 상황에 처해도 새롭게, 다르게 볼 줄 알고 새로운 것을 기대할 때 새로운 지평이 열리기 시작합니다. '새 술은 새 부대에'의 지혜입니다.

예수님의 지혜는 레위기에 기록된 '긍휼의 율법'에 기초합니다. 같은 율법의 말씀이지만 새로운 시각으로 율법을 재해석하셨을 때 그 말씀이 '권세 있는 새 교훈'이 되었습니다.

왜 우리는 자라면서 듣는 어머니의 말이 항상 잔소리처럼 들릴까요? 왜 남편은 아내가 하는 말이 잔소리처럼 들릴까요? 같은 이야기를 늘 똑같은 방식으로 전하기 때문은 아닐까요? 우리가 전하는 말이 똑같은 말일지라도 새로운 시각으로 재해석될 때 다르게 들리기 시작합니다. 똑같은 말인데 다르게, 새롭게 들리면 능력 있는 말이 됩니다.

말씀이 육신이 되어 이 땅에 오신 예수님의 '성육신'은 지금도 우리 안에서 계속되고 있습니다. 말씀이 우리 삶에 적용되는 것이 바로 말씀이 성육신해서 우리 안에서 살아나는 과정입니다. 말씀을 묵상하고 그것이 우리 안에서 깨달음이 되고 행함으로 나타날 때 그 말씀은 성육신된 것이고 우리 안에 '권세 있는 새 교훈'이 된 것입니다.

이러한 권세 있는 새 교훈을 사도 바울은 '성령의 나타나심'과 '능력'이라고 말씀합니다. 바울이 전한 것이 천편일률적인 사람의 지혜가 아니라, 삶에 재해석되고 적용된 능력이라는 것입니다.

설교는 설교자가 이러한 말씀의 성육신을 개인적으로 체험하고 나누는 간증입니다. 이때 말씀은 '레마의 말씀'(spoken word)이 되고 심령에 들리는 말씀, 믿음을 심는 말씀이 됩니다.

그래서 잠언 기자는 "지혜 있는 자는 듣고 학식이 더할 것이요 명철한 자는 지략을 얻을 것이라"고 말씀합니다. 믿음의 지혜는 새로운 시각을 얻는 지략입니다. 똑같은 사실이 마음에 새롭게 충격으로 다가옵니다. 마음에 충격이 있기에 설렘이 있습니다. 예배가 살아 있다는 것은 바로 이러한 설렘이 있다는 것입니다. 매일이 기대되는 설렘입니다.

성령은 구태의연한 것에 임하시지 않고 이러한 설렘에 역사하십니다. 새로운 것에 대한 기대입니다. 이때 '권세 있는 새 교훈'이 되는 것입니다.

"오, 주여.
말씀과의 만남이 늘 새로운
그런 아침 되게 하소서.
구태의연한 것을 벗어 버리고
새로운 시각으로,
권세 있는 새 교훈으로
지략을 얻게 하소서.
이 아침의 기도입니다."

아직 일할 때입니다

"때가 아직 낮이매 나를 보내신 이의 일을 우리가 하여야 하리라"(요 9:4).

노벨 문학상 수상 작가이며 한국을 사랑한 것으로도 유명한 펄 벅 여사는 80세가 되던 해, 인생에서 최고의 순간이 언제였는지를 묻는 질문에, 10년 전 그녀가 70세가 되던 해부터였다고 대답했습니다. 그 이유를 이렇게 말합니다. "나는 70세가 되었을 때 비로소 인생에 진정 필요한 것이 무엇인지 알았고, 그때부터 정말로 즐겁게 일하며 살 수 있다는 확신이 들었습니다."

이 대답에서 우리는, 인생에서 정말 중요한 것은 지금이 어느 때인지를 아는 것보다 지금 내가 무엇을 하고 있는지를 인지하는 것이라는 지혜를 얻게 됩니다.

예수님도 말씀하십니다. "때가 아직 낮이매 나를 보내신 이의 일을 우리가 하여야 하리라." 예수님은 여기서 '때'를 말씀하셨습니다. 그러면서 그 '때'가 아직 '낮'이라고 하십니다. 이어서 '밤'이 오리라 말씀하십니다. 낮은 무엇이고, 밤은 무엇일까요? 낮은 주님께서 함께하시는 시간을 의미합니다. 그리고 밤은 매우 짧은 시간으로 주님께서 함께하지 않으시는 시간입니다.

예수님께서 십자가에서 죽으신 때부터 부활하시기 전까지의 기간이 이 밤입니다. 그러면서 "아직 낮이매 나를 보내신 이의 일을 우리가 하여야 하리라"라고 말씀하셨습니다. 밤에는 일할 수 없기 때문입니다. 주님께서 함께하지 않으시면 우리는 하나님의 일을 아무것도 할 수 없습니다.

"내게 능력 주시는 자 안에서 내가 모든 것을 할 수 있느니라"(빌 4:13). 이 구절은 그냥 달력에나 사용하는 장식용 말씀이 아닙니다. 우리가 아직 일할 때라는 것입니다. 예수님께서 함께하시는 '낮'이라면 어떤 일이든 감당할 수 있다는 담대한 신앙 고백입니다.

'후회'와 '용기'의 큰 차이점은 후회는 과거를, 용기는 현재를 살아간다는 것입니다. 지금 무엇을 해야 할지 안다면 당장 시작할 수 있도록 도와주는 용기를 구해야 합니다. 인생에서 중요한 것은 과거의 영광이 아니라 바로 현재이기 때문입니다.

2018년 아마존 베스트셀러 《아주 작은 습관의 힘》(Atomic Habits)의 저자 제임스 클리어는 고교 시절 촉망받던 야구선수였습니다. 그러나 연습 도중 큰 사고를 당합니다. 동료 선수가 실수로 놓친 야구 방망이에 얼굴을 맞은 것입니다. 심정지가 세 번 일어나고 걸을 수조차 없게 되었습니다. 그러나 그는 절망만 하고 있을 수 없다고 생각하고 당장 할 수 있는 일을 찾았습니다. 아주 작은 일이라도 반복해서 하자고 생각하고 매일 조금씩이라도 걷는 연습을 했습니다. 그렇게 6개월 만에 운동을 다시 할 수 있게 되었고, 6년 후에는 대학 최고의 선수가 됩니다. 이 책을 통해 클리어는 습관은 우리의 '자존감'으로, 우리의 '정체성'이 된다고 역설합니다. 아주 작은 습관이 쌓이면 극적인 변화를 만듭니다. 100번만 반복하면 그 습관이 '무기'가 됩니다.

우리도 주님처럼 물 위를 걸으려면 어떻게 해야 할까요? 일단 뛰어내려야 합니다. 그런데 그게 제일 힘듭니다. 생각을 너무 많이 하기 때문입니다. 생각이 많으면 두려움이 생기고, 평생 못 뛰어내립니다. 물 위를 걸으신 예수님의 이적 이야기에서 가장 불쌍한 사람은 물 위를 걷다 물에 빠진 베드로가 아닙니다. 진짜 불쌍한 사람은 기회가 있었지만 물 위를 걸어 보겠다는 말도 꺼내지 못한 다른 제자들입니다.

그런 기회는 다시 오지 않습니다. 시도해 본 사람이 실패 끝에 얻는 교훈은 너무나도 값집니다. 결국 제자들 중에서 물 위를 걷는 맛을 느껴 본 사람은 유일하게 베드로뿐입니다. 제자들 간에 논쟁이 발생하면 베드로는 아마도 이렇게 말했을 것입니다. "물 위도 안 걸어 봤으면 얘기하지 마!" 베드로의 위대한 점은 예수님이 하시는 것이면 무조건 따라 하려 했던 어린아이와 같은 마음에 있습니다.

베드로는 예수님이 하시는 모든 일을 제자들이 따라 하기를 예수님도 원하신다는 것을 알았습니다. 오늘 우리는 이 중요한 질문을 우리 자신에게 던져야 합니다. '주님께서 하신 일 중 지금 내가 따라 할 수 있는 일이 무엇일까?' 클리어가 말했듯이, 아무리 작은 것이라도 습관이 되면 엄청난 변화를 가져옵니다. 그래서 'Atomic Habits'입니다.

"오, 주여.
생각만 하다 그냥 생각에 머물렀던
우리의 어리석음을 봅니다.
아주 작은 습관을 새롭게 가질 수 있도록
용기를 허락하여 주소서.
이 아침의 기도입니다."

하나님의 공백

"사람들이 사는 동안에 기뻐하며 선을 행하는 것보다 더 나은 것이 없는 줄을 내가 알았고"(전 3:12).

지혜서는 독자들에게 주는 명확한 메시지가 있습니다. 삶에 대한 깊은 깨달음으로 새로운 시각을 가짐으로 삶의 여정에 변화를 얻도록 하는 것입니다.

전도서는 극적인 방법을 선택해 우리 마음에 충격을 주는 것으로 시작합니다. "헛되고 헛되며…모든 것이 헛되도다 해 아래에서…모든 수고가…무엇이 유익한가"(전 1:2-3). 우리가 알고 노력하며 지내 온 모든 것이 시간이 지나고 보니 부질없더라는 것입니다. 살면서 추구해 왔던 모든 부와 명예 그리고 건강조차도 큰 의미가 없더라는 것입니다. 삶이 마치 다람쥐가 쳇바퀴 돌 듯 의미 없는 되풀이일 뿐이었다는 것입니다.

그러므로 마음에 새로운 인생관과 세계관을 세팅해 어리석음에서 벗어나라는 것입니다. '세팅'(setting)이란 컴퓨터에 이상이나 문제가 생겨 제대로 작동하지 않을 때 하는 방법입니다. 원래 설정해 놓은 상태로 돌아가 다시 시작하는 것을 의미합니다.

전도서는 가장 중요한 두 가지 세팅을 통한 인생 설계서를 제시하고 있습니다. 첫 번째 세팅은 '때' 곧 시각의 세팅입니다. 천하만사가 다 때가 있더라는 것입니다. 그리고 하나님은 그 '때'를 따라 아름답게 만들어 가시더라는 것입니다. 하나님은 사람의 마음에 영원한 것을 사모하는 마음을 세팅해 놓으셨다고 말씀합니다.

무슨 말입니까? 인생을 '영원'이라는 시각에서 보라는 것입니다. 인생을 마치 그때그때 한탕주의로 사는 듯한 어리석음에서 벗어나라는 것입니다.

일찍이 이것을 깨달은 파스칼은 《팡세》에서 "인간의 가슴엔 다만 하나님만이 채우실 수 있는 '하나님의 공백'이 있다"라고 말합니다. 그 공백은 이 세상 그 무엇으로도 채울 수 없습니다. 오직 하나님께서 원래 세팅해 놓으신 방식을 회복할 때 채워집니다. 이것을 성경은 '영접'이라고 말씀합니다. 예수님을 영접해야 해결됩니다.

하나님을 인정하고 받아들이지 못한 사람은 아무리 돈이 많고 부귀영화를 누려도 허무함과 공허를 채울 수 없습니다. 하나님이 우리 마음에 영원한 것을 사모하는 마음을 세팅해 놓으셨기 때문입니다.

우리는 우리 자신의 지혜와 영광 등 모든 바벨탑이 무너지고 실패할 때, 위기가 닥쳤을 때 비로소 이것을 깨닫게 됩니다. 그때 인생은 세팅된 원상태로 돌아갑니다. 그리고 의미 있는 질문을 자신에게 던지게 됩니다. '나는 어디에서 와서 어디로 가는가?' 이 질문을 스스로에게 하는 순간이 바로 '하나님의 시간'(Kairos moment)입니다. 이로써 영원을 생각하고 바라보는 것입니다.

이때 지혜로운 사람들은 신앙의 길을 찾습니다. 진리의 길로 들어서는 것입니다. 신앙인들은 이때 하늘나라를 사모하게 되고 하나님의 말씀을 붙잡습니다. 이런 과정을 통해 저절로 나타나는 우리의 '행함'은 '하나님의 공백'을 채워 나가기 시작합니다. 이것을 솔로몬은 이렇게 말씀합니다. "사람이 사는 동안에 기뻐하며 선을 행하는 것보다 나은 것이 없다."

두 번째 세팅은 선한 일을 하는 것입니다. 선한 일이란 좋은 마음을 먹고, 좋은 일을 하고, 이웃에게 유익을 주며, 내 것을 나누고, 세상에 하나님의 복을 유통하며 축복을 빌어 주는 것입니다. '나'가 '너'로 바뀌어서 '우리'의 개념이 되고, 더 확장해서 '이웃'이 우리의 시야에 들어오기 시작하면서 절로 나타나는 행함이 바로 선을 행하는 것입니다.

자신의 유익만을 구하는 사랑은 오래가지 못합니다. 감정이 중심이 된 사랑도 오래가지 못합니다. 감정은 금방 식어 버리기 때문입니다. 이웃은 우리의 지평을 열어 주고, 우리의 사랑에 의지를 불어넣어 줍니다. 사랑은 의지로 이루어지고, 그 의지는 그 사랑을 보증해 주는 이웃을 통해 확장됩니다. 성경이 보이지 않는 하나님을 사랑하는 것과 보이는 형제나 이웃을 사랑하는 것을 동일 선상에서 보는 이유입니다.

"오, 주여.
지혜서를 통해 두 가지 세팅을 봅니다.
영원을 바라보며 인생을
설계하게 하소서.
그 인생의 동반자인 이웃을
내 몸처럼 사랑하게 하소서.
이 아침의 기도입니다."

"레디, 액션!"

"원수를 갚지 말며 동포를 원망하지 말며 네 이웃 사랑하기를 네 자신과 같이 사랑하라 나는 여호와이니라"(레 19:18).

성경은 어려운 것은 쉽게, 쉬운 것은 어렵게 가르칩니다. 실제로 행하기 어려운 것들을 쉽게 말하고, 쉽게 가르치는 것입니다. 그리고 구체적으로 지시하고 준비시킵니다. 믿고 따르고 꾸준하게 행함으로 옮길 것을 요구합니다. 이는 마치 영화감독이 배우들에게 촬영을 준비시키고 시작 사인을 주는 것과 같습니다. "레디? 액션!"

여기서 핵심은 끈기입니다. 얼마나 끈기 있게 매달리고 행함으로 옮기는지가 관건입니다. 그래서 구약성경의 모든 율법을 '행함의 법' '구별시키는 법'이라고 말합니다.

예수님의 산상수훈도 마찬가지입니다. 어려운 것을 쉽게 말씀하고 가르치십니다. 핵심 메시지는 하나님의 백성으로서 세상과 다르게 살라는 것입니다. 복에 대한 개념을 세상과는 다른 각도에서 말씀하십니다. 용서에 대한 것도 세상의 개념을 뛰어넘습니다. 세상과 구별되는 '쉽고도 어려운 길'을 말씀하십니다. 그래서 '좁은 길'이라고 말씀하십니다. 따르고 행하는 사람이 많지 않기 때문입니다. 그러나 결코 불가능한 길이 아닙니다. 반복 훈련으로 쉽게 따를 수 있습니다.

소크라테스를 따르고 배우려는 제자가 많았다고 합니다. 그런 그들에게 소크라테스도 쉬운 것은 어렵게, 어려운 것은 쉽게 지시했다고 합니다. 어느 날 몇몇 젊은이가 소크라테스를 찾아와 "어떻게 하면 당신처럼 해박한 지식을 가질 수 있습니까?" 하고 물었습니다. 이 말을 들은 소크라테스는 쉬운 일을 어렵게 지시합니다. "일단 돌아가서 매일 팔 돌리기 300번을 해보게. 그렇게 한 달을 채우거든 그때 다시 나를 찾아오게나." 젊은이들은 팔 돌리기와 학식이 무슨 상관이 있는지 의아해했습니다. 그래도 그렇게 하겠노라 대답하고 돌아갔습니다. 그렇게 간단한 일이야 얼마든지 할 수 있다고 생각했던 것입니다.

한 달이 지난 후, 그 절반의 인원만 다시 소크라테스를 찾아왔습니다. "잘했네. 좋아. 다시 한 달을 해보게." 그렇게 다시 한 달의 시간이 지나고 소크라테스를 찾아온 젊은이는 이제 지난달 인원의 3분의 1이 채 되지 않았습니다. 그렇게 여러 번 반복한 끝에 1년이 지난 후에도 소크라테스에게 자문하러 온 젊은이가 딱 한 사람 있었는데, 그가 바로 플라톤입니다. 소크라테스도 쉬운 것은 어렵게, 어려운 것은 쉽게 시킨 것입니다.

미국의 심리학자 에릭슨이 '1만 시간의 법칙'이라는 것을 주창했습니다. 사람이 어떤 분야의 전문가가 되려면 최소 1만 시간 정도의 훈련이 필요하다는 것입니다. 1만 시간은 하루 3시간씩 훈련할 경우 10년이 걸리고, 하루 10시간씩이면 3년이 걸립니다. 세계적인 바이올린 연주자와 아마추어 연주자 간의 실력 차이는 연습 시간에 있다고 합니다. 1만 시간의 연습을 해내는 것이 탁월함에 도달하는 관문이라는 것입니다. 타고난 재능보다는 인내와 끈기가 그 사람을 성공으로 이끈다는 결론입니다.

기도도 마찬가지입니다. 기도를 한두 번 하기는 쉽습니다. 그러나 꾸준하게 매일 하기는 쉽지 않습니다. 그럼에도 꾸준히 할 때 어느 순간 기도가 자연스러운 삶의 방식이 됩니다. 일부러 하려고 해야만 하는 경지를 뛰어넘는 것입니다. "오른손이 하는 일을 왼손이 모르게 하라"는 말씀은 구제 행위에만 해당하는 말씀이 아닙니다. 모든 경건의 훈련에 해당합니다. 반복된 훈련과 실천으로 그것이 자연스럽고 당연한 일이 되게 하라는 것입니다. 모든 선한 행실의 기초가 되는 말씀입니다. 용서에도 똑같이 적용됩니다. 어려운 일이기에 쉽게 하라는 것입니다.

인간관계를 가르치는 여러 계명 중 가장 핵심은 "네 이웃 사랑하기를 네 자신과 같이 사랑하라"입니다. 이러한 이웃 사랑이 모든 사람 간의 행위의 기초입니다. 이는 우리가 거짓말하거나 도둑질하거나 다른 사람을 학대하는 것을 막아 줄 뿐 아니라, 우리가 일하는 방식도 바꿔 줍니다. 사람들을 공평하게 대우하고, 가난한 사람들에게 관대한 것 등 모든 선한 행실의 기초가 됩니다.

이 모든 것의 핵심은 반복된 훈련과 행함입니다. 모두 준비되셨습니까? "레디? 액션!"

"오, 주여.
율법 조항들이 실제 삶에서
행하기 어렵기만 합니다.
그래서 오히려 쉽게
한 번에 하나씩 연습합니다.
끈기 있게 할 수 있게 도와주소서.
이 아침의 기도입니다."

홀로서기

"여호와를 의지하며 여호와를 의뢰하는 그 사람은 복을 받을 것이라"(렘 17:7).

지난 몇 년간 전 세계를 강타한 코로나가 우리 삶을 뒤바꿔 놓았습니다. 기침과 미열만 있어도 병을 의심하면서 자가격리 하는 것을 코로나 이전 시대에는 한 번도 경험해 본 기억이 없습니다. 이렇게 스스로 격리하는 것이 일상화되자 '코로나 블루'라는 우울증이 많은 사람을 괴롭히고 있습니다.

이런 자가격리 시대에 어느 유튜브 채널에 "인터넷 없이 독방에 5일 동안 갇힌 사람들에게 일어난 일"이란 영상이 소개되었습니다. 영국에서 행한 '5일간의 격리'라는 이벤트와 결과를 소개한 것입니다. 5일간의 격리는 휴대폰 없이 독방에서 5일간 견뎌 내는 사람에게 상금을 주는 간단한 실험입니다.

실험에는 총 다섯 명이 참가했습니다. 그들이 갖고 들어갈 수 있는 물건은 세 개로 제한되었는데 전자제품은 허락되지 않았습니다. 독방은 일반 원룸 오피스텔보다 좋은 곳이었습니다. 식사도 제때에 푸짐하게 제공되었습니다. 참 쉬워 보이는 도전인데, 다섯 5명 중 5일을 끝까지 견뎌 낸 사람은 세 명뿐이었습니다.

참가자 중 한 명인 28세의 샤르마인은 겨우 4시간 만에 독방 생활을 포기했습니다. 또 다른 참가자였던 TV 진행자 조지는 정확히 24시간 만에 포기했습니다. 그들은 세상으로부터 단절된 고독과 권태감, 그리고 불안감을 견디지 못했습니다. 특히 고립된 상태에서 시간을 알 수 없다는 점이 매우 괴로웠다고 나중에 털어놨습니다.

실험의 최종 단계에 진출한 사람은 로이드, 루시, 사라입니다. 하지만 이들의 상태도 그리 좋지 않았습니다. 사라는 72시간이 지난 시점부터 환각을 보고 혼잣말을 시작했습니다. 로이드는 카메라와 이야기를 했습니다. 누군가가 아니면 적어도 어떤 것과 소통하고 싶었던 것입니다. 그런데 루시는 이들과 달랐습니다. 그녀는 시간을 보내기 위해 그림을 그렸습니다. 혼잣말을 하거나 환각을 느끼지도 않았습니다. 어렵지 않게 5일을 잘 견뎠고, 방은 자신이 그린 그림으로 더 아름다워졌습니다. 루시는 그림을 그리며 시간을 '창조'하는 데 썼습니다.

그림을 그리는 것은 아름다움을 표현하는 창작입니다. 창작은 창조 행위이며, 창조는 하나님의 성품입니다. 그녀는 자신도 모르게 하나님의 성품이 지배하는 자가격리의 자리에 머물었던 것입니다. 그 격리의 자리에서 그녀는 좀더 성숙했고, 주어진 시간을 소중히 사용하고 스스로 만족한 삶을 살았습니다.

이러한 자가격리 실험은 '홀로서기'의 전위적 실험이라고 볼 수 있습니다. 홀로서기를 온전하게 잘 할 수 있는 사람은 아무도 없습니다. 누군가의 도움 없이 맨 땅에 헤딩하는 사람처럼 어리석은 사람이 없습니다. 그렇다면 결국 누구를 의지하는지가 중요합니다.

예레미야는 이스라엘의 홀로서기 비결을 두 가지 동사로 제시하고 있습니다. 첫 번째는 '의지하다'(trust)로, 방백을 의지하지 말고 여호와를 의지할 것을 말씀합니다. 애굽을 의지하고 이웃 나라들을 의지하는 것은 어리석고 한계가 있다는 것입니다. 그런 사람은 마치 '사막의 떨기나무'(렘 17:6) 같다고 말씀합니다. 의지할 대상을 분명히 하는 것이 광야 같은 삶의 첫 번째 비결입니다.

두 번째 동사는 '의뢰하다'입니다. 여호와를 의지하는 것에서 머물지 않고 한 걸음 더 나아가 여호와께 의뢰하는 것입니다. '의뢰'는 '의지'와 비슷한 개념으로 보이지만 더욱 적극적인 행위입니다. 하나님께 묻고 그분과 소통함으로 하나님의 성품에 참여하는 것입니다. 히브리 개념으로 '샤알'(묻다)입니다. 영어 성경에서는 '자신감'(confidence)이라는 단어를 쓰고 있는데 이를 히브리식 표현인 동사로 바꾸면 'to confide in'으로 '속내를 털어놓으며 신뢰하다'라는 의미입니다.

우리의 홀로서기는, 하나님을 의지하고 그분께 의뢰함에서 오는 자신감으로 혼자 있어도 외롭거나 불안하지 않은 상태를 말합니다. 그것이 온전한 홀로서기입니다. 이렇게 여호와를 의뢰하는 사람은 하나님의 성품에 참여하여 하나님께서 주시는 생각과 새로운 아이디어로 루시처럼 그림을 그리거나 다른 가치 있는 일을 할 수 있습니다. 만족스러운 홀로서기를 할 수 있습니다. 예레미야는 그런 사람은 복을 받을 것이라고 말씀합니다.

"오, 주여.
엉뚱한 홀로서기로 혼자 힘 빼며
어리석게 맨 땅에 헤딩을 해왔습니다.
온전한 홀로서기를 하게 하소서.
하나님을 의지하고 의뢰하게 하소서.
이 아침의 기도입니다."

스펙 쌓기

"너희가 여기 내 형제 중에 지극히 작은 자 하나에게 한 것이 곧 내게 한 것이니라"(마 25:40).

한국처럼 경쟁이 치열한 사회가 또 있을까 하는 생각을 하게 하는 표현 가운데 '스펙 쌓기'라는 아주 수상한(?) 단어가 있습니다. 스펙은 영어로 'specification'의 줄임말입니다. 'specification'은 명세 혹은 규격이라는 뜻으로, 어떤 상품을 소개할 때 그 상품의 규격이나 세부정보를 기술해 놓은 문서에 사용됩니다.

그러나 한국에서는 조금 다른 용어로 쓰이고 있습니다. 한국에서 스펙은 흔히 직업을 구하는 사람들이 자신을 소개할 때 내놓는 본인의 학력, 점수, 자격증 등을 말합니다. 서류상에 기록할 수 있는 성취물입니다. 자기 스스로를 상품화하는 표현으로 경쟁이 치열한 사회의 부산물입니다. 스펙 쌓기는 이제 많이 일반화되어 있는 표현입니다.

스펙은 취업을 준비하는 대학생들에게 엄청난 스트레스입니다. 남들이 다 갖추고 있는 건 왠지 나도 갖춰야 하고, 거기다가 남들에게 없는 것도 있어야 취업이 될 것 같습니다. 그러다 보니 자격시험이 유행하고, 온갖 자격증을 취득하려는 취업준비생들이 넘쳐납니다.

자녀들의 스펙 쌓기를 도우려는 어머니의 치맛바람 때문에 나온 '엄마 찬스'란 표현도 있습니다. 물론 '아빠 찬스'라는 말도 덤으로 사용되고 있습니다.

그런데 재미있는 것은, 마지막에 주님께서 영광의 보좌에 앉으실 때 양과 염소를 구분하는 '서류 심사'(?)를 한다고 말씀하신다는 것입니다. 또 이를 위한 스펙 쌓기가 필요함도 말씀하십니다. 그리고 하늘나라의 백보좌 심판대를 통과하기 위한 스펙은, 우리가 지극히 작은 자에게 한 것이라고 잘라 말씀하십니다. 지극히 작은 자에게 한 것이 곧 주님께 한 것이라는 말씀입니다.

'지극히 작은 자'가 누구입니까? 주님은 세상 기준으로 봤을 때 우리가 베푼 것을 우리에게 되갚을 능력이 없는 사람들을 가리키는 말로 이 표현을 사용하셨습니다. 이들은 세상에서 완전히 잊히지는 않더라도, 우리가 쉽게 지나쳐 버리는 작은 자들을 말합니다. 그중 하나인 소외되고 학대받는 아이들을 '지극히 작은 자'로 소개하는 영화가 있습니다.

〈어린 의뢰인〉은 칠곡 어린이 학대 사건을 모티브로 만든 영화입니다. 영화를 보는 내내 분노와 슬픔으로 가득 차게 되는데, 영화는 현실보다 많이 순화되어 제작되었다고 합니다. 현실은 어땠는지 짐작할 수 있습니다.

새엄마는 아빠의 묵인 아래 어린 남매를 학대합니다. 문제는 아이들이 그렇게 사정하는데도 경찰도, 복지센터도, 학교 선생님도 골치 아파질까 봐 모든 것을 묵인한다는 것입니다. 이에 아이가 고통을 법에 호소하기 위해 스스로 나서서 변호사를 찾습니다. 그래서 '어린 의뢰인'이 됩니다. 매사에 너무 솔직해서 진급을 잘 하지 못하던 한 변호사가 이 어린 의뢰인의 사건을 맡고 모든 것을 바칩니다.

처음엔 그도 성공만을 추구했지만 아이들은 그의 진짜 마음을 알아

봅니다. 아이들의 시각으로는 누가 착한 사람이고 나쁜 사람인지 구분할 수 있었던 것입니다. 이 영화에서 아이들의 눈은 의인과 악인을 구분하는 주님의 눈을 상징합니다. 지극히 작은 자와 자신을 동일시하셨던 주님의 모습이 이 영화에서 아이의 모습으로 투영된 것입니다.

우리는 지극히 작은 것은 하찮게 생각하고 관심조차 갖지 않습니다. 그러나 주님은 지극히 작은 자에게 관심이 있었고, 작은 자에게 한 것이 곧 자신에게 한 것이라고 말씀하십니다. 어린아이와 같이 자기를 낮추는 자가 천국에서는 큰 자요, 어린아이와 같이 되지 않으면 결단코 천국에 들어가지 못한다고 말씀하십니다.

오늘 우리의 '스펙 쌓기'는 지극히 작은 자를 우리 주변에서 찾는 것으로 시작되어야 합니다. 주변에서 가장 소외되고 관심 밖에 있는 사람을 돌아보는 것입니다. '지극히 작은 자'라는 말을 들을 때 누가 떠오릅니까? 그들을 위해 우리가 할 수 있는 일은 무엇입니까? 우리의 '스펙 쌓기'는 작은 일을 소중히 여기고, 작은 자와의 만남을 귀중히 여기는 것으로 시작됩니다.

작게 시작하면 모든 것이 소중합니다. 작게 시작하면 마음이 편하고, 매사에 여유가 있습니다. 작게 시작하면 서두르지 않고, 모든 것에 감사하게 됩니다. 작게 시작하면 주변이 항상 아름답게 보입니다. 작게 시작하면 함께하는 형제자매들이 소중하고 크게 보입니다. 'Small matters! Least matters!'

"오, 주여.
항상 큰 것을 좇고 큰 자를 섬겨 왔습니다.
우리의 어리석음을 용서하소서.
우리의 스펙 쌓기가
세상과는 완전히 달라지게 하소서.
작은 것, 작은 자를 섬기게 하소서.
이 아침의 기도입니다."

나의 주님

"내가 여호와께 아뢰되 주는 나의 주님이시오니 주밖에는 나의 복이 없다 하였나이다"(시 16:2).

팀 켈러의 《내가 만든 신》(Counterfeit gods)이라는 책이 있습니다. 이 책은 우리 현대인의 삶 속에 우상숭배가 얼마나 들어와 있는지를 밝히고 있습니다. 우상이라고 하면, 눈에 보이는 어떤 형상을 자기의 신으로 믿거나 조상신을 의지하는 것으로 생각하기 쉽습니다. 그러나 켈러는 하나님의 자리를 훔치는 모든 것을 우상으로 정의합니다.

우리는 스스로 돈이라는 신을 만들고, 이 시대의 권력이라는 신을 만들고, 이 세상의 눈에 보이는 무언가를 신으로 삼습니다. 가족이나 자녀가 신이 된 사람도 있습니다. 직장이나 사업 또는 자신이 추구하는 커리어가 신이 된 사람도 있습니다. 그것을 이미 오래전에 갈파한 칼빈은 "우리의 마음은 우상 공장이다"라고 말합니다.

우리가 살아가면서 이처럼 스스로 많은 신을 만들기에, 우리의 괴로움은 대부분 다른 데 있거나 누가 주는 것이 아니라 '내가 만든 신'에서 발생합니다. 그것이 나를 자유하지 못하게 장악하고, 집착하게 만들기 때문입니다. 나 자신도 얼마든지 우상이 될 수 있습니다. 내가 나를 스스로 억압하고 염려하며 조바심을 냅니다. 앞으로 나아가지 못하게 합니다.

우상을 섬기는 사람들은 우상을 자꾸 바꿉니다. 마음에 들지 않으면 바꾸기를 반복합니다. 마치 집의 가구 바꾸듯이 바꿉니다. 자기를 만족시킬 것을 계속 찾기 때문입니다.

몇 년 전 방영된 tvN 드라마 〈나의 아저씨〉는 우리의 상처 입은 내면을 깊이 있게 다루면서 큰 여운을 남긴 수작입니다.

빚 독촉에 시달리며 구타당하는 어머니를 구하려다 사람을 살해한 21세 이지안이란 여자의 이야기입니다. 정당방위로 무죄를 선고받지만, 대를 이어 빚 독촉을 받으면서 이야기는 전개됩니다. 이지안을 괴롭히던 사채업자 아버지를 말리며 도우려던 아들이 아버지가 살해되자, 그 빚을 빌미로 불쌍히 여기고 사랑하던 주인공을 오히려 괴롭힙니다. 결국 상처받은 사람들이 자신이 괴롭히던 사람들이 지녔던 자신에 대한 사랑으로 치유된다는 내용입니다. 그리고 치유 받은 후 누군가에게 또 빛의 증거자가 됩니다.

사람은 누구나 좋은 사람으로 인정받기를 원합니다. 그러나 자신 안에 있는 상처가 그와 반대되는 행동을 하게 만듭니다. 그래서 빛의 모습으로 다른 사람 속에 들어갈 수가 없습니다. 어둠을 감당할 수 없기 때문입니다. 그 어둠을 극복하게 하고 밝히는 것은 '세상과 다른' 사랑뿐입니다. 세상과 다른 사랑을 체험하고 마음에 받아들일 때 온전한 치유가 이루어집니다. 그래서 어둠을 밝히는 빛의 증거자가 됩니다. 〈나의 아저씨〉는 이렇게 세상의 방식과 다른 진실된 사랑으로 치유가 이루어지는 과정을 보여 준 드라마입니다.

다윗은 〈나의 아저씨〉에 담긴 치유자의 메시지를 시편을 통해 고백합니다. "주는 나의 주님이시오니 주밖에는 나의 복이 없다 하였나이다." 드라마는 세상과 다른 사랑을 '나의 아저씨'로 표현하지만, 성경은 '나의 주님'이라고 직접적으로 말씀합니다. 오직 주 안에 세상과 다른 사랑이 있습니다.

여기서 '주님만이 나의 복입니다'라는 고백은 무엇을 말할까요? '복'은 항상 관계와 연관이 있습니다. 우리의 인생을 결정하는 것은 관계입니다. 그런데 이 세상에는 의지할 만한 그 어떤 관계도 없습니다. 다윗은 그것을 깨달았습니다.

다윗의 굴곡진 생애를 보면 이 고백의 의미를 정확하게 알 수 있습니다. 다윗이 맺었던 인간관계에서 친밀했던 관계는 배신의 관계요 반란의 관계가 되었습니다. 그러나 그가 진정으로 의지하고 신뢰했던 하나님과의 관계는 어려울 때마다 그에게 피난처가 되었습니다. 그래서 "내가 여호와를 항상 내 앞에 모심이여"라고 고백합니다.

다윗의 고백은 하나님에 대한 생생한 체험으로 말미암은 것입니다. 친밀한 하나님과의 관계를 통해 그는 행복이 소유가 아니라 진정한 하나님과의 관계에 있다는 것을 증언합니다.

"오, 주여, 그렇습니다.
우리는 핵심을 알지 못하고
헛발을 디뎌 왔습니다.
주 안에서 세상과 다른 사랑을 찾고
세상의 어두움을 몰아내도록 하소서.
이 아침의 기도입니다."

내면의 쿠데타

"그런즉 누구든지 그리스도 안에 있으면 새로운 피조물이라 이전 것은 지나갔으니 보라 새것이 되었도다"(고후 5:17).

우리 이민자들은 공통적으로 가졌던 꿈과 희망이 있습니다. 장소만 바꾸면 더 잘할 수 있겠다고 생각했습니다. 환경만 바꾸면 멋지게 새로운 일을 시작할 수 있다고 생각했습니다. 그래서 이민을 통해 장소도 바꾸고, 사람도 바꾸고, 환경도 바꾸며 시도해 본 것입니다. 하지만 새롭게 되지 않았습니다. 잘된 이들도 있지만, 그렇지 못한 이들도 있습니다.

사람들은 현재의 장소, 사람, 일, 환경 등이 새롭게 바뀌면 인생이 새로워질 것이라고 생각합니다. 하지만 결코 그렇지 않다는 것은, 그런 조건들을 바꾼 후 얼마 지나지 않아 곧 알게 됩니다. 성경은 이러한 진리를 매우 간단하게 알려 줍니다. "해 아래에는 새 것이 없나니"(전 1:9).

새롭게 산다는 것은 환경이 달라지는 것이 아니라 내가 이전과 다르게 산다는 것을 의미합니다. 이러한 변화는 '내면의 쿠데타'가 있을 때 이루어집니다. 사도 바울은 이것을 '새로운 피조물'이라는 새로운 정체성으로 말씀합니다. '이전 것은 지나가고 새 것이 되는' 변화입니다.

이것을 상징적으로 알려 주는 〈은밀하게 위대하게〉라는 영화가 있습니다. 특수 훈련을 받고 남한에 파견돼 바보 흉내를 내며 임무를 기다리는 원류환이 주인공입니다.

조국을 위해 목숨을 당장이라도 내놓을 수 있도록 훈련을 받았지만, 2년 동안 슈퍼에서 일을 도와주며 동네 바보로 살아가는 동안 동네 사람들에게 정이 듭니다. 특히 무뚝뚝하고 짠순이인 슈퍼 주인 아주머니는 자신을 위해 일해 주는 바보 원류환(김수현 분)을 친아들처럼 여기며 몰래 장가갈 밑천까지 조금씩 저금해 놓습니다.

북한에서는 더는 이 간첩들이 필요 없어지자 자결하라는 명령을 내립니다. 그러나 동네 사람들의 정에 끌려 버린 원류환과 동료들은 죽기를 거부합니다. 그래서 그들을 훈련시켰던 피도 눈물도 없는 김태원(손현주 분)이 이들을 사살하기 위해 북에서 내려옵니다. 자신을 죽이러 온 대장을 만난 원류환이 자신의 어머니에 대해 물으니 대장은 이렇게 말합니다.

"네게 조국과 오마니, 누가 더 중요한가?"

"조국에겐…무엇이 중요합니까?"

"…"

결국 조국을 위해 목숨을 바쳐야 한다고 세뇌당해 왔던 공작원 마음에 새로운 무언가가 자라나기 시작합니다. 무엇이 이러한 변화를 만들었을까요? 영화는 그것이 북한과 남한이라는 다른 환경이나 장소가 아니라 희생과 사랑이라는 메시지를 던져 줍니다. '조용한 쿠데타'를 말하고 있습니다.

이러한 상징적 이야기가 구약성경에도 몇 군데 등장합니다. 그중 하나가 써서 마실 수 없는 죽은 물을 마실 수 있는 '리빙 워터'로 바꾼 '여호와 라파' 이야기입니다. 쓴물이 나던 마라의 샘에 모세가 나뭇가지를 넣어 먹을 수 있는 물로 만듭니다. 그 나뭇가지는 바로 십자가를 상징합니다. 십자가의 희생만이 죽어 가는 우리를 변화시킨다는 것을 보여 줍니다. '조용한 쿠데타'의 모습입니다.

이러한 구약의 상징적 이야기를 갈무리한 이적 사건이 가나의 혼인 잔치입니다. 물이 변하여 포도주가 되게 하신 이적 사건으로 이 역시 '내면의 쿠데타'를 우리에게 상징적으로 보여 줍니다. 또 주님의 말씀에 순종한 하인들의 모습에서 이러한 '조용한 혁명'이 어떻게 우리 안에 이루어질 수 있는지를 보여 주셨습니다. '내면의 쿠데타'는 이러한 십자가 사랑과 우리의 순종이 따를 때 우리 안에 이루어집니다.

이러한 모든 성경의 사건을 깊이 묵상하고 삶에서 체험한 사도 바울이 선포합니다. "그런즉 누구든지 그리스도 안에 있으면 새로운 피조물이라 이전 것은 지나갔으니 보라 새것이 되었도다." 이 말씀을 반대로 생각하면, 그리스도 안에 있지 못하면 새로운 피조물이 될 수 없다는 의미입니다. 천지만물을 창조하시고 늘 새롭게 하시는 분은 하나님뿐이기 때문입니다.

자신을 '영원한 딴따라'라고 소개하는 한국 케이팝의 선두주자 박진영이라는 연예인이 있습니다. 미국 유학 생활을 할 때 뉴저지 레오니아에서 살아, 우리 이민자의 삶도 잘 아는 사람입니다. 그가 모 방송과의 인터뷰에서 고백합니다.

"나는 내가 잘나서 이렇게 훌륭한 가수들을 만들어 냈다고 생각하지 않습니다. 절대자(방송이라 하나님이란 용어를 쓰지 않았습니다)가 나에게 이렇게 할 수 있는 지혜와 영감을 주었기 때문에 가능했습니다. 그래서 저는 그분이 누구신지 그분을 찾는 데 제 인생을 걸었습니다."

새로운 피조물로 살아가는 삶은 우리의 인생을 전부 거는 여정입니다. 이전의 시각은 없어지고 전혀 새로운 시각이 열립니다. 근원에서 솟아나는 기쁨이 있습니다.

"오, 주여.
우리를 변화시키는 것은
외적인 것이 아니라 내면인데
엉뚱한 곳에서 찾아왔습니다.
오직 주 안에서 '내면의 쿠데타'를
이루게 하소서.
이 아침의 기도입니다."

아빠의 잔소리

"내일 일을 너희가 알지 못하는도다 너희 생명이 무엇이냐 너희는 잠깐 보이다가 없어지는 안개니라"(약 4:14).

10여 년 전 딸아이가 결혼하기 전 마지막 '솔로 여행'을 영국으로 간 적이 있습니다. 그때 몇 번 영국을 방문한 적이 있던 아빠를 가이드로 끼어 줘서 어렵게 딸과 동반 여행을 하게 되었습니다. 미국 교포들의 여행국 1위가 한국인 것처럼, 영국은 아직도 미국인의 해외 여행국 중 부동의 1위로 '조상의 나라' 또는 '마음의 고향'으로 자리하고 있습니다.

그때 여행 일정의 백미는 런던에서 스코틀랜드 에든버러로 가는 기차 여행이었습니다. 한적하고 안락했던 기차 여행 중에 본 런던의 모습과 스코틀랜드 하이랜드의 변화되는 모습은 흥미로웠습니다.

전에는 영국에 부흥회 인도차 갔었지만, 이번에는 그 주일 런던의 한 교회 주일 설교 외에는 따로 잡힌 일정이 없어 좁은 런던과 에든버러의 거리를 마음껏 걸을 수 있었습니다. 런던의 아침 거리를 걸으면서 가장 인상적이었던 것은 바로 런던의 칙칙한 날씨와 안개였습니다. 역시 런던

포그는 유명할 수밖에 없다는 생각을 할 정도로 안개가 가득 끼어 있었습니다.

야고보 사도의 말씀이 절로 기억되었습니다. "너희 생명이 무엇이냐 너희는 잠깐 보이다가 없어지는 안개니라." 거리에서 보는 빅베어의 모습도, 런던 브리지의 모습도 전혀 새롭지 않았습니다. 인생을 안개에 비유한 사도의 말씀이 마음에 다가오면서 이 땅에서 잠깐 사는 인생, 딸을 시집보내면서 무슨 말을 해줄 수 있을지 마음이 뒤숭숭하기만 했습니다.

그때 떠오른 말씀이 히브리서의 말씀입니다. "오직 오늘이라 일컫는 동안에 매일 피차 권면하여 너희 중에 누구든지 죄의 유혹으로 완고하게 되지 않도록 하라"(3:13). 우리가 오직 '오늘'이라고 부르는 때에 서로 날마다 권면해 우리 중에 누구도 죄의 속임수로 마음이 완고해지지 않게 하라고 말씀합니다. 아빠가 시집가는 딸에게 주는 하나님의 말씀으로는 조금 무겁긴 하지만 결혼할 배우자와 서로 항상 격려하면서 하나님의 말씀보다 앞선 생각을 하지 말라고 넌지시 일렀습니다.

그런데 여기서 왜 "오직 오늘"이라고 콕 집어서 강조했을까요? 야고보 사도가 그 답을 줍니다. "내일 일을 너희가 알지 못하는도다." 그래서 날마다 말씀이 필요하고, 날마다 새롭게 주님과 만나는 것이 필요합니다. 마치 시집가는 딸을 바라보는 아빠의 심정을 대변하는 것 같습니다. 그래서 아빠의 잔소리는 이어집니다.

"때로 우리는 자신의 과거 때문에 자신의 현재까지 미워하는 사람을 보게 된다. 사람은 살아가면서 되돌릴 수 없는 이미 흘러간 시간을 아쉬워하고 연연해하다 가장 뜻 깊고 중요한 '지금'이라는 시간을 소홀히 하기 쉽다. 그러나 과거는 아무리 좋은 것이라 해도 다시 돌아오는 법이 없는 이미 흘러간 물과 같을 뿐이고, 반면 그것이 아무리 최악의 것이었다 해도 지금의 자신을 어쩌지는 못한다."

아빠의 잔소리는 계속됩니다.

"그러니 우리가 관심을 집중시켜야 할 것은 지나온 시간이 얼마나 훌륭했는지가 아니라, 주어진 시간을 어떤 마음가짐으로 어떻게 이용할 것인가임을 꼭 마음에 두고 결혼생활을 시작해라. 네 자신이 그토록 바라고 소망하는 미래는 과거가 아니라 현재에 의해 좌우된다는 것을 깨닫고, 언제나 '지금까지'가 아니라 '지금부터'라고 생각하며 인생을 살아라."

아빠의 잔소리는 거기서 멈췄습니다. 말해 줄 것이 더 많았는데 더 했다가는 지겨운 설교로 들릴 것 같았기 때문입니다. 그때 들려주지 못한 남은 이야기가 있습니다. 성경은 시간에 대하여, 지혜 없는 자가 되지 말고 오직 주의 뜻이 무엇인지 이해하라고 말씀하고 있다는 사실입니다.

인생은 너무나 짧습니다. 또 우리가 언제까지 산다는 보장도 없습니다. 하나님께서는 우리가 시간을 가장 절약할 수 있는 방법으로 '성령 충만'을 제시해 주십니다. 오늘을 가치 있게 살기를 원하면 성령으로 충만해야 합니다. 주님과 동행하면 인생의 참 의미와 가치는 늘 따르게 됩니다.

"오, 주여.
성령 충만, 주님과 동행하는 삶,
이런 말씀들이
아빠의 잔소리처럼 들리지 않게 하소서.
뻔한 설교, 뻔한 소리로
들리지 않게 하소서.
그것만이 인생의 열쇠임을 알게 하소서.
이 아침의 기도입니다."

모든 것이 은혜였소

"눈을 양털같이 내리시며"(시 147:16).

요즘 한국과 미국 이민 교회를 온통 뒤덮고 있는 찬양이 있습니다. 〈은혜〉라는 찬양입니다. 지난 2년간 코로나로 모두가 힘들어하고 모든 것이 위축된 상황에서 하나님의 은혜를 찬양한 노래입니다.

> 내가 누려 왔던 모든 것들이
> 내가 지나왔던 모든 시간이
> 내가 걸어왔던 모든 순간이
> 당연한 것 아니라 은혜였소
>
> 아침 해가 뜨고 저녁의 노을
> 봄의 꽃향기와 가을의 열매
> 변하는 계절의 모든 순간이
> 당연한 것 아니라 은혜였소

모든 것이 은혜 은혜 은혜 한없는 은혜
내 삶에 당연한 것 하나도 없었던 것을
모든 것이 은혜 은혜였소

많은 사람이 은혜를 사모하고 목말라하고 있습니다. 그런데 어떤 특별한 은혜를 받는 것도 필요하지만, 이미 우리에게 주신 은혜를 발견하는 것도 너무나도 귀하고 중요합니다. 우리가 이 땅에 태어나고 호흡하며 살아가는 순간, 그리고 걸어온 모든 길, 하나님의 자녀가 된 것, 꿈을 꾸며 살고 찬양하며 예배하는 것, 가족과 친구를 만나고 교회와 동역자를 만난 것, 어느 하나 은혜 아닌 것이 없습니다. 믿음을 가지고 성도로 살아가며 전도하는 것, 또 하나님께서 만드신 해와 달과 별, 계절에 따른 아름다운 풍경을 보고 누릴 수 있는 모든 것이 하나님의 놀라운 은혜입니다.

은혜는 우리 삶의 모든 과정을 하나님께서 선한 계획으로 인도하신다는 것을 깨닫게 합니다. 주 안에서 사는 것이 행복이며, 그 안에 주어진 모든 것이 은혜임을 알게 되는 것, 그것이 축복입니다. 아무리 상황이 어렵더라도 그 모든 것 위에 역사하시는 하나님의 손길을 발견하며 의지하는 것은 더욱 큰 하나님의 은혜입니다.

이러한 은혜를 찬양한 것이 시편 147편입니다. 시편 146-150편까지 다섯 편의 시를 '제3할렐시'라 부르기도 하고, 시작하는 단어와 마치는 단어가 '할렐루야'여서 '할렐루야 시편'이라고 말하기도 합니다. 이 시편들은 표제어가 없기 때문에 누가, 언제, 어떤 사건을 기록한 것인지 정확히 알 수는 없습니다. 그러나 익명의 시편이어서 오히려 더 흥미롭고 아름답습니다.

한편 시편 147편 2절의 "여호와께서 예루살렘을 세우시며"와 13절의 "그가 네 문빗장을 견고히 하시고"라는 표현은 예루살렘 성벽 재건이 배경임을 암시하는 것으로 보입니다. 예루살렘 성벽을 재건하는 중에 반대자들의 방해로 성벽이 무너지고 성문은 불 탄 채로 방치되어 있었습니다. 그러나 느헤미야의 주도하에 성벽이 52일 만에 재건됩니다. 시편 기자는 이 모든 과정에 나타난 하나님의 역사를 찬양합니다. "할렐루야 우리 하나님을 찬양하는 일이 선함이여 찬송하는 일이 아름답고 마땅하도다"(시 147:1).

코로나로 힘든 우리의 상황과 맞물려 우리 모두를 다시 일으키시는 하나님의 은혜가 그대로 배어 있습니다. 시편 기자는 우리가 왜 찬양을 해야 하는지를 이렇게 밝힙니다. "여호와께서 예루살렘을 세우시며 이스라엘의 흩어진 자들을 모으시며 상심한 자들을 고치시며 그들의 상처를 싸매시는도다"(시 147:2-3). 회복하시는 주님의 손길 때문입니다.

그리고는 세 가지 자연현상에 대해 말합니다. "눈을 양털같이 내리시며 서리를 재같이 흩으시며 우박을 떡 부스러기같이 뿌리시나니"(시 147:16-17). 모두 추위와 관련이 있습니다. 그런데 하나님께서는 말씀으로 그것들을 다 녹이십니다. 우리의 인생에 아무리 눈, 서리, 우박 같은 것이 쏟아지고 휘몰아쳐도 하나님의 말씀은 그런 것들을 녹이기에 충분합니다.

우리에게 하나님의 말씀이 있으면 언제나 삶이 따뜻할 수 있습니다. 말씀이 그 모든 어려움을 이기게 합니다. 모든 어려움, 코로나도 곧 끝날 것입니다.

무하마드 알리가 운동을 하면서 윗몸일으키기를 하고 있었습니다. 기자가 다가와 윗몸일으키기를 몇 번이나 하는지 물었습니다. 그때 알리가 대답합니다.

"저는 아픔이 느껴지기 전까지는 세지 않습니다."

"그럼 언제부터 세기 시작합니까?"

"고통이 느껴져 그만하고 싶을 때부터 세기 시작합니다. 힘이 들 때부터 진짜 운동이 되기 때문입니다."

이제 우리의 카운트다운이 시작되었습니다. 이제 코로나와 모든 어려움은 끝나고 지나갑니다. 그리고 우리는 찬양합니다. "모든 것이 하나님의 은혜였소."

오늘은 이 찬양을 부르며 하루를 시작하기 원합니다.

2부

성령의 터치

아무리 좋은 자동차라도 밀고 간다면 힘이 듭니다. 우리 스스로의 힘, 이성, 의지로만 신앙생활을 하고 있다면 자동차를 타지 않고 밀고 가는 것입니다. 성령의 터치가 임하면 더는 우리 힘으로 밀고 가지 않습니다. 자동차에 시동을 걸어 타고 갑니다.

성령의 터치

"이는 내 사랑하는 아들이요 내 기뻐하는 자라"(마 3:17).

동물들은 각기 자기만의 방어법이 있습니다. 도마뱀은 스스로 꼬리를 자르고 도망가고, 스컹크는 독한 방귀를 뀝니다. 발이 빠른 동물들은 위기 상황에서 재빨리 도망을 가고, 느린 거북이는 도망가기보다 자신을 보호하는 데 더 집중합니다. 그래서 거북이는 단단한 등딱지를 짊어지고 다니다 위협을 느끼는 순간 그 등딱지 안으로 머리, 팔다리, 꼬리를 끌어당겨 숨습니다. 일단 거북이가 목을 움츠려 숨으면 아무리 사람들이 달려들어 그 목을 빼려 해도 쉽게 뺄 수가 없습니다. 그런데 이렇게 숨은 거북이의 목을 쉽게 빼는 방법이 있습니다. 거북이를 따뜻한 불 옆에 두는 것입니다. 그러면 온기를 느낀 거북이가 스스로 목을 뺀다고 합니다.

우리의 신앙생활도 마치 거북이처럼 움츠리고 숨어 있는 경우가 많습니다. 우리 안에 숨어 있는 모든 영적 잠재력을 끌어내려면, 마치 거북이를 따뜻한 불 옆에 두는 것처럼 우리 안에 따뜻한 온기가 임해야 합니다. 그럴 때 비로소 우리의 영적 잠재력이 발휘되기 시작합니다. '성령의 터치'

가 바로 그 온기와 같습니다. 우리 안에 내재된 모든 잠재력을 터트려 내는 것입니다. 이때 그 위에 더하시는 능력을 체험하게 됩니다.

이를 상징적으로 보여 주는 사건이 예수님의 세례 장면입니다. 주님께서 요한에게 세례를 받으실 때 하늘이 열리고 성령이 비둘기같이 임합니다. 예수님께 성령의 터치가 일어난 것입니다. 이후 예수님의 생애는 완전히 달라집니다. 마귀의 세력을 꺾고, 사람들의 질병을 고치며, 죽은 자를 살리고, 더러운 귀신들을 내쫓는 일을 시작하십니다. 세리와 창녀들을 만나고, 주린 자들을 먹이며, 억압된 자들의 친구가 되어 주십니다. 천국 말씀을 선포하시고, 사랑과 용서를 가르치며, 하나님 나라의 도래를 선포하시는 등 권능의 삶을 살아가십니다. 또 제자들의 발을 씻어 주시는 섬김의 모습도 보여 주십니다.

이러한 성령의 터치를 체험한 사도들이 증언합니다. "하나님이 나사렛 예수에게 성령과 능력을 기름 붓듯 하셨으매 그가 두루 다니시며 선한 일을 행하시고 마귀에게 눌린 모든 사람을 고치셨으니 이는 하나님이 함께하셨음이라"(행 10:38). '성령의 터치'를 '기름 부으심'이라는 구약성경의 표현을 사용해 설명한 것입니다.

이를 현대 과학에 비유한다면 모든 기능이 탁월한 첨단 자동차에 시동을 거는 것과 같습니다. 운전석에 앉아 가볍게 시동을 걸면 자동차가 움직이기 시작합니다. 우리는 자동차에 올라타고 가지 자동차를 밀고 가지 않습니다. 우리의 신앙생활을 이에 비유할 수 있습니다. 신앙생활이 힘들고, 말씀에 순종하고 주님과 동행하는 삶이 어려운 것은, 우리가 첨단 자동차를 밀고 가는 것과 마찬가지입니다. 아무리 좋은 자동차라도 밀고 간다면 힘이 듭니다. 우리 스스로의 힘, 이성, 의지로만 신앙생활을 하고 있다면 자동차를 타지 않고 밀고 가는 것입니다. 성령의 터치가 임하면 더는 우리 힘으로 밀고 가지 않습니다. 자동차에 시동을 걸어 타고 갑니다.

성령의 터치가 임하면, 스펀지에 물이 스며들 듯 성령님의 생기와 능력이 머리에서부터 발끝까지 스며들어 우리의 사고와 언어와 행동을 주관하십니다. 우리 안에 숨어 있던 잠재력이 터져 나옵니다. 우리 자신도 모르는 사이에 굉장한 변화가 일어나는 것입니다. 외롭던 영혼이 풍성해지고 기쁨이 넘칩니다. 그 기쁜 소식을 세상에 전하게 됩니다.

성령의 터치가 임하면 하늘에서 소리가 들립니다. "이는 내 사랑하는 아들이요 내 기뻐하는 자라." 우리가 하나님의 음성을 듣고 싶다면 성령의 터치를 받아야 합니다. 성령의 터치는 우리의 믿음에 믿음을 더하고, 은혜에 은혜를 더하시는 역사로 임합니다. 그래서 엘리사가 엘리야에게 '갑절의 영감'을 구한 것입니다.

하나님의 아들이신 예수님께서 사람의 아들 요한에게 세례를 받으신 것은 무엇을 상징할까요? 우리 자신을 낮추고 성령의 터치를 받는 것을 주님께서는 "모든 의를 이루는 것"(마 3:15)이라 말씀하십니다.

이와 같이 예수께서 세례를 받고 요단 강에서 기도하실 때 성령의 터치가 임합니다(눅 3:21). 우리가 이런 기도의 '야성'을 회복할 때 성령의 터치는 임하게 마련입니다. 예수께서 요단 강가에서 무릎 꿇고 기도하시는 장면을 상상해 보십시오. 우리도 함께 눈물, 콧물 쏟으며 기도하던 시간이 그립습니다. 그런 시간을 사모합니다. 성령의 터치는 그런 기도의 시간에 임합니다.

"오, 주여.
신앙생활이 힘든 것은
우리 힘으로만 하려 하기 때문입니다.
성령의 터치를 사모합니다.
기도의 야성을 회복하게 하소서.
주의 음성을 듣게 하소서.
이 아침의 기도입니다."

바보 같은 사랑

"많은 물도 이 사랑을 끄지 못하겠고"(아 8:7).

부모를 잃고 몸이 아픈 할머니와 함께 살던 두 형제가 한 치킨집 앞에서 서성이고 있었습니다. 치킨이 먹고 싶었지만 5천 원밖에 없었습니다. 그들은 이미 여러 치킨집에서 퇴짜를 맞았습니다.

그날따라 '철인 7호' 치킨집 사장은 코로나 여파 때문에 치킨을 한 마리도 팔지 못했습니다. 밀린 월세를 생각하며 시름에 잠겨 있던 차에 바람이라도 쐬려고 뒷문을 열고 나갔습니다. 그때 골목에서 이 형제가 대화하는 것을 듣습니다. 동생은 연신 "치킨, 치킨!"이라고 외쳐 댔고, 형은 5천 원을 꼭 쥔 채 이러지도 저러지도 못하고 있었습니다.

치킨집 사장은 아이들에게 가게에서 가장 잘 팔리는 치킨 요리를 공짜로 먹도록 해주었고, 배고플 땐 언제라도 찾아오라고 말했습니다. 동생은 그 이후에도 여러 번 치킨집을 찾아왔고, 사장은 동생을 예뻐해 주고 미용실에서 이발도 시켜 주었습니다. 사정을 안 미용실 사장님도 돈을 받지 않고 아이 머리를 깎아 주었습니다.

이런 일이 있고 거의 1년이 흐른 뒤 고등학생인 형이 이 사연을 편지에 빼곡히 적어 가맹점 대표에게 보내 이 사연이 알려졌습니다. 가맹점 대표는 그 지점에 1년간의 월세 면제와 천만 원의 물품 지원을 약속했습니다.

이 사연을 들은 사람들은 '돈쭐'('혼쭐'을 변형시킨 신세대식 표현입니다)을 내줘야 한다며, 먹지도 않으면서 치킨을 시켜 돈을 기부하는 등 그 가게에 엄청난 '돈 폭격'을 가했습니다. 이에 치킨집 사장은 그동안 기부된 것에 자신도 보태서 더 가난한 아이들을 위해 600만 원을 기부했습니다. 자신이 한 것에 비해 너무 많이 받았다고 생각한 것입니다. 가맹점 대표에게 편지를 보냈던 형은 그 편지에 이렇게 썼습니다. "저도 사장님처럼 어려운 사람들 도와주며 사는 멋있는 사람이 되겠습니다."

이 작은 사연은, 사랑은 배우는 것이며 전염성이 강하다는 사실을 다시 한번 깨닫게 합니다. 사랑은 눈을 멀게 해서 눈앞의 이익을 생각하지 않게 합니다. 이러한 사랑은 전염성이 강합니다. 사랑의 힘보다 더 강한 것은 없습니다. 사랑의 특성이 무엇입니까? 빠지는 것입니다. 빠지지 않는 사랑은 사랑이 아닙니다. 사랑의 힘은 우리로 하여금 빠져들게 합니다. 사랑의 기세가 매우 강렬하기 때문에 그 속에 빠져드는 것입니다.

김광석 씨의 노래 가운데 〈너무 아픈 사랑은 사랑이 아니었음을〉이라는 곡이 있습니다. 역설적 표현입니다. 사랑은 아픔을 수반합니다. 사랑은 그 사랑 때문에 잃어야 하는 고통을 넘어서야 합니다.

아가서는 이러한 사랑을 "죽음같이 강하고 꺼지지 않는 사랑"이라고 말씀합니다. 솔로몬 왕과 술람미 여인의 사랑 이야기입니다. 이 두 사람의 사랑이 가능했던 것은 솔로몬 왕이 술람미 여인을 먼저 사랑했기 때문입니다. 무엇을 상징합니까? 우리에 대한 하나님의 사랑입니다. 사랑은 하나님으로부터 시작되었습니다. 하나님께서 우리에게 다가오심으로 사랑을 나타내셨습니다. 십자가의 사랑입니다

하나님께서 먼저 우리를 사랑하셨습니다. 십자가를 통해 이보다 더

큰 사랑이 없음을 말씀하십니다. 그 사랑은 아픔을 동반한 사랑입니다. 하나님의 사랑은 '눈먼 사랑'입니다. 하나님께서는 우리에게 어떤 것도 따지지 않고, 우리를 위해 자신의 모든 것을 내어놓으셨습니다. 그 사랑의 너비와 길이와 높이와 깊이를 깨닫는 순간, 우리도 그 사랑에 빠져들어 갑니다. 그 사랑에 조금씩 전염되어 사로잡히는 것입니다. 신앙생활은 주님의 사랑에 빠지는 것입니다. 한번 빠지면 다른 것은 보이지 않습니다.

우리가 하나님의 눈먼 사랑을 깨닫고 그 사랑에 빠지면, 하나님의 사랑 방식을 조금씩 따라 하게 됩니다. 그것은 세상 모든 것을 잃는 아픔이 더는 아픔이 아닌 사랑이 되는 것입니다.

"오, 주여.
우리가 아무것도 모르는 철부지일 때
아무 조건 없이 우리를 사랑하신
그 눈먼 사랑을 바라봅니다.
그 사랑에 눈물겨워 울며불며 돌아옵니다.
그 사랑에 전염되어 우리도
나누게 하소서.
그 바보 같은 사랑,
우리도 하게 하소서.
이 아침의 기도입니다."

리프로그래밍의 두 원리

"너희는 이 세대를 본받지 말고 오직 마음을 새롭게 함으로 변화를 받아"
(롬 12:2).

한 가난한 소년이 있었습니다. 그는 학교에 갈 만큼 생활이 넉넉하지도 못했고, 공장에 들어가 일을 할 만한 기술도 없었습니다. 무언가 먼저 배워야만 했습니다. 그러다 사진술을 배워 사진기사가 되어야겠다는 생각이 들었습니다. 그래서 사진 기술을 자세히 설명하고 자습할 수 있도록 엮어 놓은 책을 우편으로 주문했습니다.

그러나 그 우편 주문을 받은 서점의 착오로 사진 기술에 관한 책이 아니라 발성법에 관한 책이 발송되었습니다. 전화가 없던 시대였고, 소년은 어려운 형편에 겨우 산 책이라 돌려보낼 우송료도 없었습니다. 책을 반송할 방법을 몰랐던 소년의 실망은 이만저만이 아니었습니다. 기도밖에 할 수 있는 것이 없었습니다. 그러다 잘못 배송된 발성법에 관한 책에 눈이 갔고, 그 책을 읽기 시작했습니다.

소년은 그 책을 통해 입을 열지 않고 상대가 들을 수 있게 말하는 복화술을 혼자서 연구하고 배웠습니다. 그가 후에 '복화술 인형 쇼'로 유명해진 찰리 매카시입니다. 잘못 배송된 책 하나로 그의 인생 자체가 새롭게 전개된 것입니다.

컴퓨터 세대의 용어로 표현한다면 그의 생각이 당시 자신이 처한 상황에 맞게 '리프로그래밍' 되었습니다. 사도 바울이 지금 시대 인물이었다면 다음과 같이 표현했을 것입니다.

"너희는 세상 방식대로 살면서 낙담하거나 좌절하지 말고, 너희 생각과 가치관을 하나님 말씀으로 하나하나 리프로그래밍하라(그러면 하나님의 평강이 너희 마음을 주장할 것이다)."

이것이 하나님께서 우리의 삶을 그리스도의 형상을 따라 변화시키시는 원리입니다. 이 일은 하나님께서 이루시는 일이고, 동시에 우리가 참여해야 하는 일입니다.

우리의 삶을 '리프로그래밍'하는 하나님의 프로젝트에는 두 가지 원리가 있습니다. 첫째는 '하지 말라'이고, 둘째는 '하라'입니다. 성경에 나오는 모든 율법이 결국 이 두 가지 원리에 귀착됩니다.

'하지 말라'는 것은 무엇입니까? 이 세상을 본받지 말라는 것입니다. 세상은 변합니다. 시대에 따라 가치관과 진리관이 달라집니다. 사람들은 자꾸만 세상을 따라갑니다. 세상을 따라가지 않으면 살 수 없다고 생각합니다. 그래서 유행을 따라가고 세상이 좋아하는 대로 합니다. 하지만 진리는 영원합니다. 그렇기 때문에 세상을 따라가지 말라는 것입니다.

'하라'는 원리는 첫 번째보다 더 적극적입니다. 심령의 변화를 받으라는 것입니다. 바로 '리프로그래밍'입니다. 그러면 무슨 일이 일어납니까? 하나님의 기뻐하시고 선하시고 온전하신 뜻이 무엇인지 알게 됩니다.

이것이 어떻게 우리 마음에 나타납니까? 전에는 생각하지도 못했던 것들이 머리에 막 떠오르고 현실로 다가오며, 기막히고 불가능했던 일들이 일어납니다. 성경은 이것을 '이적'과 '표적'이라고 표현합니다. 하나님께서

개입하셔서 이루고 계심을 나타내 보이시는 것입니다. 잠언서도 이것을 말씀합니다. "나의 책망을 듣고 돌이키라 보라 내가 나의 영을 너희에게 부어 주며 내 말을 너희에게 보이리라"(1:23).

전에는 없었던 기쁨과 세상이 알 수도 이해할 수도 없는 평강이 우리의 마음을 사로잡습니다. 이것이 바로 주님이 약속하신 샬롬(평강)입니다.

하나님을 위하여 희생하고 봉사한다며 무언가를 하긴 했는데 하나님의 뜻도 모른 채 내 마음대로 그 일을 했다면, 그것은 하나님과 상관이 없습니다. 하나님을 기쁘시게 한 것이 아니라는 뜻입니다. 그러나 우리는 내가 좋은 것이 아니라 하나님께서 기뻐하시는 것을 정확하게 알아 그것을 해야 합니다. 그것은 '리프로그래밍'으로 말미암아 가능합니다. 더도 덜도 아니고 바로 이것이 그리스도인의 삶입니다.

대부분의 사람이 열심이 없다기보다는 하나님의 마음을 모르고 자기 생각대로 하나님을 섬기기 때문에, 시간과 돈을 다 허비하고서는 "하나님께서 저에게 이러실 수가 있습니까?"라는 원망까지 하는 것입니다. 이러한 어리석음을 피하기 위해 바울은 옛 사람을 벗고 새 사람을 입으라고 말씀합니다. '새 옷'을 입는 변화가 '리프로그래밍'입니다. 우리의 마음, 생각, 가치관이 새롭게 교정되는 것입니다.

사도 바울은 리프로그래밍의 첫 단추를 말씀에서 출발합니다. 그래서 믿음은 그리스도의 말씀을 들음에서 난다(롬 10:17)면서, 믿음을 새로운 인격 곧 하나님이 주신 지혜로 설명합니다. 그리고 하박국의 말씀을 인용해 선언합니다. "오직 의인은 믿음으로 말미암아 살리라"(롬 1:17). 말씀에 나타난 하나님의 의로 삶을 '리프로그래밍'하라는 명령입니다.

"오, 주여.
어설프게 세상 방식을 좇았습니다.
그것밖에 없는 줄 알았고,

또 그때마다 벽에 부딪쳐 왔습니다.
이제 나의 삶을 하나님의 말씀으로
'리프로그래밍'하게 하소서.
이 아침의 기도입니다."

남의 권고를 듣는 사람

"미련한 자는 자기 행위를 바른 줄로 여기나 지혜로운 자는 권고를 듣느니라"(잠 12:15).

'잠언'의 영어 표기인 'Proverbs'(격언)는 그 뜻이 다소 밋밋하지만, 한자는 훨씬 더 분명한 느낌을 줍니다. '바늘 잠' 자를 써서 '바늘처럼 꼭 찔러 정신 차리게 하는 말'이라는 의미이기 때문입니다. 잠자던 우리의 영혼을 콕 찔러 깨우고 살리는 말씀이 바로 잠언의 지혜라는 의미가 담겨 있습니다.

전에 '책한민국'이란 유튜브 채널에서 보았던 이야기를 소개합니다. 조선이 소국이었던 때를 배경으로 하고 있어 조금 언짢은(?) 예화입니다.

조선의 왕에게 근심이 생겼습니다. 대국인 중국의 왕이 조선 왕에게 선물을 보내왔는데, 그중에서 가장 비싼 것을 가려내라는 테스트 때문이었습니다. 소국인 조선을 무시하는 무례한 선물이었습니다.

중국 왕이 보내온 것은 배가 불룩 나온 승려상 네 개였습니다. 겉으로 봐서는 똑같았습니다. 고민 중이던 어느 날 한 선비가 나타났습니다. 그는 아주 가느다란 철사를 꺼내 승려상 하나의 귀를 찔러 보았습니다. 철사가 들어가지 않았습니다. 선비가 말합니다. "이 승려상은 귀가 막혀 있습니다. 사람으로 말하자면 남의 말을 듣지 않는다는 것입니다. 이것은 값싼 것입니다."

선비가 다른 승려상에 철사를 찔러 넣었습니다. 철사가 귀로 들어가더니 다른 쪽 귀로 통과되어 나왔습니다. "이 승려상은 한 귀로 듣고 한 귀로 흘리니, 남의 말을 소홀히 듣는다는 뜻입니다. 이것도 값싼 물건입니다."

이제 세 번째 승려상의 귀에 철사를 찔러 넣었습니다. 이번에는 철사가 입으로 나왔습니다. "들은 것을 바로 발설하니 이것도 값싼 것입니다."

마지막 승려상의 귀에 철사를 찔러 넣었는데 철사가 나오지 않고 계속 들어가기만 했습니다. 그러자 선비가 설명했습니다. "귀로 들어간 철사가 계속 뱃속으로 들어갑니다. 이는 말을 듣고 깊이 간직한다는 뜻입니다. 이 승려상이 가장 비싼 것입니다." 한 선비의 지혜로 조선이 중국에게 업신여김당할 뻔한 위기를 모면했다는 내용입니다.

이 이야기는 그저 '조선의 흑역사' 중 한 토막으로만 기억하기에는 아쉬움이 있습니다. 여기에는 우리 영혼을 바늘로 찔러 깨우는 지혜가 담겨 있습니다. 다른 사람의 신실한 권고를 듣고 마음에 담아 둘 줄 아는 사람이 지혜로운 사람이라는 것을 알려 주기 때문입니다. 지혜로운 자는 자기도 얼마든지 틀릴 수 있음을 인정하고 남의 권고를 들을 줄 아는 사람입니다.

지혜로운 사람은 주관은 있되, 너무 주관적이지 말아야 합니다. 축복과 행복의 최대 적은 극단주의입니다. 하나님은 이스라엘 백성에게 좌로나 우로나 치우치지 말 것을 명령하시면서 가나안 땅을 약속하셨습니다. 선한 것도 극단으로 치우치면 악한 결과를 낳습니다. 이는 마치 율법은 선하지만 율법주의가 되면 악한 것과 같습니다.

이것은 우리 삶의 태도에도 그대로 적용됩니다. 너무 남에게 의존하는 태도와 너무 독립적으로 행동하는 태도의 두 극단은 피해야 합니다. 남을 너무 의지해도 안 되지만, 때론 남의 도움과 조언도 구해야 합니다. 하나님의 뜻을 바르게 말해 주는 신실한 조언자의 권고를 기쁘게 들을 줄 아는 것이 지혜입니다. 그런 분들은 우리가 잘 인식하지 못하던 장점과 약점, 능력을 깨우쳐 주고 격려해 주고 도와줍니다.

우리가 아무것도 들으려 하지 않거나, 들은 것을 다른 귀로 흘려보내거나, 입으로만 말해서는 변화될 수 없습니다. 우리가 들은 것이 소화되어 행동으로 나와야 합니다. 우리가 들은 권고가 진정 바늘로 찔러 우리의 영혼을 깨우는 메시지가 되었다는 것은, 그 권고를 마음에 두어 몸이 움직이게 만들었다는 의미입니다. 몸을 움직이는 사람만이 들은 것을 축복으로 만드는 사람입니다.

어리석은 사람의 영혼은 마치 죽은 후 무덤에 갇혀 있는 나사로와 같습니다. 나사로의 죽은 영혼 앞에는 돌이 막혀 있어 "나사로야 나오라"라는 주님의 음성을 들을 수가 없었습니다. 이에 주님께서 제자들에게 나사로의 무덤을 막고 있는 돌을 옮기라고 명하십니다. 신실한 사람의 권고는 마치 우리 영혼의 무덤을 가로막고 있는 돌을 옮기는 것과 같습니다. 영혼을 막고 있는 돌이란 '내가 옳다'는 자기주장입니다. 그 '내가 옳다'는 생각이 몸을 움직일 수 있는 어떤 희망도 우리 안에 머물도록 허락하지 않습니다. 그래서 그 돌 뒤에서 들리는 하나님의 음성을 듣지 못하는 것입니다.

주님은 항상 아버지의 음성에 귀 기울이셨습니다. 그리고 우리에게 말씀하십니다. "나는 마음이 온유하고 겸손하니 나의 멍에를 메고 내게 배우라 그리하면 너희 마음이 쉼을 얻으리니"(마 11:28).

"오, 주여.
막연하게 '내가 옳다'라는 고집으로
헛된 삶을 살아왔습니다.
고집과 아집을 버리게 하소서.
남의 권고를 무시하지 않고
마음에 담아 두는 사람이 되게 하소서.
이 아침의 기도입니다."

존귀한 존재

"이제 가라 내가 네 입과 함께 있어서 할 말을 가르치리라"(출 4:12).

사람들은 어떤 분야의 전문가가 될수록 점점 더 완벽주의자가 되어 가는 경향이 있습니다. 노래를 잘하는 가수, 특히 성악가들은 자신이 준비되지 않은 상태에서 노래 부르는 것을 싫어합니다. 남들은 눈치 채지 못해도 노래 부르는 자신은 잘 알기 때문입니다. 특히 전문가에게 자기 전문 분야에서 실패한 경험은 큰 상처가 됩니다. 두고두고 뼈아픈 트라우마로 남습니다. 때론 자신감을 완전히 상실하는 경우도 있습니다.

우리를 감옥에 가두는 것은 바로 우리 자신입니다. 우리 안에 있는 자아는 내 안의 또 다른 심판자입니다. 우리는 그 목소리를 듣고 우리 자신을 평가절하합니다. 자아는 스스로 죄책감이나 좌절감 등의 상처를 주고, 그러한 실패로 인해 자기 자신을 평가절하하게 합니다. 그런데 누군가 신뢰할 만한 사람이 "당신은 당신이 믿는 것보다 더 나은 사람입니다"라고 말해 주면 그의 삶은 변화될 수 있습니다. 모세의 경우가 그러했습니다.

이스라엘의 지도자로 부름 받은 모세는 입이 뻣뻣하고 혀가 둔하다며 하나님께 핑계를 댑니다. 바로를 설득하고 이스라엘 백성을 인도하려면 언변이 유창해야 하는데 자신은 그렇지 못하다는 것입니다.

모세에게는 말로 실패했던 쓰라린 트라우마가 있습니다. 어느 날 모세는 히브리 동족들이 싸우는 것을 보고 말리려 했습니다. 동족을 돕고자 하는 순수한 마음에서였습니다. 그래서 잘못한 사람을 야단쳤습니다. 그런데 야단맞은 사람이 "네가 다스리는 자나 재판관이라도 되느냐?"라며 따졌습니다. 그러면서 비록 자기가 조금 잘못하긴 했지만, 살인자 주제에 감히 자기를 야단칠 수 있느냐는 식으로 말합니다. 모세는 논리 면에서 그 사람에게 진 것입니다.

모세는 애굽의 왕자로 모든 학문, 특히 논리학, 법률학, 웅변술 등을 배우며 자랐습니다. 스데반이 이를 증언합니다. "모세가 애굽 사람의 모든 지혜를 배워 그의 말과 하는 일들이 능하더라"(행 7:22). 모세는 나름대로 말에 자신 있다고 나섰다가 본전도 못 건지고 창피만 당하고 말았습니다. 그때부터 살인자, 웅변에 실패한 자라는 꼬리표를 스스로 자신에게 붙이고 다닙니다. 바로 트라우마가 생긴 것입니다.

그 후 모세는 스스로를 '눌변'이라고 생각합니다. 그로선 혀가 둔하다고 확신했기에 하나님 앞에서 그렇게 말한 것입니다. 한 번 실패했으면 됐지, 또 실패하기 싫다는 뜻입니다.

이런 모세에게 하나님은 말씀하십니다. "이제 가라 내기 네 입과 함께 있어서 할 말을 가르치리라"(출 4:12). 모세가 생각을 바꾸고 트라우마를 뛰어넘도록 하기 위한 특단의 조치입니다. 그리고 말 잘하는 아론을 모세의 대변인으로 세워 주겠다고 말씀하십니다. 그러나 실제로 아론이 모세 대신 대변인 역할을 한 경우는 성경에 거의 기록되어 있지 않습니다. 모세의 자존감을 높이시려는 하나님의 보완 조치일 뿐입니다.

한 아버지와 아들이 낚시를 하고 있었습니다. 실수로 낚싯대가 물에 떠내려가자 아들이 그 낚싯대를 잃지 않으려 물에 뛰어들었습니다. 아버지는 그런 아들을 구하기 위해 물로 뛰어들었습니다. 아들은 다행히 구조되었지만 결국 아버지는 익사했습니다. 아들은 아버지의 죽음이 자신의 탓이라 여겼습니다. 그래서 술과 싸움 등으로 방황하며 젊은 시절을 보내고, 결혼에도 실패했습니다. 무슨 일이든 제대로 할 수가 없었습니다.

그러던 어느 날 번개처럼 다가온 생각이 그를 일깨웁니다. '이렇게 살라고 아버지가 나를 위해 돌아가신 것은 아닐 텐데….' 그렇습니다. 아버지는 아들을 자신보다 소중하게 여겼기에 대신 죽은 것입니다. 그렇기에 아들이 죄책감에 눌려 살아가기를 원하지 않을 것입니다. 오히려 그만큼 가치 있는 사람임을 믿기를 바랐을 것입니다.

우리 주님도 마찬가지입니다. 우리에게 죄책감을 심어 주고 우리가 보잘것없는 사람임을 알려 주러 오신 것이 아닙니다. 우리가 무엇이라 믿든 우리가 그보다 더 존귀한 존재임을 일깨워 주러 오신 것입니다. 왜냐하면 우리가 그렇게 믿어야만 그렇게 살 수 있기 때문입니다.

모세를 부르실 때, 하나님은 그가 얼마나 존귀한 존재인지를 깨닫기 원하셨습니다. 모세의 입에 함께하시겠다는 말씀은 하나님의 보증입니다. 하나님은 우리에게도 똑같은 보증을 해주십니다. 바로 십자가가 하나님의 보증입니다. 우리가 얼마나 존귀한 존재인지를 알라는 보증입니다. 그리고 그렇게 존귀한 존재로 살아가라고 말씀하십니다. 모든 상처와 트라우마를 뛰어넘는 '푸른 잎사귀'가 되어 풍성한 열매를 맺으라 하십니다.

"오, 주여.
부정적인 자아의 소리에 갇혀
실패자처럼 살아왔습니다.
이제 우리와 함께하셔서
일거수일투족을 보증하시는

주님을 바라보고 의지합니다.
이 아침의 고백입니다."

이 시대에 꼭 필요한 기도

"또 나를 위하여 구할 것은…나로 입을 열어 복음의 비밀을 담대히 알리게 하옵소서 할 것이니"(엡 6:19).

혹시 함부영 자매의 〈그리스도의 계절〉이라는 찬양을 아십니까? 고 김준곤 목사님의 유작 기도문에 곡을 붙인 찬양인데 얼마나 가슴을 뜨겁게 하는지 모릅니다. 가사 자체가 가슴을 뜨겁게 만드는 기도문입니다.

민족의 가슴마다 피 묻은 그리스도를 심어
이 땅에 푸르고 푸른 그리스도의 계절이
오게 하소서 오게 하소서

이 땅에 하나님의 나라가 이뤄지게 하옵소서
모든 사람의 마음과 교회와 가정에도
하나님 나라가 임하게 하여 주소서
주의 청년들이 예수의 꿈을 꾸고

인류 구원의 환상을 보게 하소서
한 손엔 복음 들고 한 손엔 사랑을 들고
온 땅 구석구석 누비는 나라 되게 하소서

우리가 살고 있는 이 시대는 종교의 자유가 있는 것처럼 보이지만, 실제로는 그렇지 못합니다. 공공장소에서, 학교에서 복음 전도와 기도가 제한되고 위협받는 시대입니다. 공공장소에서 그리스도인이 강연을 하는 것은 허락되지만, 이때 '하나님'이나 '예수님' 같은 종교적인 표현을 하지 않아야 된다는 조건이 붙는 것이 지금 미국의 현실입니다.

몇 년 전 어느 주립 대학교는 빌리 그레이엄 목사님의 생전 마지막 집회를 허락하지 않았습니다. 물론 그것이 기독교 복음 전도 집회였기 때문입니다. 그런데 놀랍게도 라마 불교의 수장인 달라이 라마의 집회는 그해 그 장소에서 열렬한 환영 가운데 개최되었습니다. 그가 라마 불교의 수장이기는 해도 철학자이며 선생이라는 이유로 허락된 것입니다. 결국 기독교는 안 되고 불교는 된다는 식의 모순된 잣대가 적용된 차별이었습니다.

지금 전 세계적으로 경제, 과학, 기술, 스포츠, 문화, 교육, 의술 등의 분야에서는 교류의 문이 활짝 열려 있습니다. 그러나 복음에 관해서는 점점 더 폐쇄되고 있습니다. 이런 세상에서 담대한 복음 전도가 과연 가능할까요?

작년 9월 아프리카 말라위 선교에서는 성령의 귀한 역사가 나타났습니다. 걷지 못하던 자가 일어나고, 눈먼 자가 눈을 뜨고, 말 못하는 자가 말을 하며 살아 계신 하나님이 증거되었습니다. 마지막 날 말라위 교단 목사님들을 위한 목회자 세미나를 마치고 교단장께서 그들을 다시 초청했습니다. 그때 말라위 선교사님이 교단장에게 요청한 것이 기억납니다. 교단에서 말라위 수도인 릴롱궤의 축구장에서 야외 집회를 개최하고 강사로 다시 초청해 달라는 말씀이었습니다. 정말 가슴 뛰는 일이었습니다!

사도 바울이 살던 초대교회 시대는 로마의 황제 숭배가 점점 더 본격화되면서 지금보다 복음에 대해 훨씬 더 닫혀 있었습니다. 그럼에도 바울은 에베소 교회 성도들에게 "내가 담대히 복음을 전할 수 있도록 기도해 주십시오" 하고 요청합니다. 그는 감옥에서 풀려나도록 기도해 달라고 요청하지 않았습니다. 현재 처한 그 자리에서 담대하게 복음을 전할 수 있기를 바라며 기도를 부탁했습니다.

어느 신문기자가 구세군 창립자인 윌리엄 부스 대장에게 물었습니다. "미래에 닥쳐올 가장 큰 위험이 무엇이겠습니까?" 당시 윌리엄 부스는 나이가 많아 임종을 가까이 두고 있을 때였습니다. 그는 기도하는 마음으로 신중하게 대답했습니다. "이제 세계가 직면하게 될 가장 큰 위험은 중생 없는 용서를 전하는 철학적 기독교입니다. 추상적인 지식만을 전하는 기독교입니다."

그는 계속해서 말했습니다. "둘째는 그리스도 없는 교회입니다. 교회이긴 하지만 거기서 그리스도를 만날 수 없다는 것입니다. 또 하나님 없는 정치, 지옥 없는 천국을 말하는 잘못된 교리, 이런 것들이 앞으로 문제가 될 것입니다."

지금 이 시대에 꼭 기억해야 할 말입니다. 그리고 우리에게 꼭 필요한 기도입니다. 우리가 기도해야 할 것은 그 어떤 다른 것이 아닙니다. 그리스도의 계절이 오게 하는 것입니다.

"오, 주여.
이 시대에 꼭 필요한 것이 무엇인지
다시 확인하게 하소서.
이 아침의 기도입니다."

있을 때 잘하세요

"각각 은사를 받은 대로…서로 봉사하라"(벧전 4:10).

베드로 사도는 자신의 서신 끝자락에 주님이 다시 오시는 날에 대해 말씀합니다. 만물의 마지막이 가까이 왔으니 죄와 치열하게 싸우며 정신을 차리고 기도하라고 당부합니다. 그리고는 약간 뜬금없게 보이지만 "무엇보다 뜨겁게 서로 사랑하라"라고 말씀합니다. 마지막이 가까울수록 더욱 뜨겁게 사랑하는 것이 교회가 진정 해야 할 일이라는 것입니다.

또 교회가 하나 되어 서로 봉사하라고 말씀합니다. 봉사는 섬김과 같은 말입니다. 즉, 사랑의 구체적인 실천이 섬김이라는 것입니다. 우리가 천성문에 들어가기 전 삶을 돌아볼 때 남는 것이 무엇일까요? 마지막에 남는 것은 원 없이 사랑한 기억이고, 더 구체적으로는 '마음껏 섬긴 모습'이라고 베드로 사도는 말씀합니다. 이 땅에서 마음을 다해 섬긴 사람들이 마지막까지 기억에 남습니다.

짧지 않은 목회를 돌아봐도 그렇습니다. 가장 인상 깊게 기억에 남아 있는 이들은 마음을 다해 서로 섬긴 분들입니다. 마치 '못 다 부른 예수의 노래'를 함께 부르던 모습으로 깊게 새겨져 있습니다.

　섬김의 시작은 상대방에 대한 배려입니다. 서로 배려하는 마음입니다. 미션의 시작점도 마음입니다. 항상 마음 가운데, 삶 가운데의 조그만 변화로 시작됩니다. 상대방에 대한 마음의 배려가 없는 섬김은 보여 주기 위한 허례가 되기 때문입니다. 그래서 주님도 이를 경계하십니다. "사람에게 보이려고…너희 의를 행하지 않도록 주의하라…상을 받지 못하느니라" (마 6:1).

　동물을 사랑해 집에서 키워 본 사람은 사랑을 나누고 섬기는 과정을 애완동물을 통해 배우게 됩니다. 진정한 사랑은 배우는 것이기 때문입니다. 뮤지컬 배우 배다해 씨의 특이한 고양이와의 체험 영상이 유튜브에 소개되었습니다. "주인 잃고 단식 중인 고양이, 준팔이"라는 제목으로 소개된 이야기입니다.

　고양이 준팔이는 고양이 보호소에 버려진 후로 석 달 넘게 먹지도 않고 밖으로 나오지도 않았습니다. 억지로 음식을 입에 넣어 주어도 토하고 뱉어 냅니다. 몸무게는 발견되었던 당시의 반으로 줄어들었습니다. 주인에게 버림받았다는 마음의 병 때문에 살려는 의지가 없어 자발적 거식증에 걸린 것입니다. 사람이든 동물이든 먹는 것보다 사랑이 더 중요합니다. 배다해 씨는 이런 준팔이를 입양했습니다.

　"고양이가 밥을 안 먹을 정도면 죽겠다고 마음먹은 상태랑 다름없거든요. 비록 한 명은 널 버렸을지라도, 널 사랑해 줄 수 있는 사람이 많다는 걸 알려 주고 싶었어요."

　배다해 씨는 준팔이를 처음 만났을 때 생각보다 더 마른 준팔이를 보고 눈물을 흘립니다. 그렇게 하루하루 만나면서 준팔이는 서서히 자신의 몸을 배다해 씨에게 맡기기도 하고 손을 내밀기도 합니다. 몸이 약해서 집으로 데려갈 수는 없었지만 다해 씨가 와 있을 때는 편안한 표정을 짓습니다. 그렇게 한 주를 지낸 뒤 준팔이는 스스로 다해 씨에게 먼저 다가

갑니다. 그러나 여전히 먹이는 거부합니다.

그렇게 두 주일이 지나자 준팔이는 많이 회복되었습니다. 그리고 3개월 만에 처음으로 먹이를 먹습니다. 그리고 다른 고양이 친구들과 사람들에게도 마음의 문을 열기 시작했습니다.

영상을 보면서 우리의 섬김도 이와 똑같다고 느꼈습니다. 상대방을 마음으로 먼저 배려하고 섬길 때, 그 섬김이 온전해지고 상대방도 마음을 열고 그 섬김을 받아들인다는 것입니다. 섬김은 "각각 은사를 받은 대로" 하는 것입니다. 주님께서 허락하신 만큼 하는 것입니다. 자기 분수에 지나친 것은 섬기는 것이 아닙니다. 오직 "하나님이 공급하시는 힘"으로 하는 것입니다. 분수에 지나친 섬김은 금방 지쳐서 지속할 수가 없기 때문입니다. 그러므로 각자의 분수에 맞게 섬겨야 합니다.

그리고 기회가 있을 때 잘해야 합니다. 기회가 지나가면 하고 싶어도 못합니다. 생명 있을 때, 건강 있을 때, 물질 있을 때, 기회 있을 때 잘해야 합니다. 또 섬길 대상이 주변에 있을 때 잘해야 합니다. 부모에 대한 섬김도 그렇습니다. "불효자는 웁니다"가 우리의 노래가 되면 안 됩니다. 다 지나간 다음에는 후회해도 아무 소용이 없습니다.

"오, 주여.
마음을 다해 상대방을 배려하고
사랑하며 섬기게 하소서.
이 아침의 기도입니다."

그 한마디

"사울의 아들 요나단이 일어나…다윗에게 이르러 그에게 하나님을 힘 있게 의지하게 하였는데"(삼상 23:16).

세계적인 배우 안젤리나 졸리는 나눔을 실천하는 행동가로 널리 알려져 있습니다. 그녀는 동료 배우 브래드 피트와 결혼해 아이 셋을 낳았습니다. 동시에 에티오피아, 베트남, 캄보디아에서 각각 한 명씩 입양해 키우는 '빅 마마'이기도 합니다. 또 '친한파'로 알려져 캄보디아에서 입양한 아들 매덕스를 그의 희망대로 연세대학교에 입학시켰습니다.

안젤리나 졸리는 전쟁에서 가장 큰 피해를 입는 힘없는 아이들의 고통에 늘 가슴 아파했습니다. 그녀가 시리아 난민촌에서 아이들에게 들려준 한마디는 그들에게 예언과도 같았을 것입니다. "아가야, 너는 불쌍해서가 아니라 이 나라의 미래이기 때문에 도움이 필요한 거야." 그녀가 그 아이들을 돕는 이유는 불쌍해서가 아니라, 그들이 그 나라뿐 아니라 바로 우리 자신의 미래이기 때문이라는 것입니다. 졸리는 그들을 돕는 것이 결국 우리의 미래를 돕는 것이라고 믿고 설명합니다.

우리는 우리 자신도 모르게 누군가에게 예언자가 되고 있습니다. 상대방에 대한 우리의 믿음이 그 사람을 만들어 가는 것입니다. 우리가 상대방을 신뢰할 때, 그 사람은 그 신뢰만큼 성장합니다. 물론 최종 선택은 그가 하겠지만, 그래도 그를 그렇게 믿어 주는 사람이 주위에 많다면 그는 그 믿음에서 벗어날 수 없고, 결국 그런 사람이 되고 맙니다. 이런 것이 바로 예언적 미래입니다.

그래서 이렇게 말하기도 합니다. "당신과 가까운 다섯 사람을 말해 보세요. 그러면 당신이 어떤 사람인지 말할 수 있습니다." 주위 사람들의 믿음이 그 사람의 미래를 결정짓기 때문입니다.

사생아 출신으로 1911년 테네시주 주지사가 된 벤 후퍼에 얽힌 이야기가 하나 있습니다. 예배를 마치고 인사를 하던 12세 소년 벤 후퍼는 목사님이 던진 질문에 조금 당황했습니다. "네가 누구 아들이더라?" 당황한 시선을 느낀 목사님의 그다음 한마디는 소년 벤의 미래를 결정지은 예언이 되었습니다.

"아! 누구 아들인지 알겠다. 너는 네 아버지를 닮았기 때문에 금방 알 수가 있어! 너는 하나님의 아들이야!"

바로 그때 미래의 주지사가 태어나게 된 것입니다.

다윗에게 요나단은 바로 안젤리나 졸리 같은 존재였습니다. 늘 믿어 주고, 격려해 주는 최고의 친구였습니다. 어려움에 처한 다윗에게 들려준 그의 한마디는 다윗의 미래를 결정지은 예언적 선언이었습니다.

요나단은 먼저 "두려워하지 말라"라고 합니다. 언뜻 보면 입에 발린 위로 같습니다. 그러나 그의 위로는 구체적입니다. "내 아버지 사울의 손이 네게 미치지 못할 것이요"(삼상 23:17). 사울이 아무리 추적해 와도 잡히지 않을 것이라고 말합니다. 거기에다 요나단 자신은 왕위를 두고 다투는 다윗의 경쟁자가 아니라고 설명합니다. 다윗이 왕이 되고 자기는 그 신하가 될 것이라고 약속합니다.

요나단의 결정적인 격려 한마디는 "너는 이스라엘 왕이 되고 나는 네 다음이 될 것을 내 아버지 사울도 안다"라는 말입니다. 다윗의 대적인 사울도 다윗이 왕이 될 것을 알고 있습니다. 다윗의 싸움은 종국에는 패배하리라는 것을 이미 알고 있는 적과 싸우는 것에 불과합니다. 사울의 최측근인 요나단이 다가올 이 미래를 미리 귀띔해 준 것입니다. 사울이 지금 쫓고 있는 것은 패배하기 전에 마지막으로 안간힘을 써보는 것에 불과하니, 조금 고생되더라도 조금만 더 참으라는 뜻입니다.

요나단의 그 한마디는 다윗의 미래를 결정지은 예언의 말이었습니다. 절친인 다윗을 신뢰하기에 앞서 그는 하나님의 경륜과 그 뜻에 순종하고 맡기는 훈련을 한 사람입니다.

십자가는 하나님께서 우리에게 주시는 '예언적 그 한마디'입니다. 우리의 대적은 이미 패했습니다. 주님께서 승리하시고, 삶의 무게에 힘겨워하고 있는 우리에게 최후 승리가 눈앞에 있다고 귀띔해 주신 것입니다. 그리고 우리가 서로에게 이러한 하나님의 승리를 전하고, 믿음의 동역자가 되어 줄 것을 말씀하고 계십니다. 나아가 이 사순절에 하나님의 '예언적 그 한마디'를 나누라고 말씀하십니다.

"오, 주여.
우리도 요나단처럼
가슴을 울리는 '예언적 그 한마디'를
나누는 사람이 되게 하소서.
이 아침의 기도입니다."

또 하나의 열매를 바라며

"그러므로 형제들아 주께서 강림하시기까지 길이 참으라 보라 농부가 땅에서 나는 귀한 열매를 바라고 길이 참아 이른 비와 늦은 비를 기다리나니"(약 5:7).

십자가의 성 요한(Saint John of Cross)이라는 16세기 스페인의 성자가 있습니다. 주로 영성을 깊이 있게 다룬 책들을 집필해 후학들에게 많은 가르침을 준 사람입니다. 그의 가르침 가운데 특별히 마음에 깊이 와 닿는 것이 있었습니다. 영성이 깊어질수록 다른 사람의 단점보다 장점이 더 크게 보여 남을 판단할 수 없게 된다는 것입니다. 매사에 부정적인 것보다 긍정적인 면이 보이고, 급기야는 모든 사람이 자신보다 더 뛰어난 사람으로 보이게 된다고 합니다. 그리고 모든 사람이 사랑스럽게 보여 마치 어린아이처럼 원수까지 구별하지 못하게 된다는 것입니다.

율법은 정죄의 법이지만 은혜는 관용의 법입니다. 우리는 율법이 아니라 은혜로 구원받습니다. 그럼에도 이웃에 대한 우리의 시선은 여전히 은혜가 아니라 율법인 경우가 많습니다. 모순적이게도 그럴수록 자신을 보는 시선은 언제나 은혜입니다. 모든 면에서 '내로남불'(내가 하면 로맨스 남이 하면 불륜)입니다. 영성은 결국 이러한 '내로남불'을 마음에서 하나하나 제거해 나가는 것입니다. MZ세대가 말하는 '공정'을 삶의 전반에 적용하는 것입니다.

흥미로운 사건 하나가 맨해튼 5번가의 까르띠에 매장에서 있었습니다. 까르띠에가 브랜드 가치를 높이기 위해 거금을 들여 69캐럿짜리 명품 다이아몬드를 전시했습니다. 명품 다이아몬드가 전시되니 많은 사람이 구경하기 위해 모였습니다. 며칠간 그 다이아몬드를 지켰던 한 경비원이 다이아몬드를 구경하러 온 사람들의 대화를 듣고 이렇게 촌평을 했습니다.

"그들이 다이아몬드에 대해 나눈 이야기는 대부분 비난이었습니다. '쓸데없이 크기만 하잖아?'라고 말하는 부인도 있었고, 다이아몬드의 흠을 발견했다고 말하는 부인도 있었습니다. 거의 모든 사람이 대수롭지 않게 여기는 듯 이야기했습니다. 또 우연히 지나가다 구경하러 온 것처럼 연기하는 사람도 있었습니다. 천태만상이었습니다. 그런데 정말로 우스웠던 것은 그들 대부분이 가짜 다이아가 달린 액세서리를 착용하고 있었다는 사실입니다. 어떻게 아냐고요? 당연히 알 수 있습니다. 수십 년간 보석 관련 경비업체에서 일해 왔기 때문입니다."

다른 사람을 판단하는 사람은 대부분 상대방의 잘못을 찾아냄으로써 자신을 높이려는 것입니다. 그런 사람들은 대개 열등감이란 병을 앓고 있습니다.

우리 인간은 연약하기에 하찮은 것에도 영향을 받을 때가 있습니다. 상대방이 대수롭지 않게 던진 말 한마디에 깊은 상처를 받을 수 있다는 것입니다. 그러므로 가정에서나 교회에서나 부정적인 말을 해서는 안 됩니다. 또 쉽게 상처받아서도 안 됩니다. 그 상처가 우리에게 붙은 사랑의 불, 은혜의 불을 꺼뜨리기 때문입니다.

인간은 본래 부정적인 쪽으로 기우는 성향이 있습니다. 그 경비원의 시선을 배울 필요가 있습니다. 그것은 농사일에 관한 모든 것을 알고 있는 농부의 마음입니다. 타인의 시선이나 말에 흔들리지 않습니다. 묵묵히 자기 일을 할 뿐입니다.

가끔 교회에서 회의를 하다 보면 분위기가 지나치게 과열될 때가 있습니다. 마치 자신의 의견이 관철되어야만 교회가 다시 일어설 수 있는 것처럼 논쟁이 일어나기도 합니다. 상대방의 말을 제대로 듣기도 전에 차단하고 자기 의견을 주장하다 상대방의 진의를 다 파악하지 못해 오해할 때도 있습니다. 또 여러 의견 중 좋은 선택을 한 것이라 여겼는데 생각했던 결과가 나오지 않는 경우도 있습니다.

주님께서는 오히려 그중에서 가장 어리석은 의견을 좋아하실 수도 있습니다. 그래서 끊임없이 나의 의견이 아니라 주님의 의견을 찾아갈 필요가 있습니다. 이것을 아는 사람은 자신의 의견을 내세우지 않습니다.

농부는 열매를 맺을 때까지 인내하며 진지하게 최선을 다해 노력합니다. 마치 그 경비원처럼 농사에 관한 한 모든 것을 알아도 아무 말 없이 묵묵히 자기 일을 합니다. 이것이 귀한 열매를 바라고 길이 참고 수고하는 농부의 모습입니다. 오늘도 또 하나의 열매를 바라보며 기다리는 것입니다. 우리 안에 착한 일을 시작하신 이가 '그날'에 이루실 줄을 알기 때문입니다.

"오, 주여.
은혜가 아닌 율법으로 다른 사람을 바라봤습니다.
'내로남불'을 말하며 이기적이었습니다.
공정을 배우게 하소서.
또 하나의 열매를 바라보며
인내하며 기다리게 하소서.
이 아침의 기도입니다."

염려와 불안의 치유

"아무것도 염려하지 말고 다만 모든 일에 기도와 간구로, 너희 구할 것을 감사함으로 하나님께 아뢰라"(빌 4:6).

세상에 걱정이 없는 사람이 있을까요? 아마도 없을 것입니다. 오죽하면 "걱정도 팔자"라는 말까지 나왔을까요? 심지어 어떤 사람은 마치 "나는 염려한다. 고로 존재한다"라고 선언하듯이 살기도 합니다. 동네방네 모든 문제를 듣고 전하며 대신 염려해 주는 마음씨 착한(?) 사람입니다. 또 황당한 경우를 만나 속수무책일 때 자책감에 눌려 양심상 염려라도 해야 하지 않나 생각되는 경우도 있습니다.

스트레스 증후군의 가장 높은 자리를 차지하는 것이 바로 이 염려입니다. 염려라는 단어가 주는 이미지는 목을 죄는 모습입니다. 실제로 염려는 목을 죄듯 우리 영혼을 갉아먹습니다. 이에 잠언 기자는 말씀합니다. "마음의 즐거움은 양약이라도 심령의 근심은 뼈를 마르게 하느니라"(17:22). 염려는 우리의 영혼을 좀먹습니다.

많은 사람이 걱정과 불안 때문에 잠을 못 자거나 식욕을 상실하고 우울감에 빠지기도 합니다. 그렇게 자신의 에너지를 빼앗기고 자신의 시간을 낭비합니다. 그러나 염려한다고 해서 해결되는 것은 아무것도 없습니다. 예수님도 말씀하십니다. "너희 중에 누가 염려함으로 그 키를 한 자라도 더할 수 있겠느냐"(마 6:27).

염려를 전문적으로 연구한 특이한 사람이 있습니다. 바로 '생활코치'(life coach)라는 색다른 직업을 가진 어니 젤린스키(Ernie J. Zelinski)입니다. 그는 《모르고 사는 즐거움》(The Joy of Not Knowing It All), 《일하지 않는 즐거움》(The Joy of Not Working) 등의 책도 여러 권 썼습니다.

그가 내세운 핵심적인 염려에 대한 발견은 마치 염려의 '효율성'에 대한 연구처럼 들립니다. 그는 모든 걱정의 40퍼센트는 현실에 절대로 일어나지 않고, 30퍼센트는 이미 일어나서 돌이킬 수 없는 과거의 일에 대한 것이고, 22퍼센트는 사소한 고민이며, 4퍼센트는 우리 힘으로는 어쩔 도리가 없는 일에 대한 것이라고 말합니다.

결국 걱정의 96퍼센트가 통계적으로 불필요한 염려이고, 나머지 4퍼센트만이 우리가 바꿀 수 있고 실제로 뭔가 대책을 마련할 수 있는 일에 대한 것이라는 말입니다. 대부분의 불안과 걱정은 시간이 지나면 자연스럽게 해결되는 쓸데없는 염려라는 것이 그의 연구 결과입니다. 그래서 '모르고 사는 즐거움'을 역설적으로 주장합니다.

성경은 염려에 대해 대책으로 크게 두 가지를 말씀합니다. 첫 번째는 베드로의 방식으로, 우리의 모든 염려를 다 주께 맡기는 것입니다(벧전 5:7). 이런 방법은 조금 의존적이고 분석적인 성격의 사람에게 적합합니다. 염려하고 있는 내용을 일일이 적어 주님께 말씀드리는 것입니다. 일단 말씀드리고 나면, 기도 노트는 보관하고 염려의 내용은 기억에서 지워 버리는 훈련이 필요합니다. 이것이 습관이 되면 주님께 염려를 맡기는 것이 쉬워집니다. 물론 연습이 필요합니다. 자책감과 죄책감에 시달리는 사람이라면 효과를 볼 수 있습니다.

두 번째는 바울의 방식으로, 조금 더 적극적인 믿음의 방법입니다. 염려를 감사로 바꾸는 획기적인 시도입니다. 미리 기도 응답을 받고 해결될 것을 마음에 그려 나가는 절대적인 신뢰의 방식입니다. 빌립보 감옥에서의 체험이 바울로 하여금 이런 방식을 과감하게 주장할 수 있게 뒷받침해 주었습니다. 매 맞고 차꼬에 채워진 채 갇혔지만 오히려 홀가분한 마음으로 감사의 찬양을 불렀던 신비한 체험입니다. 그때 하나님께서 지진을 일으켜 모든 결박이 풀리고 굳게 닫혔던 옥문이 열리게 하셨습니다. 그 체험이 빌립보 교회가 시작된 동인이었음을 항상 기억했던 것입니다.

조그만 체험이 또 다른 체험을 몰고 옵니다. 이러한 체험이 쌓이면 비로소 우리가 잘 알고는 있지만 실제 삶에서는 좀처럼 이루어지지 않던 말씀들이 마치 봇물 터지듯 실현됩니다.

잠언 기자는 말합니다. "너의 행사를 여호와께 맡기라 그리하면 네가 경영하는 것이 이루어지리라"(16:3). 맡기는 훈련, 염려 대신 감사하는 훈련은 작은 것일지라도 실제로 시작해야 그 열매를 따 먹게 됩니다. 그때 우리의 마음과 생각을 평강으로 지키시는 주의 손길을 누리게 됩니다. 과감히 기적에 도전해야 합니다. 그 기적에 도전하는 것 자체가 우리의 자아를 죽이는 기적의 시작이기 때문입니다.

"오, 주여.
들어서 알고는 있지만
삶에서 실천하지 않은 말씀이 너무나 많습니다.
이제부터는 한 말씀이라도 붙잡고
실제 삶에서 순종하게 하소서.
그래서 기적을 보게 하소서.
이 아침의 기도입니다."

역할극

"너는 범사에 그를 인정하라 그리하면 네 길을 지도하시리라"(잠 3:6).

한 아버지가 아들이 마약을 한다며 정신과 의사에게 와서 상담을 했습니다. 아버지는 아들에게 몹시 화가 나 있었습니다. 도대체 아들이 뭐가 부족해 마약에 손을 대는지 이해할 수가 없었습니다. 아버지는 자신이 무엇을 못 해줘서 그렇게까지 아이가 망가졌는지 답답하기만 하다고 말했습니다. 그런 아버지 앞에서 아들은 잔뜩 주눅이 들어 있었습니다.

듣고 있던 의사가 이 부자에게 역할극을 해보라고 말했습니다. 정신과에서는 상내방을 진정으로 알고 이해하기 위해 때에 따라 치유 과정에서 역할극을 사용하기에 이를 권한 것입니다. 역할을 서로 바꿔 아들이 아버지가 되고, 아버지가 아들이 되었습니다. 그러자 아버지가 "내가 마약중독자입니까? 장난합니까? 나는 할 수 없습니다" 하고 소리를 지르며 문을 박차고 나가 버렸습니다.

누군가를 진정으로 알고 이해한다는 것은 그 자리를 직접 경험해 본 사람만이 할 수 있는 일입니다. 망가져 본 사람이 망가진 사람을 알 수 있고, 어떻게 회복하는지를 말해 줄 수 있습니다.

이 아버지는 마약 중독자 아들의 역할을 꺼린 것이 아닙니다. 그렇게 되면 자신의 진짜 모습을 보게 될까 봐 두려워 그 역할을 맡지 못한 것입니다. 아버지의 입장과 위치에서는 아들만 보이고 자신은 보지 못하지만, 아들의 입장이 되면 자신도 망가지는 모습을 보이게 될까 봐 그것이 두려웠던 것입니다.

'인정한다'는 것은 '알고 이해한다'는 말입니다. 이 단어는 히브리어로 '알다'(야다)와 같은 어근에서 파생된 표현으로, 경험으로 알고 이해하는 것을 말합니다.

히브리서에서 사람이 되신 예수님, 십자가에 달리신 예수님을 설명할 때 '동정'(empathy)이라는 말을 써서 설명하고 있는데, 이는 '알고 이해하고 불쌍히 여긴다'는 의미입니다. 죄 없으신 주님이 죄인의 자리에서 십자가의 형벌을 경험하신 것입니다. 이는 아들을 위해 역할극을 한 아버지의 모습입니다. 죄는 모르시지만 죄인의 자리를 '알고 이해하기' 위해서입니다.

공부하지 않고 게임에 중독되어 있는 아들을 회복시키려면 아버지가 아들이 하는 게임을 같이 해봐야 합니다. 그렇지 않으면 아들을 진정으로 알 수도, 이해할 수도 없습니다.

이제 그 반대의 역할극을 해보라고 말씀하십니다. 아들이 아버지의 역할을 하는 것처럼, 우리도 하나님 역할을 해보라는 것입니다. 그것이 "범사에 그를 인정"하는 것입니다.

예수님께서 같은 맥락의 말씀을 하신 적이 있습니다. "영생은 곧 유일하신 참 하나님과 그가 보내신 자 예수 그리스도를 아는 것이니이다"(요 17:3). 하나님을 '알고 이해하는' 사람이 영생을 얻고 누린다는 말씀입니다.

성경에서 아는 것은 사랑하는 것입니다. 예수님 당시 유대인들은 예수님도, 아버지도 몰랐습니다. 왜 그랬을까요? 철부지가 되어 보지 못했기 때문입니다. 자신들이 하나님보다 높은 위치에 있으니 하나님을 알 수 없었던 것입니다. 어린아이처럼 진정으로 순종해 본 적이 없어서 그분을 알지 못했습니다.

잠언 말씀의 깊은 의미가 여기에 있습니다. "너는 범사에 그를 인정하라 그리하면 네 길을 지도하시리라." 하나님을 알고 이해하기 위해 '역할극'으로 하나님의 역할을 해보라는 것입니다. 하나님 역할을 경험하면서 범사에 하나님의 입장을 알고 이해하라는 것입니다. 하나님의 뜻을 깨닫고 발견하게 되면 저절로 우리의 길을 지도하시는 하나님의 손길이 보인다는 것입니다.

말씀을 묵상한다는 것은 결국 하나님의 입장을 경험하는 것입니다. 말씀을 우리의 삶에 적용하고 순종하는 것은 너무나 귀한 일입니다. 그러나 하나님의 입장에서 말씀을 생각하는 것은 더 깊은 차원으로 들어가는 것입니다. 그것이 곧 찰스 쉘던이 우리에게 던졌던 질문, "예수님이라면 어떻게 하실까?"입니다.

그리스도와 함께 머무는 시간을 우리는 기도라고 말합니다. 우리가 말씀과 기도로 그분과 함께 머물 때 역할극이 이루어집니다. 주님과의 진정한 대화가 시작됩니다. 알고 이해하며 범사에 그를 인정하는 것입니다. 그분 안에 머물다 보면 불가능한 것이 가능해집니다. 그것이 역할극을 통해 얻는 것입니다.

"오, 주여.
주 안에 머물며
주님의 역할을 해볼 수 있게 하소서.
범사에 주를 인정하게 하소서.
이 아침의 기도입니다."

궁색한 변명

"너희 빛이 사람 앞에 비치게 하여 그들로 너희 착한 행실을 보고 하늘에 계신 너희 아버지께 영광을 돌리게 하라"(마 5:16).

교회에서 실족한 분들에게 교회에 실망하지 말고 돌아올 것을 권유하는 말 중에 제일 궁색한 변명이 있습니다. "사람 보고 교회 다니지 말고, 하나님 보고 다니라"는 권면입니다. 보이지 않는 하나님을 보라는 것 자체가 지나친 요구입니다. 하나님은 믿음의 대상이지 보는 대상이 아닙니다. 누구나 먼저는 눈으로 보고자 합니다. 그러다 믿음이 어느 정도 궤도에 올라서야 안 보고도 믿게 됩니다. 마음에 신뢰가 생기기 때문입니다. "그 영광을 보고 은혜와 진리가 충만"한 것을 경험하는 것입니다.

사람들은 교회에 모인 무리를 보고 교회를 선택합니다. 교회가 많다 보니 저절로 사람이 선택의 기준이 된 것입니다. 교회 간의 경쟁이 심화되다 보니 교회 프로그램을 보고 선택하는 경우도 많습니다. 하나님을 보고 선택하지 않습니다. 여기저기 다녀 보면서 다닐 만한 교회인지 저울질하며 교회 쇼핑을 합니다. 교회 간의 경쟁이 안타깝게도 '보여 주기식

전도'를 양산한 것입니다. 교회의 본질보다 비본질을 앞세우고, 편의주의를 경계하면서도 오히려 부채질한 모습입니다.

교회가 교회다움을 잃지 않으려면 결코 양보하지 말아야 할 과제가 하나 있습니다. 그것은 바로 하나님을 세상에 보여 주고 나타내는 일입니다. 물론 어떻게 보여 주는가에 대한 교회관은 다를 수 있습니다. 그러나 교회가 세상에서 하나님을 대표한다는 것만큼은 부인할 수 없는 사실입니다.

우리는 이를 위해 부르심을 받았습니다. 우리가 '거룩하게 구별된 교회'인 이유입니다. 우리가 교회로서 하나님을 나타내지 못한다면 궁색한 변명보다 철저한 회개를 해야 합니다. 그렇다고 억지로 하나님을 보여 주려 한다고 좋은 교회가 되는 것은 아닙니다. 우리가 성령으로 충만해서 하나님의 형상이 회복되면 하나님의 거룩은 저절로 우리를 통해 나타나게 됩니다.

이때 중요한 것이 바로 착한 행실입니다. 착한 행실은 도덕적인 착함이 아닙니다. 그것은 진리를 행하는 거룩한 삶입니다. 진리는 볼 수 없지만 거룩한 삶으로 나타나면 볼 수 있게 됩니다. 우리가 하나님의 말씀을 묵상하고 삶에서 하나씩 순종하고 따르기 시작할 때 거룩한 삶이 시작됩니다. 진리가 삶으로 나타나기 시작하는 것입니다. 때론 매우 천천히, 그러나 꾸준하게 나타나기도 합니다.

이방인이 이스라엘을 보며 하나님을 알게 되었고, 보디발이 요셉을 보고 하나님을 알게 되었듯이, 세상 사람들은 우리를 보고 진리를 보게 됩니다. 이것이 우리의 자부심입니다.

이러한 자부심을 자녀에게 심어 준 한 미혼모가 있습니다. 1997년 1월 8일 아침 한창 교통이 혼잡하던 시간에 마이애미에서 현금을 운송하던 차가 전복되는 사고가 발생했습니다. 사고로 차에 실려 있던 달러 뭉치가 도로로 쏟아져 나왔습니다. 주위에 있던 많은 사람이 차에서 뛰쳐나와 지폐를 줍느라 난리가 났습니다. 그리고 주운 돈을 들고 모두 달아났습니다. 55만 달러가 사라지는 데는 단 몇 분도 걸리지 않았습니다.

이튿날 은행의 손실을 만회하고자 경찰은 특별령을 내려 전날 주운 돈을 반납하지 않으면 절도죄로 처벌하겠다고 발표했습니다. 그 결과 단 두 명만이 경찰에 돈을 반납했습니다. 그중 한 명이 바로 6세 자녀를 둔 이 미혼모였습니다. 그 액수는 겨우 20달러였습니다. 기자들이 그 20달러를 반납한 이유를 묻자 그녀가 대답했습니다. "저는 시급 5달러를 받는 판매원이지만 어린 자녀를 키우는 엄마로서 자녀에게 본을 보이고 싶었어요."

부모가 자녀에게 책을 읽으라고 말만 하고 자신은 책을 읽는 모습을 보여 주지 않는다면 아이들은 그것을 따라 하지 않습니다. 부모가 강요하면 그저 책 읽는 흉내만 낼 뿐입니다.

우리는 세상을 가르치기 이전에 착한 행실로 하나님을 나타내야 합니다. 신뢰를 먼저 얻어야 귀를 기울이기 시작합니다. 굳이 말로 가르치려고 할 필요가 없습니다.

우리가 평상시 사람들에게 보내는 작은 눈빛 하나도 하늘에서는 매우 꼼꼼히 기록되고 있습니다. 또 그 눈빛을 바라보는 사람들 마음에도 새겨집니다. 무슨 큰 일을 하고 큰 것을 가르치려 하는 것보다 더 중요한 것이, 작은 착한 행실입니다. 그 작은 것으로 우리 자신을 보여 줄 때 우리 안의 하나님이 보이기 때문입니다.

"오, 주여.
우리는 너무 큰 것을 보여 주려는
욕심에 사로잡혀 잘못 생각했습니다.
작은 실천이 있게 하소서.
말씀을 따라 작은 것을 행하게 하소서.
이 아침의 기도입니다."

영혼의 노숙자

"가서 너희를 위하여 거처를 예비하면 내가 다시 와서 너희를 내게로 영접하여 나 있는 곳에 너희도 있게 하리라"(요 14:3).

한국교회 초기 서울 중화동의 경동제일교회에 엄영수 영수라는 분이 계셨습니다. '영수'는 요즘으로 말하면 안수집사에 해당하는 교회 직분입니다. 엄영수 영수는 평생 손수 건축한 교회를 자신의 집처럼 돌보며 섬긴 분입니다. 그의 직업은 왕손을 모시는 마부였습니다. 쉽게 말하면 왕손 전용차 운전기사입니다.

하루는 왕손을 모시고 지방으로 여행을 가는데, 성령의 감동으로 자꾸 그 왕손에게 전도하고 싶은 마음이 들었습니다. 그래서 감히(?) 왕손에게 전도했습니다. "나으리, 예수 믿으시지요." 왕손이 의아해서 물었습니다. "아니, 네가 예수를 믿느냐?" "예, 그렇습니다. 한 3년 되었습니다. 저는 예수를 믿고 마음이 너무 기쁩니다. 우리 가정은 너무 행복합니다."

그 말을 들은 왕손이 마부에게 빈정대듯 물었습니다. "예수를 믿으면 너 같은 상놈이 양반이라도 된다는 것이냐?" "나으리, 예수 믿는 도리는 그런 것이 아닙니다. 양반 되기 위해 예수 믿는 것이 아니라, 행복하게 마부 노릇을 잘 하기 위해 예수 믿는 것입니다."

그 말을 듣고 의아하게 여긴 왕손이 하나씩 궁금한 것을 묻기 시작했습니다. 그때 그 영수가 들려준 말씀이 누가복음에 기록된 어리석은 부자 비유였습니다. 어리석은 부자는 영혼이 돌아갈 곳을 준비하지 못했고, 영혼이 있다는 사실조차 몰랐다는 것을 왕손에게 설명합니다. 그러면서 왕손에게 핵심 포인트를 전합니다. 우리에게는 육신이 죽어도 죽지 않는 영혼이 있다는 사실입니다. 그리고 부자가 어느 날 밤 갑자기 죽었을 때 하나님께서 그 영혼에게 하신 말씀을 들려줍니다. "어리석은 자여 오늘 밤에 네 영혼을 도로 찾으리니 그러면 네 준비한 것이 누구의 것이 되겠느냐"(눅 12:20).

그리고는 강력하게 도전합니다. "나으리, 나으리의 영혼은 돌아갈 곳이 준비되셨습니까?" 왕손은 그 순간에는 별로 대수롭지 않게 듣고 지나쳤습니다. 그러나 그 이후 머릿속에 '영혼! 영혼! 영혼이 돌아갈 곳!' 이 말이 계속 맴돌았습니다. 그리고 결국 예수를 믿게 됩니다. '영혼의 노숙자'가 되지 않기로 결단한 것입니다. 그는 예수를 믿는 데서 그치지 않고, 훗날 사무엘 무어 선교사가 백정 출신들을 중심으로 세운 승동교회의 목사가 됩니다.

예수를 믿고 정말 행복해진 사람이 주위 사람을 주님께로 인도할 수 있습니다. 예수 믿고 행복해지는 것보다 더 큰 표적이 없기 때문입니다. 이는 무엇보다 먼저 영혼이 돌아갈 곳에 대한 확신 때문입니다.

밤이 되면 어김없이 찾아오는 것이 잠자는 시간입니다. 고되고 힘든 날일수록 더 기다려집니다. 매일 반복되는 수면 시간이 있기에 또 새롭게 하루를 시작할 수 있습니다. 편안하게 잠을 잘 수 있다는 것은 참으로 감사한 일입니다.

그런데 잠을 잘 때는 의식이 살아 있다고는 하지만, 그 의식은 내 마음대로 조절할 수 있는 것이 아닙니다. 그래서 잠자는 것은 마치 죽은 상태가 되는 것과 비슷한데도 잠자리에 드는 것을 두려워하는 사람은 없습니다. 피곤한 몸을 쉬게 한다는 생각에 그저 감사할 뿐입니다.

잠자는 것이 겁나지 않는 이유는 내일 아침이면 다시 일어날 것이라는 분명한 확신이 있기 때문입니다. 만일 잠자리에 누우면서 내일에 대한 확신이 없다면 잠자리가 두렵고 불안할 것입니다. 오늘 죽은 듯 잠을 자도 다음 날에는 일어난다는 확신이 있기에 편안하게 잠자리에 드는 것입니다.

예수 믿는 것이 이와 같습니다. 오늘 죽어도 내일 분명히 우리의 영혼이 일어납니다. 그것도 오늘과 비교할 수 없이 좋은 곳에서 말입니다. 그곳이 바로 주님이 예비하신 곳입니다. "가서 너희를 위하여 거처를 예비하면 내가 다시 와서 너희를 내게로 영접하여 나 있는 곳에 너희도 있게 하리라."

이 세상을 떠날 때 돌아갈 집이 있습니까? 차가운 겨울날, 해가 졌는데도 돌아갈 집이 없는 사람은 노숙자가 될 수밖에 없습니다. 마찬가지로 죽음에 이르렀을 때 영혼이 돌아갈 집이 없는 사람은 '영혼의 노숙자'입니다.

정신없이 살다 어느 날 문득 이런 질문들을 자신을 향해 던져 봅니다. '나는 과연 누구인가?' '나는 어디서 왔는가?' '나는 어디로 가고 있는가?' '나는 무엇을 위해 살고 있는가?' '나에게 죽음은 무엇인가?' '나는 죽으면 어떻게 되는가?' 영혼의 노숙자가 되지 않기 위한 질문들입니다. 오늘 다시 한번 스스로에게 물어 보십시오.

"오, 주여.
정신없이 방황하며 살아왔습니다.
우리 영혼을 돌보는 일에 소홀했습니다.
우리 영혼을 주님께 맡깁니다.
영혼의 노숙자가 되지 않게 하소서.
이 아침의 기도입니다."

여우의 노림수

"우리를 위하여 여우 곧 포도원을 허는 작은 여우를 잡으라"(아 2:15).

지금도 한국에서 학생들 간에 많이 쓰는 말인지는 모르겠지만 '컨닝구'라는 표현이 있습니다. 영어 'cunning'(교활한)의 일본식 발음입니다. 아시다시피 이 말은 시험시간에 저지르는 부정 행위를 의미합니다. 이 'cunning'에 자주 따라다니는 표현은 'as a fox'(여우처럼)입니다. 여우는 우리가 알고 있는 대표적인 교활한 동물입니다.

전설에 의하면 여우는 하룻밤에 열두 번씩 변한다고 합니다. 여우의 간교함을 이길 수가 없다는 의미인 듯합니다. 오래전 방영된 KBS TV 드라마〈전설의 고향〉에서 꼬리 아홉 개 달린 여우는 단골 주인공이었습니다.

솔로몬의 아가서에 등장하는 '포도원을 허는 작은 여우'의 교활한 모습은 에덴동산에서 하와를 속인 뱀을 떠오르게 합니다. 포도원은 가정, 교회, 마음 등 우리가 지켜야 할 곳을 상징합니다.

낙타가 주요 이동수단인 중동 사막지대와 관련된 이야기가 있습니다. 낙타에 많은 짐을 싣고 사막을 횡단하여 물건을 사고파는 한 상인이 사막에서 밤을 맞이하였습니다. 사막은 낮에는 덥지만 밤에는 몹시 춥습니다. 그래도 텐트를 치면 그 안은 지낼 만합니다. 상인 역시 텐트를 치고 막 잠을 자려고 하는데, 갑자기 낙타가 텐트 안으로 머리를 쑥 들이밉니다. 그리고 이렇게 말합니다. "주인님, 추워서 잠을 잘 수가 없어요. 제 얼굴만이라도 텐트 안에 넣고 자면 안 될까요?" 마음씨 좋은 상인은 그렇게 하라고 합니다.

얼마 후 낙타가 말합니다. "주인님, 얼굴은 따뜻하고 좋은데 등짝이 추워서 잠을 못 자겠습니다. 제 등짝까지만 텐트로 들어가게 해주십시오." 상인은 그렇게 하라고 했습니다. 얼마간의 시간이 지난 뒤 낙타가 또 말합니다. "주인님, 지금 제 몸의 반이 들어와 있습니다. 이왕 이렇게 된 것, 꼬리까지 다 들어가겠습니다." 이제 낙타의 온몸이 텐트 안으로 들어왔습니다.

한참 후에 낙타가 말합니다. "주인님, 텐트 안에 온몸이 다 들어와 있으니 참 아늑하네요. 그런데 너무 좁아서 몸을 움직일 수가 없어요. 항상 주인을 위해 일한 저를 위해 주인님이 밖으로 나가시지요!"

작은 것을 거절하지 못하면 끝내 낭패를 당하게 된다는 교훈을 주는 중동지방의 우화입니다. 여기서 낙타는 성경의 여우처럼 '작은 죄' 또는 '작은 유혹'을 상징합니다.

우리가 마귀의 유혹에 빠져 영혼과 육신이 망하게 되는 것도, 처음에는 죄 같지도 않은 아주 작은 죄에서 시작합니다. 처음에 큰 유혹보다 작은 유혹을 받는 것이 더 무섭습니다. 큰 것보다 작은 것을 거절하기가 더 어렵기 때문입니다. 그러나 성경은 말합니다. "욕심이 잉태한즉 죄를 낳고 죄가 장성한즉 사망을 낳느니라"(약 1:15). 작은 것을 조심해야 합니다.

마귀의 노림수는 작은 유혹으로 시작합니다. 우리는 그 크기를 보고 이 정도는 스스로 조절할 수 있다고 생각합니다. 그러나 마귀가 노리는 곳이 우리의 치명적인 아킬레스건입니다. 아주 사소해 보이는 작은 시험

거리를 몰래 침투시킵니다. 눈에 보이지도 않는 작은 균열이 큰 댐을 무너뜨리듯 이 작은 여우, 사소한 시험 거리가 포도원 전체를 무너뜨리게 만드는 전략을 씁니다. 작은 여우가 솔로몬과 술람미 여인 사이의 사랑을 방해하듯, 사탄은 아주 사소한 것으로 주님과 우리의 사랑의 관계가 깨지게 만듭니다.

사람마다 잡아야 할 작은 여우가 각각 다릅니다. 이기심, 교만, 게으름, 탐욕, 방탕, 염려, 시기, 분쟁 등 다양합니다. 이 중에서 내가 가장 약한 부분이 무엇인지 돌아보는 것이 사순절 기간에 우리에게 주어진 과제입니다. 약한 부분인 줄 알면서도 그냥 무심코 넘어가고 심각하게 생각하지 않는 그 작은 허점이 결국 나를 무너뜨리고 내 심령을 허무는 작은 여우가 됨을 기억해야 합니다.

이 작은 여우를 어떻게 잡을 수 있을까요? 여우는 바위틈 굴속 깊은 곳에 살기 때문에 잡기가 어렵습니다. 딱 한 가지 방법은 굴 입구에 불을 피워 연기가 들어가게 하는 것입니다. 그러면 견디다 못해 나옵니다. 그때 때려잡는 것입니다. 우리 속에 숨어 있는 마귀의 노림수는 성령의 불로 연기를 피울 때 드러납니다. 그때 잡을 수 있습니다.

"오, 주여.
사소하게 보이는 '여우의 노림수'를
어리석게도 간과해 왔습니다.
성령의 불을 지피게 하소서.
나의 포도원을 허무는 여우를
잡게 하소서.
이 아침의 기도입니다."

평강을 찾는 법

"주께서 심지가 견고한 자를 평강하고 평강하도록 지키시리니 이는 그가 주를 신뢰함이니이다"(사 26:3).

빠른 속도로 변해 가는 사회에서 자신의 위치를 지키고 더 나은 삶을 살기 위해 애쓰며 살아가는 사람들에게 불안장애는 만성 질환처럼 나타나고 있습니다. 이러한 불안은 아담의 범죄 이후부터 시작되었습니다. 그래서 아무리 세상 방법으로 불안을 떨쳐 버리고 불안의 요소를 없애 보려 해도, 불안은 여전히 우리 뒤를 쫓고 있습니다.

죄의 결과로 찾아온 이 불안을 어떻게 해결할 수 있을까요? 먼저 이 모든 불안을 몰아내고 평강을 주시는 분은 오직 하나님이라는 것을 인정함으로 시작할 수 있습니다. 그리고 하나님을 신뢰하는 것입니다. 평강은 신뢰를 통해 옵니다.

그럼 어떻게 하나님을 신뢰할 수 있을까요? 하나님의 '결재'를 받는 훈련으로 가능합니다. 여기서 '결재'란 하나님의 뜻을 묻는 것을 의미하며, 히브리어로는 '샤알'('묻다'라는 뜻)이라는 단어를 사용할 수 있습니다. 하나님의 결재를 구하는 사람에게는 마음에 평강이 선물로 주어집니다.

살다 보면 '결재'를 받아야 할 일이 많이 있습니다. 가장 흔하게는 직장에서 새로운 프로젝트를 기안할 때입니다. 어떤 프로젝트를 발의해 상사의 결재를 받는 것을 '품의'라고 합니다. 상사의 결재 및 승인을 받아야 그 프로젝트를 추진할 수 있고, 또 그에 필요한 예산 및 경비도 청구할 수 있습니다.

그런데 이러한 결재나 품의는 꼭 직장에서만 있는 일이 아닙니다. 개인적으로 가볍게 상대방의 허락을 구해야 할 때도 필요합니다. 조그만 일에도 이처럼 상대방의 양해를 구하고 결재를 받는 것이 서로 간의 이해와 평화를 위해 좋습니다. 때로는 부모로서 자녀들에게도 이러한 결재를 받아야 할 경우가 있습니다. 자녀들이 커 갈수록 부모의 일방통행을 좋아하지 않기 때문입니다.

그런데 무엇보다 우리가 살면서 꼭 결재를 받아야 할 분은 하나님이십니다. 하나님은 우리를 지켜 주는 보디가드 역할만 하시는 분이 아닙니다. 산타클로스처럼 선물만 주시는 분은 더더욱 아닙니다. 또 우리의 요청에 따라 마음대로 조종할 수 있는 분도 아닙니다. 하나님은 오히려 우리가 결재를 받아야 할 분입니다. 하나님은 우리가 사소한 것이라도 그분의 결재를 받는 것을 기뻐하십니다.

우리가 살면서 여러 가지 계획을 세울지라도 그것을 이루시는 분은 하나님입니다. 성경은 이에 대해 이렇게 말씀합니다. "마음의 경영은 사람에게 있어도 말의 응답은 여호와께로부터 나오느니라"(잠 16:1). 여기서 '말의 응답'은 하나님의 결재를 의미합니다. 하나님은 매일의 사소한 일도 일일이 결재하십니다. 그래서 우리가 '샤알' 하며 기도로 아뢰는 것입니다.

하나님께 결재를 올려드리면 하나님께서 직접 음성으로 결재하시는 경우도 있지만, 통상적으로는 우리 마음에 바른 생각을 넣어 주시거나 평강의 마음으로 응답하십니다. 때로는 말씀을 듣는 중에, 또는 말씀을 읽는 중에 응답해 주시기도 합니다.

결재를 늘 올리는 사람은 하나님의 응답의 열매를 풍성하게 경험하지만, 자기가 스스로 이미 결정을 하고 올리는 기도는 결재가 나지 않습니다. 그 마음에는 하나님의 결재가 필요 없다는 것을 하나님께서 아시기 때문입니다.

하나님께 결재를 올리는 것은 우리에게 꼭 필요한 영적 습관입니다. 그러한 사람은 "하나님, 어떻게 할까요?"를 입에 달고 삽니다. 하나님과의 대화에 익숙하기 때문입니다. 얼핏 보기엔 마치 혼잣말처럼 중얼거리지만 끊임없이 하나님과의 대화가 마음에서 이루어지고 있는 것입니다.

다윗은 하나님의 결재에 익숙했습니다. 위기의 상황일수록 더욱 하나님께 묻고 아뢰었습니다. "다윗이 여호와께 여쭈어 이르되 내가 블레셋 사람에게로 올라가리이까"(삼하 5:19).

하나님의 결재를 받는 일이 훈련되면 믿음이 흔들리지 않습니다. 사순절은 이러한 '샤알'을 꾸준하게 훈련하는 절기입니다. 이제라도 이 훈련을 시작하십시오.

"오, 주여.
돌아보면 늘 내 생각이
모든 것을 좌우했습니다.
이제는 '샤알' 후 결정하고
주의 인도하심을 구하게 하소서.
이 아침의 기도입니다."

희생인가, 투자인가?

"우리가 주목하는 것은 보이는 것이 아니요 보이지 않는 것이니 보이는 것은 잠깐이요 보이지 않는 것은 영원함이라"(고후 4:18).

한국에서 과학기술처 장관을 두 번이나 지낸 정근모 박사는, 응용물리학으로 미시간 대학 박사 과정을 6개월 만에 통과하고 약관 24세에 플로리다 대학의 교수가 되었습니다. 그 후에도 많은 연구 논문을 발표했을 뿐 아니라 여러 대학에서 학위를 받은 수재 중의 수재입니다. 그런 그가 자원이 빈약한 가난한 나라의 살길은 오직 기술 자립뿐이라는 생각으로 한국으로 돌아갑니다.

그리고 고급 기술의 해외 유출을 막는 길은 '과학 입국' 하는 것 외에 다른 길이 없다고 생각해, 미국 국제개발처에서 600만 달러의 차관을 받아 카이스트를 세웁니다. 그의 헌신과 희생은 과학 기술 분야에만 머물지 않고 '해비타트 운동'을 통해서도 선한 영향력을 발휘했습니다. 이러한 모든 그의 헌신이 그에게는 희생이 아니라 투자였습니다.

천재 교수인 그가 예수님을 만난 것은 아들 때문이었습니다. 신부전증을 앓고 있는 아들로 인해 힘들어하며 기도할 때, 주님께서 세미한 음성을 그에게 들려 주셨습니다.

"내 사랑하는 아들아, 너는 작은 십자가를 지고 가는 네 아들에게 감사한 적이 있느냐?" 무슨 말씀인지 이해하지 못한 그에게 주님께서 설명해 주셨습니다. "네 아들이 아니었다면 네가 이렇게 기도할 수 있었겠느냐?"

이 일로 정 박사는 새롭게 거듭났으며, 자기의 모든 학위 중에서 최고의 학위는 '거듭남의 학위'라고 고백했습니다. 그리고 《나는 위대한 과학자보다 신실한 크리스천이고 싶다》라는 일종의 고백록을 씁니다.

우리는 자신의 신앙생활을 돌아보면서 스스로 질문해야 합니다. 우리의 신앙생활이 단순한 희생인가, 아니면 투자인가 하는 것입니다. 사도 바울은 이 질문에 대한 답을 명확하게 제시합니다. "우리가 주목하는 것은 보이는 것이 아니요 보이지 않는 것이니 보이는 것은 잠깐이요 보이지 않는 것은 영원함이라." 이는 자신의 모든 헌신이 희생이 아니라 투자라는 강력한 메시지입니다. 그는 한 발짝 더 나아갑니다. "만일 그리스도 안에서 우리가 바라는 것이 다만 이 세상의 삶뿐이면 모든 사람 가운데 우리가 더욱 불쌍한 자이리라"(고전 15:19).

우리가 정말 영적인 성장을 원한다면 반드시 씨름해야 할 질문입니다. 이 질문은 젊은이들에게는 상당한 도전이 될 수 있습니다. 그러나 나이가 많은 사람일수록 이 질문은 더욱 현실적이 됩니다.

대부분의 사람은 자신에게 주어진 시간 안에서 삶을 설계합니다. 현재 나이가 몇이니, 몇 년 뒤에 은퇴하고, 언제까지 어떤 삶을 살리라 계획합니다. 이때 300년을 내다보고 계획을 세우는 사람은 없습니다. 대개 80~90세 정도를 예상하고 계획합니다. 그것이 자신에게 주어진 시간이라고 생각하는 것입니다.

그러나 이상하게도 이 땅에서의 삶이 끝이 아니라는 막연한 생각을 가지고 있습니다. 확실치는 않지만 사후세계를 생각하는 것입니다. 그 불확실한 것이 거듭난 이후에는 확실해집니다. 그것이 바로 니고데모가 예수님을 만난 사건이 주는 메시지입니다. "진실로 진실로 네게 이르노니 사람이 거듭나지 아니하면 하나님의 나라를 볼 수 없느니라"(요 3:3).

사람이 예수 그리스도를 믿고 영적인 눈을 뜨게 되면 자신의 삶이 이 땅에서 끝나는 것이 아님을 알게 됩니다. 단지 몇 년 더 사는 것이 아니라 영원히 살게 된다는 것을 믿게 됩니다.

그러므로 그리스도인이 삶의 계획을 세울 때 그 기간을 80~90세 정도까지로 생각하는 것은 어리석은 일입니다. 우리의 계획은 영원한 삶에 대한 계획이 되어야 합니다. 우리의 신앙생활이 희생이 아니라 투자가 되어야 하는 이유입니다.

우리도 예수님을 믿기 전에는 이 땅에서의 삶이 전부라고 생각하고 그것을 위해 살았습니다. 세상 사람들처럼 '짧고 굵게' 사는 것이 삶의 목표였을지도 모릅니다. 우리의 삶이 이 땅에서 끝난다면 그렇게 사는 것이 지혜롭습니다. 그러나 주님을 믿고 나서 우리의 삶이 영원하다는 것을 알게 되었다면 삶의 계획이 달라져야 합니다. 영원에 대해 투자해야 합니다.

영국의 유명한 그리스도인 시인 로버트 브라우닝의 〈가장 좋은 날은 이제부터〉라는 시가 이 아침 우리 영혼의 창을 두드립니다.

> 나와 함께 늙어 가세
> 가장 좋은 날은 이제부터라네
> 인생의 끝을 위해 처음이 지어졌으니
> 우리의 일생은 하나님의 손 안에 있네

"오, 주여.
신앙생활을 희생으로 여겼습니다.

우리의 눈을 뜨게 하사
영원을 바라보게 하소서.
희생이 아니라 투자가 되게 하소서.
이 아침의 기도입니다."

악순환과 선순환

"잔치를 베풀거든 차라리 가난한 자들과 몸 불편한 자들과 저는 자들과 맹인들을 청하라 그리하면 그들이 갚을 것이 없으므로 네게 복이 되리니" (눅 14:13-14).

이상하게도 사람들은 좋은 일보다 나쁜 일에 더 흥미를 느끼는 것 같습니다. 사람들이 나누는 대화를 가만히 들어 보면 좋은 일보다 나쁜 일에 대한 것이 더 많습니다.

이와 함께 '악순환'이란 표현은 자주 사용하지만, '선순환'이란 말은 낯설고 귀에 익지 않습니다. 삶에서 좋지 않은 일이 반복적으로 일어나는 것을 경제용어로 '악순환'이라고 말합니다. 경제가 나빠지면 소득이 줄고, 이에 따라 지출도 줄면서 경기 침체가 발생하는 경제 사이클이 대표적입니다.

그러나 성경은 악순환보다 선순환에 대한 말씀으로 가득 차 있습니다. 미움은 악순환을 낳고 사랑은 선순환을 낳기 때문입니다. 벵겔이라는 신학자가 "피차 사랑의 빚 외에는 아무에게든지 아무 빚도 지지 말라"(롬

13:8)는 말씀을 설명하면서 '사랑의 선순환'을 다음과 같이 이야기합니다.

무슨 빚이든 빚은 갚으면 줄어들게 마련입니다. 사랑의 빚도 빚인 이상, 갚을수록 점점 줄어들어야 합니다. 그런데 사랑의 빚만큼은 그 반대입니다. 갚을수록 그 빚이 더 늘어납니다. 왜 그럴까요? 사랑의 빚을 진 자가 그 빚을 누군가에게 갚으면, 그는 자기가 진 빚의 일부분을 갚은 것이지만, 그 빚 갚음을 통해 또 다른 한 사람이 사랑의 빚을 지게 됩니다. 결국 사랑에 빚진 사람이 한 명 더 늘어난 것입니다. 그 사람이 또다시 다른 이들에게 사랑의 빚을 갚는다면 사랑에 빚진 자들이 더 많이 생겨나게 됩니다.

그러면 결국 어떻게 될까요? 서로가 사랑의 빚을 갚아 가지만, 빚의 총량은 줄지 않고 계속해서 늘어납니다. 그래서 사랑의 빚은 갚을수록 그 빚이 눈덩이처럼 점점 커지는 것입니다. 사랑의 빚이 늘어나면 늘어날수록, 자신을 빚진 자로 여기며 사는 사람이 늘어나게 됩니다. 또 그 빚을 갚고자 노력하는 사람이 생겨날수록, 서로 '사랑의 빚 지우기'를 통해 '사랑의 선순환'이 생겨나게 된다는 논리입니다.

그런데 우리 주님은 아예 빚을 갚을 수 없는 사람들을 잔치에 초대하라고 말씀하십니다. 악순환의 고리가 아예 우리 안에 자리 잡지 못하도록 베풂의 삶을 살라는 것입니다.

주님은 자신을 식사에 청한 사람이 듣기에 조금 민망한 말씀을 하십니다. "네가 점심이나 저녁이나 베풀거든 벗이나 형제나 친척이나 부한 이웃을 청하지 말라 두렵건대 그 사람들이 너를 도로 청하여 네게 갚음이 될까 하노라"(눅 14:12-13). 적당히 갚을 능력이 있고 서로 주고받을 수 있는 '끼리끼리 나눔'을 금하신 것입니다.

예수님은 선순환에 대한 보상을 전혀 다른 차원으로 말씀하십니다. "의인들의 부활 시에 네가 갚음을 받겠음이라"(눅 14:14). 종말에 하나님의 방식으로 갚아 주신다는 의미입니다.

우리 앞에는 늘 악순환과 선순환의 선택이 놓여 있습니다. 그리고 이 둘 중 한 가지를 택하고 살아갑니다. 일단 한쪽을 택하면 좀처럼 다른 쪽 사이클로 바꾸기가 쉽지 않습니다. 특히 미움의 순환을 사랑의 순환으로 바꾸는 데는 외부로부터 강력한 동기와 힘이 필요합니다. 이 힘은 오직 하나님께로부터 옵니다. 하나님의 사랑이 악순환을 선순환으로 바꾸게 합니다.

미움의 악순환에서 그 고리를 끊고 벗어나려면, 먼저 자신의 모든 잘못에 대해 용서를 구하고 남을 용서함으로 새롭게 관계를 시작해야 합니다. 사랑의 순환은 풍성한 영생에 이르고, 미움의 순환의 끝은 사망이기 때문입니다.

십자가의 사랑은 우리를 선순환의 관계로 회복시키는 능력이 있습니다. 미움과 증오의 악순환을 끊고 사랑의 선순환으로 바꿀 수 있습니다. 우리를 회복시킬 수 있습니다. 십자가의 사랑이 먼저 우리에게 임했기 때문입니다.

우리 그리스도인들이 만들어 가는 세상은 사랑과 선에 대한 '지식'이 가득한 상아탑이 아니라, 사랑과 선을 '실천'하는 선순환 공동체입니다. 거기에 사랑과 진실이 있고 배려와 존중이 있습니다. 악순환의 고리는 오직 '사랑의 수고'로 끊어질 수 있습니다. 그 수고를 통해 성령께서 나타나시고 선순환이 시작됩니다. 사순절은 선순환을 시작하는 시간입니다.

"오, 주여.
오직 사랑의 수고로
악순환의 고리를 끊게 하소서.
성령의 역사를 통해
우리 삶에
선순환이 나타나게 하소서.
이 아침의 기도입니다."

남은 때를 사는 지혜

"서로 대접하기를 원망 없이 하고 각각 은사를 받은 대로 하나님의 여러 가지 은혜를 맡은 선한 청지기같이 서로 봉사하라"(벧전 4:9-10).

요즘 신세대 목사님들은 잘 언급하지 않지만, 오래전 선배 목사님들은 성도에게 필요한 신앙의 종류(?)에 대해 자주 이야기했습니다. 예를 들어 창조신앙, 십자가 신앙, 부활신앙, 종말신앙 등입니다. 특히 곽선희 목사님은 종말신앙을 강조하셨습니다. 물론 세대주의적 관점에서 재림을 강조한 것은 아닙니다.

종말신앙의 요지는, 주님의 재림을 늘 마음에 두고 기다리면서 자신을 돌아보고 점검하며 마지막 때를 살아가는 마음으로 오늘을 살라는 것입니다. 종말은 꼭 주님의 재림과만 연결된 것은 아닙니다. 세상의 종말보다 오히려 개인의 종말이 먼저 찾아올 수 있습니다. 어르신들에게 종말신앙은 더 큰 의미로 다가올지도 모릅니다.

어르신들의 삶의 유형을 나누어 설명하며 건강한 노년의 삶을 소개한 글을 접한 적이 있습니다. 그에 따르면 노인들의 삶은 대략 다섯 가지 유형으로 나타납니다.

첫째, 자학적 부정형입니다. 자신의 인생이 실패했다고 자책하며 후회와 슬픔으로 우울한 노년기를 보냅니다. 이런 분들은 자기 비하에 따른 우울증이나 불안증세 같은 심리적 장애로 삶의 만족도가 낮습니다.

둘째, 가해적 부정형입니다. 인생의 실패 원인과 책임을 타인과 시대에 돌리며 불평하고 원망합니다. 화를 잘 내고 공격적이어서 주변 사람들과 갈등을 초래하며 삶의 만족도가 낮습니다.

셋째, 불안의 부정형입니다. 노인이 되어 무기력하고 무가치한 존재로 전락하는 것에 불안을 느껴 사회적으로 은퇴하지 않고 성취지향적인 삶을 지속해 나갑니다. 이런 유형은 늙음에 대한 두려움으로 무가치한 존재가 되지 않기 위해 마치 '투쟁'하듯 바쁜 삶을 공격적으로 살아갑니다. 삶의 만족도는 중간 정도입니다.

넷째, 내면적 긍정형입니다. 직장에서 은퇴한 후에 사회적 활동을 현저하게 축소하고 자신의 내면에 몰두하며 조용한 삶을 살아갑니다. 또 자신의 사회적 역할을 후속 세대에게 흔쾌히 물려주고, 은퇴를 무거운 사회적 책임에서의 해방으로 여겨 자유로움을 느낍니다. 따라서 은퇴 후에는 조용히 개인적 생활에 만족을 느낍니다.

다섯째, 적극적 긍정형입니다. 노화 과정을 긍정적으로 수용하고, 자신의 인생에 대해 만족감을 느끼며, 여생을 적극적으로 활동하며 보냅니다. 제2의 인생을 시작하듯이 사회적 봉사나 취미·친목·종교 활동을 적극적으로 영위합니다. 가장 높은 삶의 만족도를 누리며 살아갑니다.

개인적 종말이든, 세상의 마지막이든 우리가 귀 기울여야 할 '남은 때를 사는 지혜'가 있습니다. 무엇보다도 "뜨겁게 서로 사랑하라"는 것입니다. 식은 사랑만큼 애매하고 아픈 사랑이 없습니다. 식은 사랑은 추억과 관계만 남아 있을 뿐 아무것도 하지 않습니다. 그리고 식은 사랑은 사랑을 먼저 받으려고 하는 조건부 사랑입니다.

뜨겁게 사랑하라는 것은 상대방의 허물을 덮어 주고 용서하라는 의미합니다. 사랑하니까 잘못을 덮어 주는 그런 너그러움이 아닙니다. 우리가 행하는 사랑으로 마지막 때에 우리의 허물이 덮일 것이라는 말씀입니다.

사랑은 쌓는 것입니다. 사랑 쌓기에도 빠듯한 시간에 미움이나 불평을 쌓는 것은 어리석을 뿐입니다. 베드로 사도는 삶의 지혜를 나누면서 마지막 핵심을 잊지 않습니다. "은혜를 맡은 선한 청지기같이 서로 봉사하라." 봉사하고 섬기는 것은 하루이틀 잠깐 하기는 쉬워도 지속적으로 하기가 어렵습니다. 처음에는 기쁨으로 했던 사람도 시간이 지나면 지치기도 하고, 아까운 마음도 들어 불평과 원망이 찾아옵니다. 그래서 선한 청지기같이 섬기라고 말씀합니다.

청지기는 주인의 것을 관리하는 사람입니다. 즉, 우리의 모든 것, 곧 생명도, 시간도, 재물도, 힘도 하나님께서 주신 것이라는 의식을 갖고 있는 것입니다. 그렇기에 봉사와 섬김은 내 것을 주는 것이 아니라 하나님이 맡기신 것을 나누는 것입니다. 그럴 때 원망 없이 기쁜 마음으로 섬길 수 있습니다. 성령께서 우리 마음을 사로잡을 때 비로소 진정성 있는 섬김이 우리 삶에서 이루어질 수 있는 이유입니다.

"오, 주여.
남은 시간이 생각만큼
많지 않습니다.
깊이 생각하고 성령을 따라
선한 청지기의 마음을
구하기 원합니다.
이 아침의 기도입니다."

바보 사랑

"내가 여호와께 바라는 한 가지 일…내가 내 평생에 여호와의 집에 살면서"
(시 27:4).

　내리사랑이라 그런지 자식이나 손자손녀에 대한 사랑이 조금 지나칠 정도로 각별한 경우, 우리는 '딸 바보' '아들 바보' '손주 바보'라고 부릅니다. '바보'라 불리지만 정작 당사자는 얼마나 행복해하는지 모릅니다. 정말 사랑밖에 모르는 바보처럼 온 마음을 다해 '바보 사랑'에 몰입합니다.
　반대로 치사랑이라 그런지 '하나님 바보'라는 말은 거의 사용하지 않습니다. 그럼에도 다윗의 하나님 사랑은 마치 '바보 사랑'처럼 우리에게 다가옵니다. 그는 여호와께 바라는 한 가지 일이 여호와의 집에 살면서 주를 찬양하는 것이라고 고백합니다. "주님이면 충분합니다"라는 '하나님 바보'의 사랑 고백입니다. 하나님이 함께하시면 어디에 있든 안전하기에 환난을 견딜 수 있고, 원수들을 피할 수 있습니다. 기쁜 마음으로 감사하며 찬양할 수도 있습니다. 이것이 하나님과의 사랑에 흠뻑 빠진 모습입니다.
　유튜브에서 "어느 뇌 과학자가 발견한 깨달음"이란 제목의 영상을 본

적이 있습니다. 영상의 주인공인 뇌 과학자는 오빠의 정신분열 증세에 관심을 갖고 뇌를 연구하게 되었습니다.

뇌는 좌뇌와 우뇌로 나뉘는데, 그 두 뇌는 완전히 분리되어 전혀 상반되는 일을 합니다. 이 두 개의 뇌는 그 사이에 있는 신경세포 집합인 '뇌량'을 통해 정보를 주고받습니다. 우뇌는 현재에만 관심이 있으며, 모든 감각기능을 통해 자신과 주변의 에너지들을 인식하는 역할을 합니다. 반면 좌뇌는 그렇게 저장된 정보를 분석하고 체계화합니다. 그래서 좌뇌의 주요 기능은 미래에 어떻게 대처할지 등을 계산하는 것입니다. 즉, 과거와 미래에 관계된 것들을 관할하고 체계화해 판단하는 기능을 합니다.

우뇌는 온 우주 공간 안에서 '나'를 분리해 내지 못하지만, 좌뇌는 '나'와 '너'를 분리해 나눕니다. 사람을 바보가 되지 않게 만드는 것이 좌뇌의 역할인 것입니다. 좌뇌는 '똑똑한' 뇌입니다.

어느 날 이 뇌 전문가에게 갑자기 뇌출혈이 일어났습니다. 그래서 좌뇌의 기능을 점점 잃어갔습니다. 전화를 하려 해도 숫자가 기억나지 않고, 말을 하려 해도 단어가 기억나지 않았습니다. 인지 기능이 떨어져 다른 사람이 하는 말도 그저 웅웅거리는 소리로 들렸습니다. 정말 바보가 되어 버린 것입니다. 그런데 여기에 반전이 있습니다.

그때 그녀는 천국을 체험했다고 고백합니다. 모든 걱정이 사라지고 세상과 나의 구분이 없어지면서, 사랑이라는 깊은 바닷속을 헤엄치는 거대한 고래처럼 자유롭게 느껴졌다는 것입니다. 즉, 판단하고 사고하고 기억하는 소위 인간 지혜의 총체인 좌뇌가 활동을 멈추자 곧 최고의 행복을 느꼈다는 것입니다.

어쩌면 우리는 바보가 되지 않기 위해 너무 머리를 쓰고 사는지도 모릅니다. 그것 때문에 오히려 행복하지 못한데도 바보가 되지 않기 위해 어리석게도 모든 노력을 기울여 '불행한 똑똑이'가 되려 하고 있는지도 모릅니다.

바보 사랑 187

사도 바울은 하나님 앞에서 지혜롭게 되기 위해서는 어리석은 사람이 되어야 한다고 역설적으로 말씀합니다. 참다운 지혜는 아이들처럼 자신의 능력을 포기해 바보가 되는 것입니다.

우리도 때로는 좌뇌에서 말하는 음성을 무시하며 바보가 될 필요가 있습니다. 행복해지기 위해서입니다. 사랑에 빠지면 좌뇌의 기능을 그냥 무시하고 통과해 버립니다.

참된 지혜는 사랑 때문에 바보가 되어 아무것도 모르는 사람이 되는 것임을 알 수 있습니다. 다윗처럼 하나님과의 사랑에 빠지면 우리 역시 아무것도 모르게 될 수밖에 없습니다. 우리를 괴롭히던 우리 안의 자아가 바보가 되어 버립니다. 사랑밖엔 모르기 때문입니다. 우리의 지혜를 포기하는 것이 하나님 나라의 행복을 가져다줄 것입니다.

오래전 어느 목사님이 부흥회를 인도하며 부르던 "바보 되기 원합니다"라는 찬송이 기억납니다. "신자 되기 원합니다"(찬송가 463장)를 패러디한 것입니다. 주 안에서 진정 행복한 사람이 되기 위해, 세상의 지혜와 꼼수를 다 내려놓고 주님과의 '바보 사랑'에 빠지기 원합니다. 십자가가 바로 그분의 '바보 사랑'이기 때문입니다.

"오, 주여.
항상 꼼수와 계산이 앞서
진정한 '바보 사랑'을 깨닫지 못했습니다.
좌뇌의 기능을 내려놓습니다.
'하나님 바보'가 되게 하소서.
이 아침의 기도입니다."

베드로

"주께서 돌이켜 베드로를 보시니 베드로가 주의 말씀 곧 오늘 닭 울기 전에 네가 세 번 나를 부인하리라 하심이 생각나서 밖에 나가서 심히 통곡하니라"(눅 22:61-62).

USC 교수인 리오 버스카글리아(Felice Leo Buscaglia)는 어느 날 한 학생의 자살을 목격하고 큰 충격을 받습니다. 그 후 그는 따뜻한 포옹과 공감의 중요성을 가르치기 시작해 '사랑 교수'(Dr. Love)로 널리 알려지게 됩니다. 그의 베스트셀러 《Born for love》(사랑을 위해 태어남)에 소개된 이야기 한 토막이 있습니다.

어느 날 할아버지 한 분이 암 진단을 받았습니다. 그날부터 할아버지는 매우 난폭해졌습니다. 식구들은 물론 주변 사람들에게도 무차별적으로 욕을 퍼부었습니다. 그리고 아무도 만나려 하지 않았습니다. 이렇게 변한 할아버지를 돕기 위해 가족들은 백방으로 애를 썼습니다. 옛날 친구 분들과의 만남도 주선했지만 아무 도움이 되지 못했습니다. 할아버지는 친구들에게 마구 소리를 지르며 막무가내로 쫓아 버렸습니다. 옛 은사도, 목사님도, 전문 상담가도 소용이 없었습니다.

그런데 동네에서 할아버지와 가끔 만나던 꼬마 아이가 할아버지가 아프다는 소식을 듣고 병원에 찾아왔습니다. 식구들이 호기심 반 기대 반으로 "그럼 네가 들어가서 할아버지를 만나 봐라" 하며 그 아이를 병실로 들여보냈습니다. 그런데 놀랍게도 30분 동안이나 할아버지와 함께 있다 나왔습니다. 그 이후로 할아버지는 완전히 변했습니다. 태도가 갑자기 부드러워지고, 사람들도 만나고, 이야기도 잘 하게 되었습니다. 사람들이 너무 이상해서 그 어린 소년에게 물었습니다.

"그때 할아버지하고 무슨 얘기를 했니?"

"아무 얘기도 하지 않았어요."

"그래도 할아버지하고 30분 동안이나 함께 있었잖니. 그동안 도대체 뭘 했니?"

그랬더니 그 어린 소년이 대답합니다. "그냥 할아버지하고 같이 울었어요." 꼬마는 단지 이 할아버지의 아픔을 자신의 아픔처럼 느끼고 울었을 뿐입니다. 할아버지는 울고 있는 꼬마를 꼭 껴안는 순간 진정한 사랑을 느꼈고 마음의 상처가 치유된 것입니다. 바로 포옹과 공감의 힘이었습니다.

베드로는 예수님께서 잡혀 계신 법정 뜰에서 심한 억양의 갈릴리 사투리까지 써가면서 큰 소리로 예수님을 세 번 부인합니다. 주님과 죽어도 같이 죽겠다던 호언장담을 지키지 못한 것입니다. 그때 주께서 돌이켜 베드로를 보십니다. 허공에서 두 사람의 눈길이 마주쳤습니다.

오늘 이 시간 만약 그때 그 주님의 눈길이 우리에게 쏟아져 우리의 마음을 스친다면 우리는 과연 그 눈빛에서 무엇을 느끼게 될까요? 배반으로 인한 분노의 눈길일까요, 아니면 '네가 그러면 그렇지…' 하는 냉소의 눈길일까요? 그것도 아니면 '네가 말만 앞서고, 기도가 부족해서 신앙의 깊이가 없구나' 하는 질책일까요? 아무 말 없이 슬픔에 찬 눈으로 베드로를 바라보신 주님의 눈길은 버스카글리아가 말한 포옹과 공감의 시선이 아니었을까요? 용서와 사랑의 안타까운 눈길이 아니었을까요?

칼빈은 주님의 그 시선을 가리켜 "마음을 꿰뚫는 성령의 은밀한 능력을 동반하는 눈길"이라고 표현합니다. 주님의 시선이 베드로에게 닿는 순간 비수처럼 그의 가슴에 꽂히는 말씀이 있었습니다. "닭 울기 전에 네가 세 번 나를 부인하리라." 그는 엄청난 충격과 후회와 슬픔에 뛰쳐나가 통곡할 수밖에 없었습니다.

오늘 우리는 조용하게 귀를 기울여 베드로의 심금을 울렸던 새벽 닭 우는 소리를 들어야 합니다. 그리고 주님의 말씀을 떠올리고 배반의 자리에서 돌이켜야 합니다. 지금 이 시간 주님은 자애로운 시선으로 우리를 바라보고 계십니다. 그 눈길을 바라보면서 통회합시다. 우리의 돌같이 굳은 마음을 깨뜨리고 산산조각 냅시다. 주님은 그 시선을 통해 우리가 새롭게 거듭나기를 기대하십니다.

"오, 주여.
여기 제2, 제3의 베드로가 있습니다.
베드로에게 보내신
포옹과 공감의 그 눈길에
우리의 마음을 쏟아 냅니다.
못난 우리를 받아 주옵소서.
이 아침의 기도입니다."

가상칠언

"예수께서 큰 소리로 불러 이르시되 아버지 내 영혼을 아버지 손에 부탁하나이다 하고 이 말씀을 하신 후 숨지시니라"(눅 23:46).

김상운 씨의 《마음을 비우면 얻어지는 것들》에 수록된 한 이야기입니다. 어떤 여자가 심한 두통으로 직장까지 그만두어야 하는 상황에 이르렀습니다. 의사들의 처방은 진통제와 수면제뿐이었습니다. 복용량은 갈수록 많아졌고, 그럴수록 그녀의 삶은 더 피폐해져 갔습니다. 그러다 결국 어떤 의사의 지혜로운 처방으로 두통이 완전히 치료되었습니다. 그런데 그 처방전은 약물이 아니었습니다.

친구의 소개로 만난 한 의사가 약물 대신 묵상과 함께 연상 작용을 활용하게 했습니다. "눈을 감고 머리 안에 곧 터져 버릴 것만 같은 고통 덩어리가 있다고 생각해 보십시오. 그것이 가득 차서 내 머리가 아픈 것입니다. 자, 그러면 이제 머리가 지름 1미터로 커졌다고 생각해 보십시오. 그다음은 10미터, 다음은 이 도시만큼 커졌다고 상상해 보십시오."

의사가 계속해서 말합니다. "그다음은 이 나라, 그리고 더 나아가 지구

와 온 우주만큼 커졌다고 생각해 보십시오. 이런 상상을 매일 조금씩 해보시기 바랍니다." 두통은 그대로 있지만 그 두통을 담은 그릇이 한없이 커지는 것을 상상하게 한 것입니다. 그랬더니 고통은 그대로 있었지만 조금씩 그 고통이 별 것 아닌 것처럼 느껴지면서 한 달 뒤 두통이 완전히 사라졌습니다. 고통을 담담히 받아들이면서 조금씩 자신을 키운 결과입니다.

자신을 키웠다는 것은 결국 자아를 비운 것을 말합니다. 예수님께서 십자가에 못 박혀 죽으신 이유는 우리를 품기 위해서였습니다. 우리의 모든 고통을 다 품으려 하신 것입니다. 우리를 품기 위해 주님은 자아를 비우셨습니다. 그리고 팔을 벌려 위와 아래, 오른쪽과 왼쪽, 다시 말해 모든 시간과 공간 안의 인간들을 품으셨습니다. 십자가의 고통으로 자아를 죽이심으로 우리를 받아들일 수 있게 하신 것입니다. 우리도 우리의 자아를 죽일 때 다른 사람을 받아들일 수 있는 공간이 그만큼 더 커집니다.

예수님이 십자가에서 마지막으로 하신 말씀들을 정리한 것이 가상칠언입니다. 그 순서를 두고 학자들 간에 의견이 조금씩 다릅니다. 그러나 몇 마디 말씀은 거의 동시에 하신 것임이 분명합니다. 고통을 호소하는 "엘리 엘리 라마 사박다니"와 "내가 목마르다"는 거의 동시에 하신 말씀입니다. "다 이루었다"와 "아버지 내 영혼을 아버지 손에 부탁하나이다"도 거의 동시에 하셨습니다.

가상칠언은 주님께서 고통 가운데 자신을 완전히 비우고 아버지 손에 맡기는 과정을 보여 주고 있습니다. 예수님의 마지막 말씀은 기도였습니다. 늘 아버지 앞에 나아가 기도하셨던 예수님께서는 마지막 순간에도 기도하십니다.

이 땅에서의 삶은 곧 끝날 것이지만 영원의 삶은 계속 이어질 것입니다. 이 땅에서 시작되었던 영원한 생명은 죽음 이후에도 이어질 것입니다. 아니, 오히려 더 큰 세계, 더 나은 본향에서의 삶이 시작될 것입니다. 그리고 예수님께서는 그 영혼을 아버지 손에 맡기셨습니다.

우리는 인생의 끝자락에 어떤 말을 남기게 될까요? 예수님처럼 아버지께 영혼을 맡길 수 있을까요? 가족, 친척, 모든 지인과 잠시 헤어지는 아쉬움도 있겠지만 이제 곧 아버지를 만난다는 설렘으로 기꺼이 떠날 수 있을까요?

하나님을 믿는다는 것은 아버지 손에 우리 영혼을 맡기며 사는 것입니다. 오늘 하루를 '그냥' 사십니까, 아니면 하나님께 맡기며 사십니까? 우리 모두가 항상 삶의 끝자락에 선 자임을 잊지 않고 하루하루를 주님께 맡기며 살아야 하지 않을까요?

오늘은 성금요일로 주님께서 십자가에서 물과 피를 다 쏟고 운명하신 날입니다. 교회에 모여 우리도 함께 우리의 영혼을 아버지께 맡겨 드리는 날입니다.

"오, 주여.
우리의 영혼을 아버지께 맡겨 드립니다.
우리의 모든 행사를 주께 맡깁니다.
우리의 삶 전체가 주님 것입니다.
맡아 주관하여 주옵소서.
이 아침의 기도입니다."

우리도 그렇게 할 수 있을까?

"그러나 선을 행함으로 고난을 받고 참으면 이는 하나님 앞에 아름다우니라"(벧전 2:20).

뉴욕 어느 교회 집사님 가정의 아들이 컬럼비아 프리 메드(의예과)에 지원했습니다. 공부도 잘하고 SAT 시험도 거의 만점을 받았습니다. 집안 형편도 좋아서 모두들 무난히 합격될 것이라고 믿었습니다. 그런데 뜻밖에 불합격 통지서가 날아왔습니다. 불합격 사유는 다음과 같았습니다.
"귀하의 성적은 매우 우수합니다. 가정형편이나 여러 조건도 만족스럽습니다. 그런데 귀하의 서류 어디에도 헌혈을 했다는 기록이 없습니다. 남을 위해 헌혈한 경험이 없는 귀하가 본 대학 의과 과정에 적합할지 우려되어 아쉽지만 귀하의 입학을 허락하지 않기로 결정했습니다."
'선을 행함으로 고난을 참는' 모습이 삶의 행적에 조금이라도 나타나고 있는지를 본 것입니다. 진정 무엇이 하나님 앞에 아름다운 것인지를 되새겨 보게 만든 사건이었습니다.
사도 베드로는 우리 그리스도인이 고난을 받을 때 어떻게 해야 하는지를 말씀하고 있습니다. 부당한 대우를 받거나 아무런 잘못도 없이 억울한 일을 당할 때 우리는 어떻게 해야 할까요? 선을 행하다 고난을 당할 때 어떻게 처신해야 할까요? 당장 그 상대를 찾아가 책상을 뒤엎고 행패를 부려야 할까요, 아니면 억울한 문제가 해결될 때까지 촛불을 들고 시위를 해야 할까요? 그것도 아니면 동조하는 사람들을 규합해 머리에 띠를 두르고 화염병을 던져야 할까요?

베드로 사도는 부당하게 고난을 받아도 하나님을 생각함으로 슬픔을 참으라고 말씀합니다(벧전 2:19). 참는 것이 결코 쉬운 일은 아닙니다. 어쩌면 우리에게 제일 어려운 일이 분노를 표출하고 싶은데 참는 일인지도 모릅니다. 그렇기에 그는 "하나님을 생각함으로" 참으라고 말씀합니다. 하나님을 생각하면 참을 수 있다는 말씀입니다.

그러면 여기서 하나님을 생각한다는 것은 무엇일까요? 하나님께서 우리가 처한 부당하고 잘못된 상황을 이미 알고 계심을 생각하라는 것입니다. 아무도 몰라주는 것 같지만 하나님만은 우리가 당하고 있는 모든 고난과 아픔의 상황을 알고 계십니다. 나아가 하나님께서 이 상황을 변화시키고자 일하고 계신다는 것을 생각해야 합니다. 하나님께서는 이 고난이 오히려 우리에게 유익이 되도록 지금도 역사하고 계신다는 것입니다.

미국 흑인 테너 가수 롤랜드 헤이즈에게 얽힌 전설적인 일화가 있습니다. 그는 1924년 프라하에 이어 베를린으로 가서 순회 독창회를 열고자 준비 중에 있었습니다. 당시 독일은 흑인에 대한 차별이 심했습니다. 특히 미국 흑인 주둔병의 배치에 대한 악감정이 있었습니다. 독일 신문들은 공공연하게 헤이즈의 베를린 독창회 개최를 반대했습니다. 이에 프라하 주재 미 영사는 헤이즈를 만류했습니다. 그럼에도 그는 예정대로 베를린 독창회를 열었습니다.

막이 오르고 그가 노래를 부르려 하자 "흑인의 노래는 들을 수 없다"는 욕설이 여기저기서 터져 나왔습니다. 그러면서 갖가지 물건을 무대로 던졌습니다. 헤이즈는 너무나 화가 나고 치욕스러웠습니다. 그래서 같이 욕설을 퍼붓고 말았습니다. 그리고 돌아서려고 하는데 그를 가로막는 환상이 열렸습니다. 그것은 빌라도 법정에 서신 예수님의 모습이었습니다. 예수님은 온갖 수모를 다 겪으면서도 아무 말 없이 서 계셨습니다.

이 환상을 본 헤이즈는 청중을 향해 다시 돌아섰습니다. 한동안 고개를 숙이고 하나님 앞에 기도를 드렸습니다. 눈에서는 눈물이 비 오듯 쏟아졌습니다. 이 모습을 바라보고 있던 청중도 조용해지기 시작했습니다. 헤이즈는 조용히 노래를 부르기 시작했습니다. 이때 부른 노래는 슈베르트의 〈그대는 나의 안식처〉(Du bist die Ruh)였습니다. 눈물을 흘리며 부르는 노래에 청중은 감동을 받기 시작했습니다. 그리고 노래가 끝났을 때 우레와 같은 박수가 터져 나왔습니다. 결국 그 독창회는 그의 생애에서 가장 아름답고 훌륭한 독창회가 되었습니다. 그리고 흑백의 갈등을 뛰어넘은 콘서트로 역사에 기록되고 있습니다.

만일 우리가 자신의 정당함을 항변하느라 열변을 토하기 시작하면 하나님께서 우리를 위해 하실 일이 없어져 버립니다. 그러므로 우리는 하나님께서 일하시도록 하고 참아야 합니다. 하나님께서 행하실 때 더 좋은 결과가 주어집니다. 그러므로 억울한 일을 당할 때 참아야 합니다. 억지로가 아니라 하나님을 생각함으로 하나님께서 일을 행하실 수 있도록 참는 것입니다.

"오, 주여.
우리가 조그마한 일도
억울하게 느끼며 참지 못한 적이
얼마나 많았는지 부끄럽기만 합니다.
예수를 생각하고 바라보게 하소서.
고난을 참고 선한 일을 행하게 하소서.
이 아침의 기도입니다."

사랑하면 나타나는 것들

"너희가 나를 사랑하면 나의 계명을 지키리라"(요 14:15).

오래전 봉봉 중창단의 흥겨운 노래가 기억납니다. "사랑을 하면은 예뻐져요~" 하는 노래입니다. 여자가 사랑을 하면 예뻐진다고 합니다. 스스로 더 예쁘게 꾸미려는 본능이 나타나기 때문입니다. 이와 더불어 화학적으로도 몸에서 예뻐지게 하는 호르몬이 분비된다고 합니다. 이뿐이 아닙니다. 사랑을 하면 숨길 수 없이 표시가 납니다.

사랑하면 저절로 닮아 갑니다. 얼굴뿐 아니라 행동도 상대를 따라 하게 됩니다. 그래서 그리스도를 사랑하게 되면 그분이 사셨던 것처럼 우리도 살고 싶어지고 그분의 성품도 닮아 가게 됩니다.

사랑하면 입꼬리가 올라갑니다. 기쁘기 때문입니다. 사랑을 하면 의무도 생기고 부담도 늘어나지만, 행복감을 느끼게 하는 도파민 같은 호르몬도 많이 분비됩니다. 그 행복감이 의무감보다 크기 때문에 사랑도 하고 결혼도 합니다.

우리도 그리스도를 알고 그분을 닮는 것이 부담이 되기도 하지만, 그 모든 것을 넘어서는 기쁨과 행복도 느끼게 됩니다. 그리스도를 사랑하면 기쁘지 않을 수 없습니다. 그래서 매력적인 사람이 될 수밖에 없습니다. 사람들은 행복한 사람에게 끌리기 때문입니다. '매력'(魅力)은 '끌어당기는 힘'입니다. 행복한 사람에게는 저절로 끌어당기는 힘이 나타나 다른 사람들이 금방 알 수 있습니다. 긍정의 에너지, 행복 에너지라는 표현이 널리 쓰이는 이유이기도 합니다.

사랑을 하면 살도 빠집니다. 사랑하면 에너지는 많이 쓰는 반면 먹는 것은 줄어든다고 합니다. 사랑으로 채워지니 호르몬들이 자극하여 배가 부른 느낌을 갖게 한다는 것입니다.

영적으로도 같은 현상이 나타납니다. 하나님을 사랑하면 이 세상 것들에 대한 욕구가 점점 사라집니다. 예수님도 사탄의 유혹을 물리치고 이기실 때, 이 세상의 모든 권력과 쾌락, 부귀영화를 쓰레기처럼 여기셨습니다. 밭에 감추어진 보물을 위해 모든 재물을 다 버릴 수 있는 것과 같습니다. 이와 같이 우리가 예수를 더욱 사랑하면 할수록 이 세상 것들에 대한 애착으로부터 더 자유로울 수 있습니다.

또 사랑하면 감기나 일반 질병에도 강해집니다. 사랑을 하면 아미노글로빈이 많이 생성되는데 그것이 면역력을 강하게 해 몸도 건강하게 해준다고 합니다.

의학적으로 '마더 테레사 효과'라는 용어가 있습니다. 남을 위해 봉사하거나 봉사하는 것을 바라보기만 해도 타액에 존재하는 면역 성분이 50퍼센트 이상 증가한 실험 결과에서 나온 용어입니다. 이는 육체적인 건강뿐 아니라 영적으로도 의미 있고 활기찬 삶으로 이끌어 줍니다.

그리스도를 사랑함으로써 우리는 죄라는 가장 심한 인류의 질병에서 자유로울 수 있습니다. 사랑하면 나타나는 이런 모든 현상이 결국 하나로 귀결됩니다. 주님의 말씀이 우리 육신 가운데 나타나는 것입니다. "너희가 나를 사랑하면 나의 계명을 지키리라."

사랑하면 상대가 하는 말을 허투루 듣지 않고 귀담아 듣고 시행합니다. 또 상대방의 허물이 보이지 않습니다. 있는 그대로를 수용하고 모든 것을 덮어 줍니다. 어떤 요구를 해도 그 요구가 힘들거나 어렵거나 상대가 밉지 않습니다. 들어주는 정도를 넘어 목숨도 내어 줄 수 있습니다.

주님은 온 세상 사람들을 위하여 십자가에 목숨을 내어 주기로 작정하셨습니다. 그리고 제자들에게 그 사랑을 가르쳐 주십니다. 나아가 우리도 예수님을 사랑하면 '계명'을 지키게 될 것이라고 말씀하십니다. 그리고 그 계명을 간단하게 다시 요약하십니다.

"새 계명을 너희에게 주노니 서로 사랑하라 내가 너희를 사랑한 것같이 너희도 서로 사랑하라 너희가 서로 사랑하면 이로써 모든 사람이 너희가 내 제자인 줄 알리라"(요 13:34-35).

우리가 서로 사랑하면, 굳이 "나는 주님의 제자입니다. 예수 믿는 사람입니다" 하고 말하지 않아도, 모든 사람이 알게 된다는 것입니다. 그래서 초대교회 시대에 그리스도인들을 감시하던 로마 군인들의 보고서는 그들의 특징을 '서로 사랑하는 사람들'이라고 기록하고 있습니다. 결국 모든 것의 핵심은 사랑입니다. 그 사랑의 영이 우리에게도 넘쳐나기 원합니다.

"오, 주여.
주님의 사랑이 우리 안에
넘치도록 나타나기 원합니다.
그 사랑의 능력으로 이기게 하소서.
이 아침의 기도입니다."

'싱 어게인'의 삶

"시온의 딸아 노래할지어다 이스라엘아 기쁘게 부를지어다"(습 3:14).

우리가 아직도 기억하며 가슴 아파하는 재난사고가 있습니다. 2014년 전라남도 진도 해상에서 발생한 여객선 세월호 사건입니다. 한국에서 발생한 사고 가운데 최악의 해상 재난사고입니다. 희생자 304명의 대부분이 수학여행 중이던 고등학생이어서 더욱 우리의 마음을 아프게 하고, 결국 대통령이 탄핵되는 초유의 사태까지 벌어진 사건이었습니다.

전 세계에서 수없이 발생한 여객선 재난사고 중에서 최악의 참사는 무려 4,341명이 사망하고, 생존자는 불과 26명뿐이었던 필리핀 여객선 도나 파즈호 침몰 사고입니다. 1987년 12월 20일 필리핀 앞바다에서 유조선 벡터호와 충돌해 유조선에서 발생한 화재가 여객선으로 옮겨 붙으면서 2시간 만에 배가 가라앉았던 끔찍한 사고였습니다.

이와는 반대로 사고 중에 2천 명 넘는 승객이 질서정연하게 움직여 전원이 구조된 사건도 있습니다. 여객선에 화재가 발생하자 선원들이 즉시 승객들에게 구명조끼를 입히고 갑판으로 대피시킨 로열 캐리비안 크루즈 사건입니다.

가장 극적이며 기적적인 사건은 오래전 영국에서 있었던 해양사고입니다. 200여 명의 승객을 태운 여객선 스텔라호는, 영국에서 출항한 후 노르망디 근처 채널 제도의 한 섬에 도착할 예정이었습니다. 청명한 하늘과 잔잔한 바다는 즐거운 항해를 기대하게 했습니다.

그러나 얼마 지나지 않아 짙은 안개가 수면을 덮기 시작했습니다. 도착 시간을 염려한 선장은 배의 속도를 줄이지 않았습니다. 결국 스텔라호는 캐스케트 해협을 통과하던 중 커다란 암초에 부딪치고 말았습니다. 배 밑에 큰 구멍이 나서 스텔라호가 침몰하는 데는 불과 20분도 채 걸리지 않았습니다. 해협의 거친 파도는 승객들이 탄 구명보트를 차례로 삼켜 버렸습니다. 그런데 그 가운데 열두 명의 여성이 탄 한 구명보트는 기적적으로 균형을 유지했습니다.

그 보트에는 당시 유명한 가수였던 마가렛 윌리엄스가 타고 있었습니다. 그녀는 승객들을 향해 이렇게 외쳤습니다. "여러분, 우리 모두 하나님만 의지합시다. 우리 함께 찬송합시다." 보트 위의 12명의 여성은 찬송을 부르며 공포의 밤을 보냈습니다. 그 찬송에는 간절한 믿음과 구원의 소망이 담겨 있었습니다.

이튿날 아침, 구조대원들이 생존자들을 찾아 나섰습니다. 그러나 짙은 안개 때문에 한 치 앞도 볼 수 없었습니다. 막막한 상황이었습니다. 바로 그때 어디선가 여인들의 찬송 소리가 들려왔습니다. 이 찬송으로 열두 명의 여성은 무사히 구조되었습니다. 고난과 두려움 속에서 드린 간절한 찬송이 기적을 일으킨 것입니다.

우리도 고난과 두려움을 만날 때 찬송을 부를 수 있을까요? 이 질문에 스바냐 선지자가 답하고 있습니다. 스바냐는 예루살렘을 향해 "패역하고 더러운 곳, 포학한 그 성읍"(습 4:1)이라고 부르며, 여호와의 큰 날, 캄캄하고 어두운 진노의 날에 그 성읍에 화가 임할 것이라고 외쳤습니다.

예루살렘의 죄악은 우상숭배와 불의함이었습니다. 우상숭배는 단순히 새긴 형상을 만들어 섬기는 것만이 아닙니다. 하나님 외의 다른 것이 우리를 도울 수 있다고 믿는 것이 우상숭배입니다.

우리도 스바냐가 지적하는 우상숭배에서 자유하지 못합니다. 더 큰 문제는 하나님 외의 다른 것을 하나님보다 더 의지하는 것을 자연스러운 이 시대의 풍조로 받아들이는 것입니다. 실제로 그렇게 생각한다면 신앙을 추상적으로 여기고 있다는 증거입니다. 삶에서 구체적으로 역사하시는 하나님을 아직 경험하지 못했기 때문입니다.

스바냐는 이스라엘의 암담한 현실 앞에서 전혀 다른 차원의 삶을 제안합니다. 그것은 '싱 어게인의 삶'입니다. "시온의 딸아 노래할지어다 이스라엘아 기쁘게 부를지어다." 놀라운 말씀입니다. 현재와 미래가 불안하기만 합니다. 사는 게 팍팍합니다. 나아질 기미가 전혀 보이지 않습니다. 그런데 스바냐는 노래하라고, 기뻐하며 즐거워하라고 외칩니다. 바꾸어 말한다면, 삶에서 일어나는 사건보다 그 사건을 어떻게 해석하느냐가 더 중요하다는 것입니다.

'싱 어게인'의 삶은 다른 차원의 삶, 곧 '해석의 삶'입니다. 무거운 삶의 순간은 지나갑니다. 그러니 현재의 '사실'만 보지 말고 그것을 '해석'하면서 '싱 어게인' 하면 기적을 체험할 수 있습니다. 스바냐는 그 근거로 하나님의 동행을 말씀합니다. "그가 너로 말미암아 기쁨을 이기지 못하시며 너를 잠잠히 사랑하시며 너로 말미암아 즐거이 부르며 기뻐하시리라" (3:17).

이 아침에 하나님의 동행을 찬양하며 하루를 시작하기 원합니다.

> 너의 하나님 여호와가
> 너의 가운데 계시니

그는 구원을 베푸실
전능자, 전능자시라

꼭 필요한 불편함

"인내를 온전히 이루라 이는 너희로 온전하고 구비하여 조금도 부족함이 없게 하려 함이라"(약 1:4).

영국의 식물학자 알프레드 러셀 윌리스는 자신의 연구실에서 곤충 연구에 몰입하고 있었습니다. 고치에서 빠져 나오려고 애를 쓰고 있는 나방의 모습을 관찰하며 그 과정을 지켜보았습니다. 나방은 바늘구멍만한 구멍을 하나 뚫고는 그 틈으로 빠져 나오기 위해 꼬박 한나절을 애쓰고 있었습니다.

번데기는 아주 힘든 고통의 시간을 보낸 후 마침내 나방이 되어 나옵니다. 그리고는 공중으로 훨훨 날갯짓하며 날아갑니다. 좁은 구멍으로 나오려고 안간힘을 쓰던 나방이 마침내 영롱한 빛깔의 날개를 치며 힘차게 날아가는 것입니다.

이렇게 힘들게 나오는 나방을 지켜 보던 윌리스가 이를 안쓰럽게 여겨 나방이 쉽게 빠져 나올 수 있도록 칼로 번데기 고치의 옆부분을 살짝 그어 주었습니다. 그러자 나방은 쉽게 고치에서 쑥 나올 수 있었습니다. 하지만 쉽게 구멍에서 나온 나방은 무늬나 빛깔이 곱지 않았습니다. 그리고 몇 차례 힘없는 날갯짓을 하고는 그만 죽고 말았습니다.

그때 그가 발견한 진리가 있습니다. 나방은 오랜 고통과 시련의 좁은 틈새를 뚫고 나와야만 진정한 나방이 될 수 있다는 사실입니다. 이는 마치 서정주의 〈국화 옆에서〉와 같은 시상이 떠오르게 합니다.

한 송이의 국화꽃을 피우기 위해
봄부터 소쩍새는 그렇게 울었나 보다
한 송이의 국화꽃을 피우기 위해
천둥은 먹구름 속에서
또 그렇게 울었나 보다

그립고 아쉬운 가슴 조이던
머언 먼 젊음의 뒤안길에서
인제는 돌아와 거울 앞에 선
내 누님같이 생긴 꽃이여

노오란 네 꽃잎이 피려고
간밤엔 무서리가 저리 내리고
내게는 잠도 오지 않았나 보다

누구나 고통은 싫어합니다. 그러나 고통을 통해 참된 열매가 맺힌다는 진리를 깨달으면 고통을 재해석하게 됩니다. 고통은 공사 중에 생기는 불편일 뿐입니다. 온전한 나방이 되려면 고통의 과정을 인내해야 하고, 누님 같이 생긴 국화꽃을 피우기 위해서는 소쩍새도 울고 천둥과 무서리도 있어야 하는 것입니다.

야고보 사도는 이를 "너희로 온전하고 구비하여"라는 말로 설명합니다. 헬라어 원문에서 '온전'과 '구비'는 모두 인격의 완전한 성숙을 의미합니다. 즉 '결핍이 없는 완벽한, 온전한'이란 뜻으로, 두 단어 모두 고난 가운데서 인내하는 과정을 통해 성도가 신앙의 성숙을 이루는 것을 뜻합니다.

믿음의 시험은 우리에게 인내를 주고, 그 인내는 우리로 하여금 온전하고 조금도 부족함이 없도록 하는 데 필요한 과정을 온전히 거치게 합니다. 신앙의 핵심은 인내인데, 그 인내를 성장시키는 것이 바로 시험입니다. 성도는 다양한 시험을 통해 인내가 자라고, 그 인내는 우리를 온전케 만드는 기반이 됩니다.

피트니스 센터에 나가 운동하는 사람들이 트레이너의 지도를 받는 이유는 혼자서는 훈련을 잘 관리하지 못하기 때문입니다. 어려움과 불편함을 스스로 선택하는 것이 쉽지 않기 때문입니다. 이때 트레이너는 운동이 필요한 사람에게 어떻게 해서든 운동을 하게 만드는 역할을 해줍니다. 기본적으로 하기 싫어하는 것을 시키는 것입니다. 처음에는 힘들고 짜증 나지만, 후에는 그 트레이너에게 고마워하게 됩니다.

하나님께서 우리의 성숙을 위해 주신 트레이너는 바로 '너'입니다. 우리는 '나와 너'의 관계 속에서 서로를 관리해 주고 있는 것입니다. 너로 인해 내가 인내하고, 나로 인해 네가 인내하면서 '온전히 구비하여 부족함이 없게' 되어 가는 것입니다.

우리는 서로 '공사 중'입니다. 서로가 조금씩 불편함을 끼치고 있더라도 이것은 꼭 필요한 불편함으로 믿음의 성숙을 이루는 인내의 과정에 반드시 필요한 요소입니다.

이렇게 우리는 서로에게 '트레이너'와 '트레이니'입니다. 욥의 고백처럼 단련 받은 후에 순금같이 되어 나오기 위해서입니다(23:10).

"오, 주여.
인내를 온전히 이루게 하소서.
나에게 네가 있고 너에게 내가 있어
우리는 서로 '공사 중'입니다.
우리가 서로에게 '필요한 불편함'임을 알고
서로 감사하게 하소서.
이 아침의 기도입니다."

쉽게 하는 거짓말

"거짓을 말할 때마다 제 것으로 말하나니 이는 그가 거짓말쟁이요 거짓의 아비가 되었음이라"(요 8:44).

조선 역사상 가장 오랫동안 정치 생명을 유지하며 10년간 우의정을 지냈던 정홍순 대감의 '갈모'에 얽힌 이야기가 있습니다. '갈모'는 종이에 기름을 발라 삿갓 모양으로 만든 것으로 비올 때 갓 위에 덮어 쓰는 방수용 '우산 모자'입니다. 준비성이 있었던 정홍순은 갈모를 가지고 다녔다고 합니다. 접으면 부채처럼 됐기에 비가 예측되면 허리춤에 차고 외출했습니다. 그런데 그는 꼭 두 개씩 가지고 다녀 다른 사람에게도 빌려주곤 했습니다.

하루는 동대문 근처에서 영조 왕의 어가 행렬을 구경한 뒤 집으로 돌아가는데 마침 비가 내렸습니다. 정홍순이 급히 갈모를 쓰고 옆을 보니, 젊은 선비가 나무 밑에서 비를 피하고 있었습니다. 그는 젊은 선비에게 갈모를 빌려주었고 가까운 골목 어귀까지 함께 걸었습니다.

이윽고 서로의 집으로 헤어져 가기 위해 정홍순이 갈모를 돌려받으려

하자 젊은 선비는 간곡히 요청했습니다. "죄송하지만 비가 그칠 기미가 안 보이니 갈모를 빌려주시면 안 될까요? 내일 돌려드리겠습니다." 간절히 부탁하는 젊은 선비의 말에 그는 자기의 집을 알려 주고 갈모를 빌려주었습니다. 그런데 이틀이 지나고, 일주일이 지나고, 한 달이 지나도 그 사람은 나타나지 않았습니다.

결국 갈모를 돌려받지 못한 채 세월이 흘러 정홍순은 호조판서가 되었습니다. 어느 날, 새로 부임한 호조좌랑이 인사차 찾아왔는데 자세히 보니 예전에 갈모를 빌려 간 그 젊은 선비였습니다. 단번에 그를 알아본 정홍순이 그에게 말했습니다. "그날 한낱 갈모를 돌려주지 않은 것으로 생각하겠지만, 작은 약속 하나 제대로 지키지 못하는 사람이 백성과의 약속인 나라의 살림을 공정히 처리할 수 있겠는가?" 결국 그 일로 호조좌랑은 벼슬길에 더 나아가지 못했다고 합니다.

편의에 따라 약속을 깨고 쉽게 하는 거짓말은 반복적이고 습관적인 거짓말로 발전합니다. 이런 거짓말에는 여러 원인이 있습니다. 주위의 관심을 받고자 하는 욕구가 큰 연극적 성향 때문인 경우도 있고, 본인의 이득을 위해 죄책감을 느끼지 않는 반사회적 성향 때문인 경우도 있습니다. 또 현실을 부정하고 마음속에서 만든 가상의 세계를 진실이라 믿고 거짓된 말과 행동을 반복하는 증상인 리플리 증후군처럼 심각한 병적 거짓말도 있습니다.

우리의 언어생활에 '쉽게 하는 거짓말'을 경계해야 하는 이유는, 모든 거짓말은 영적 현상이기 때문입니다. 주님은 마귀를 '거짓의 아비'라고 하시며 경계하십니다. "거짓을 말할 때마다 제 것으로 말하나니 이는 그가 거짓말쟁이요 거짓의 아비가 되었음이라."

마귀의 세력은 오늘날도 불신자뿐 아니라 신자들에게도 끊임없이 그 영향력을 미치고 있습니다. 우리는 우리의 인식 여부와 상관없이 무차별적인 마귀의 공격 아래 놓여 있습니다. 그리고 마귀는 그 공격을 늦추지 않습니다. 가장 먼저 사용하는 공격 방법이 바로 '쉽게 하는 거짓말'입니다. 거짓을 사랑하는 마귀가 인간을 거짓 안에 들어서게 만드는 방법입니다. '쉽게 하는 거짓말'을 통해 우리의 발을 무의식적으로 그의 영향권 내로 옮기게 합니다.

그리고 아담과 하와를 유혹했듯 우리도 하나님처럼 될 수 있다고 유혹합니다. 우리 인생은 우리 것이니 우리 맘대로 하라고 유혹합니다. 우리에게 그럴 능력이 있다고 유혹합니다.

마귀는 원래 하나님의 영광을 가로채기 위해 하나님을 대적했던 자입니다. 그래서 하늘에서 쫓겨난 이후에도 여전히 인간으로부터 숭배 받고 영광 받기를 갈망합니다. 그의 의도는 우리가 하나님 아닌 다른 것을 왕으로 모시고 살게 함으로 우리로 하나님을 떠나게 하는 것입니다. 이 모든 것이 '쉽게 하는 거짓말'에서 시작됩니다.

"오, 주여.
이 아침 고요한 시간에
우리의 언어생활을 돌아보게 하소서.
거짓말은 거짓말을 낳고
그 거짓말은 또 다른 거짓말을
낳는다는 사실을 기억하게 하소서.
쉽게 하는 편의의 거짓말이
마귀의 유혹임을 알게 하소서.
이 아침의 기도입니다."

마음을 토하십시오

"그의 앞에 마음을 토하라 하나님은 우리의 피난처시로다"(시 62:8).

성경에는 수많은 인물이 등장합니다. 창세기에서 요한계시록에 이르기까지 우리가 만나는 인물들은 모두 우리를 감동시키고 도전을 줄 만한 각각 다른 요소들을 지니고 있습니다. 그중에서 부러울 정도로 하나님의 사랑을 받은 인물로는 다윗을 첫 번째로 꼽을 수 있습니다. 무엇보다 하나님은 그를 하나님의 "마음에 맞는 사람"(삼상 13:14)이라고 말씀하십니다. "내가 이새의 아들 다윗을 만나니 내 마음에 맞는 사람이라 내 뜻을 다 이루리라"(행 13:22). 하나님께서 다윗을 만나셨습니다. 이 말은 다윗을 처음 만났다는 의미도 있겠지만, 다윗을 겪어 본 다음 그를 평가하는 것이라고도 볼 수 있습니다. 여기서 '마음에 맞는다'는 말은 '마음에 든다'는 뜻입니다. 영어 성경의 표현에 따르면, "David was a man after His heart" 즉 하나님의 마음을 따르는 사람이었다는 뜻입니다.

우리가 인간관계에서 경험하듯이, 마음이 맞는 사람과는 서로 주고받는 것이 없어도 잘 통합니다. 하나님께서 다윗을 향하여 그와 같은 마음을 느끼셨다는 것입니다.

'도대체 다윗이 어떤 사람이길래, 그의 어떤 점이 그로 하여금 천지만물을 창조하신 하나님의 마음에 들게 만들었을까?' 하고 생각하다 보면 부러운 마음마저 듭니다. 심지어 직장에서 상사의 마음에 드는 것도 쉽지 않습니다. 나는 최선을 다해 일하는데도 별로 달갑게 여기지 않는 것을 보면 섭섭한 마음이 들 때도 있습니다. 그런데 다윗은 하나님의 마음에 들었다니 너무나 부럽습니다.

다윗이 골리앗을 죽인 영웅적인 인물이어서 부러운 것이 아닙니다. 그가 이스라엘의 성군이 되어 나라를 통일하는 큰 업적을 이루었기 때문도 아닙니다. 정말 다윗이 부러운 것은 그가 하나님 마음에 맞는 사람이었다는 사실에 있습니다. 어떻게 다윗은 '하나님의 마음에 맞는 자'가 될 수 있었을까요? 다윗의 어떤 점이 하나님의 마음을 그토록 움직였을까요?

시편 62편은 그 비밀을 우리에게 공개해 줍니다. 그 비밀은 다윗의 '예배'에 있습니다. 다윗은 무엇보다도 예배자였습니다. 그는 늘 하나님을 예배했습니다. 성전뿐 아니라 일상의 삶에서도 예배자의 삶을 살았습니다. 그는 하나님 앞에 나아갈 때 '모든 계급장을 떼고' 예배자의 신분으로 나아갔습니다. 세상에서 그가 이룬 그 어떤 것도 내세울 것이 없고, 아무 공로도 되지 못하고, 오직 주의 긍휼만 의지하는 예배자로 나아간 것입니다. 시편 62편은 이러한 그의 예배의 비밀을 보여 줍니다.

그중에서도 바로 이 한 구절에 그 백미가 있습니다. "그의 앞에 마음을 토하라 하나님은 우리의 피난처시로다." 다윗은 하나님 앞에 그 마음을 토할 줄 아는 예배자였습니다.

다윗은 어린 시절 다른 형제들에 비해 서러운 대우를 받았고, 사울의 살해 위협으로 오랫동안 도망 다니며 열등감과 마음의 부정적인 것들을 가지고 인생을 살아왔습니다. 그런데 그는 그 모든 부정적인 것들을 감추지 않고 하나님께 토해 냈습니다. 마음을 토해 내는 예배를 하나님은 기뼈 받으십니다.

하나님은 마음에 부정적인 것을 쌓아 둔 채 자신이 이룬 업적을 '자랑하는' 예배를 싫어하십니다. 이런 예배는 마치 성전에서 가슴을 치며 기도하는 세리와 비교하며 자신의 십일조와 금식을 자랑으로 내세운 바리새인의 기도와 같습니다.

하나님은 예배드리는 것 자체보다 예배에 우리의 마음을 토해 내고 있는지를 보십니다. 그래서 다윗은 "하나님께서 구하시는 제사는 상한 심령이라"(시 51:17)라고 고백합니다.

우리가 마음을 토해 낼 때, 우리 마음에 쌓인 응어리에 균열이 생깁니다. 상한 심령이란 이 균열입니다. 쓴 뿌리에 균열이 생길 때 성령께서 역사하실 공간이 우리 심령에 확보되기 때문입니다. 그래서 우리가 드리는 예배 자체보다 그 예배를 통해 성령께서 공간을 확보하고 역사하실 수 있는가를 보십니다.

주 앞에 우리의 마음을 토해 내기 원합니다. 그것이 바로 진정성이기 때문입니다.

> "오, 주여.
> 하나님이 구하시고 찾으시는 것이
> 우리 마음을 토해 내는 예배임을 알았습니다.
> 우리도 상한 심령으로 예배하게 하소서.
> 하나님의 마음에 맞는 자들이 되게 하소서.
> 이 아침의 기도입니다."

반지의 영광

"이 직무로 증거를 삼아…하나님께 영광을 돌리고"(고후 9:13).

    그리스도인의 올바른 재물관에 대한 성경의 가르침은 금방 받아들이기 쉽지 않은 것이 많습니다. 인간적인 생각으로 읽으면 납득하기 어려울 때도 있습니다.
    성경은 기본적으로 돈을 어떻게 벌 것인지보다 어떻게 관리하고 사용할 것인지에 대해 말씀합니다. 그중에서 "불의한 재물로 친구를 사귀라"는 비유의 말씀은 그리스도인의 재물관에 큰 획을 긋습니다. 이는 오래 전 MBC TV드라마 〈상도〉의 의주 만상이 말하는 장사에 대한 가르침과 같습니다. '장사는 이윤을 남기는 것이 아니라 사람을 남기는 것'이라는 충격적 교훈입니다.
    이와 맥락을 같이하는 말씀으로 전도서에서는 "너는 네 떡을 물 위에 던져라 여러 날 후에 도로 찾으리라"(11:1)라고 말씀합니다. 소유의 개념에 대한 혁명적인 재발견입니다.
    이를 기본으로 해서 사도 바울은 에베소 교회 장로들에게 "주 예수께서 친히 말씀하신바 주는 것이 받는 것보다 복이 있다 하심을 기억하여야 할지니라"(행 20:35)라는 마지막 말씀으로 눈물의 작별을 고합니다. 우리가 이 땅을 살아갈 때 청지기로 살아가야 함을 말씀한 것입니다. 그 기초은 잠언의 재물관에 있습니다. "자기의 재물을 의지하는 자는 패망하려니와 의인은 푸른 잎사귀 같아서 번성하리라"(11:28).

판타지 영화 〈반지의 제왕〉은 이와 관련해 우리에게 한 가지 큰 교훈을 줍니다. 영화에 등장하는 작고 착한 인물인 호빗 프로도를 통해 작가는 바로 우리의 모습을 투영하고 있습니다. 그리고 절대 반지는 힘과 권력, 영광을 상징합니다.

문제는 누구나 반지를 끼면 엄청난 힘을 발휘하여 악을 쳐부술 수 있지만, 계속 끼고 있으면 빼고 싶은 마음이 점점 사라진다는 것입니다. 그 누구도 예외가 아닙니다. 심지어 그 착한 프로도도 마찬가지입니다. 일단 반지를 오래 끼고 있으면 눈빛이 바뀌고 반지를 빼려 하지 않습니다. 마치 우리 내면에 숨겨져 있는 탐욕의 모습을 보여 주는 것 같습니다. 절대 반지를 가지고 싶어서 안달이 난 골룸이나, 반지를 결국 내줘야 하면서도 오래 갖고 싶어 하는 프로도나 다를 바가 없습니다.

영광이란 이런 것입니다. 오래 만지고 있으면 중독됩니다. 처음에는 주님께 영광을 돌리려다 그만 영광에 중독되고 맙니다. 재물도 예외가 아닙니다. 재물로 주님께 영광을 돌리려다 그 재물을 오래 지니고 있는 중에 그 재물에 중독됩니다. 우리에게 허락하신 시간과 돈, 달란트 등 모든 것이 반지가 될 수 있습니다.

절대 반지는 엄청난 힘을 발휘합니다. 그런데 그 힘 자체에 중독되는 것은, 소 떼를 지키라고 준 권총을 카우보이가 만지작대며 장난치다 총기 사고를 일으키는 것과 같습니다.

우리는 우리에게 주신 시간, 돈, 달란트로 하나님께 영광을 돌리는 청지기라는 것이 영화가 주는 귀중한 교훈입니다. 이 교훈을 위해 주님께서 기도를 가르치면서 빼놓지 않으신 것이 있습니다. "시험에 들지 않도록" 기도하라는 것입니다. 시험에 들 수 있는 유혹 거리를 만지고 즐기고 간직하고 싶어 하는 생각을 버리라는 것입니다.

유혹이 될 만한 것을 옆에 두려는 것부터가 교만입니다. 교만과 위선에 빠지는 가장 큰 이유 중 하나는 유혹이라는 것 자체의 위험성을 모른다는 것입니다.

우리가 주님을 섬기고 있으면서도 마음이 공허하다면 중독을 의심해 봐야 합니다. 주님께 드려야 할 영광에 중독되면 분명 공허함이 찾아옵니다. 하나님의 영광으로부터 끊어지기 때문입니다. 그 영광을 내 것으로 생각할 때부터 영광에 중독됩니다. 어차피 내 것은 아무것도 없습니다. 우리에게 맡겨진 주님의 것입니다. 그러므로 주님께 드려야 할 영광에 중독되지 않게 조심해야 합니다. 사도 바울은 이 점을 고린도 교인들에게 말씀하고 있는 것입니다.

"이 직무로 증거를 삼아…하나님께 영광을 돌리고." 여기서 '직무'로 번역된 'service'는 섬김을 의미합니다. 우리가 우리에게 맡겨진 것들로 섬기는 것이 영광의 증거라는 것입니다. 우리에게 맡겨진 재물, 시간, 달란트는 모두 섬김의 도구입니다. 우리가 이것을 어떻게 쓰는지에 따라 하나님의 영광의 크기가 다르게 나타납니다.

"오, 주여.
우리에게 맡겨진 것을 내 것인 양
거기에 중독되어 살아왔습니다.
이제 중독에서 벗어나
온전한 청지기로서
무엇이 더 복된 삶인지 깨닫게 하소서.
이 아침의 기도입니다."

짙은 냄새

"우리로 말미암아 각처에서 그리스도를 아는 냄새를 나타내시는 하나님께 감사하노라"(고후 2:14).

일본 도쿄 경시청이 도둑 체포에 탁월하다고 소문나게 한 사건이 있습니다. 어느 신출귀몰한 도둑이 있었는데 워낙 행동이 민첩한 데다 변장술까지 능해 몇 해가 지나도록 잡을 수가 없었습니다. 그런데 그에게 한 가지 괴팍한 습성이 있었습니다. 물건을 훔치러 들어갔다 가져갈 게 없으면 심통이 나서 그 집 마당에 간장통을 집어던지고 달아나는 것이었습니다.

그러던 어느 날 그 도둑이 말단 경찰에게 체포되고 말았습니다. 기자가 경찰에게 어떻게 체포했는지 물었습니다. 그때 그가 이렇게 대답합니다. "범인에게서 풍겨 나는 역한 간장 냄새가 단서였습니다. 제 코가 그를 잡은 셈입니다."

사람마다 독특한 냄새가 나는데 그 냄새는 아무리 숨기려 해도 숨길수가 없습니다. 물리적인 냄새도 있지만 인격적인 냄새도 있습니다. 사람마다 풍기는 독특한 분위기가 있습니다. 그것을 우리는 '냄새'라고 표현하기도 합니다. 운동선수, 학자, 예술가에게서 나는 냄새가 각각 다릅니다.

예수 믿는 우리에게도 독특한 냄새가 있습니다. 바로 '그리스도를 아는 냄새'입니다. 이 냄새는 우리의 정체성입니다. 사도 바울은 우리를 "하나님 앞에서 그리스도의 향기"(고후 2:15)라고 말씀합니다.

재미있는 우화 한 토막입니다. 한 여행자가 길을 가다 진흙 한 줌을 쥐었는데 향기가 납니다. 여행자가 진흙에게 물었습니다. "얘, 너는 어찌 이리도 향기로우니? 그 유명한 바그다드의 진주니?" 진흙이 대답합니다. "아니오." 다시 여행자가 물었습니다. "그러면 인도의 사향이니?" 진흙은 여전히 같은 대답만 합니다. "아니오. 저는 한 줌의 진흙에 불과합니다."

여행자가 재차 물었습니다. "그러면 도대체 너는 무엇이니? 어떻게 이리 좋은 향기가 나지?" 진흙이 대답합니다. "그건 내 속에 백합이 오랫동안 심겨져 있었기 때문입니다." 그 백합화의 향기가 배어 나왔다는 것입니다.

우리도 마찬가지입니다. 예수님이 우리 속에 계시니까 향기가 나는 것입니다. 오랜 세월 예수와 동행하며 더욱더 예수를 닮아갈 때 그 냄새는 더욱 짙어집니다. 생각이나 언행이 예수님의 말씀에 합당한 모습으로 변화됩니다. 그러므로 열매는 예수 믿고 변화된 인격과 삶을 가리킵니다. 그게 있으면 당연히 냄새가 납니다.

그러면 "그리스도를 아는 냄새"는 구체적으로 어떤 냄새일까요? 고상한 인격의 변화에서 나타나는 아름다운 냄새를 말할까요? 그것은 어찌 보면 시독한 '혈향'(피 냄새)이 아닐까요? 예수님께서 우리에게 남기신 그분의 짙은 냄새는 바로 십자가에서 흘리신 '보혈의 냄새'입니다. 물과 피를 다 쏟아서 온 세상을 덮으신 냄새입니다. 그것이 바로 복음의 향기입니다. 복음의 향기는 멋있고 세련된 냄새가 아닐 수 있습니다. 그것은 어찌 보면 투박하고 세련되지 않은 원색적인 냄새일 수 있습니다. 짙은 땀 냄새와 같이 농축된 냄새일 수 있습니다.

사도 바울은 사람들이 볼 때 "예수쟁이 냄새가 난다"고 할 만한 그런 사람이었습니다. 스스로 "예수에 미쳤다"고 말하기도 했습니다. 그는 십자가에 달리신 예수님을 부끄러워하지 않았습니다.

"우리는 구원받는 자들에게나 망하는 자들에게나 하나님 앞에서 그리스도의 향기니 이 사람에게는 사망으로부터 사망에 이르는 냄새요 저 사람에게는 생명으로부터 생명에 이르는 냄새라"(고후 2:15-16).

이 냄새는 과연 무엇을 말하는 것일까요? 어떻게 생명의 냄새와 사망의 냄새가 함께 나는 것일까요? 그것은 바로 짙은 혈향이 묻어나는 하나님의 말씀, 복음을 말하는 것입니다.

사도 바울은 복음이 전파되는 곳마다 일어나는 반대와 핍박을 그 누구보다 제대로 체감했습니다. 그것은 그의 인격이 결여되어서 일어난 문제가 아니었습니다.

바울은 '그리스도의 향기'라는 말을 우리의 변화된 성품만을 두고 말씀하지 않았습니다. 거기에 더해 '사랑의 수고'를 말씀합니다. 복음 전파를 위해 흘리는 우리의 피 냄새를 의미합니다. 또 그러한 냄새가 퍼지는 것을 '믿음의 역사' '소망의 인내' '사랑의 수고'라고 말씀합니다. 예수의 혈향을 세상에 나타내고자 애쓰는 것을 '각처에서 그리스도를 아는 냄새를 나타낸다'고 표현한 것입니다.

"오, 주여.
우리는 너무 점잖게 예수를 믿었습니다.
투박하고 원색적인 피 냄새를 잃었습니다.
이제 사랑의 수고로 짙은 냄새를
회복하게 하소서.
이 아침의 기도입니다."

영적 진단

"우리의 씨름은…이 어둠의 세상 주관자들과 하늘에 있는 악의 영들을 상대함이라"(엡 6:12).

얼마 전 한 칼럼에서 끔찍한 기사를 다뤘습니다. 인도에서 단돈 2센트 때문에 남편이 아내를 살해한 사건이었습니다. 남편은 직장에 출근하면 차를 한 잔 사서 마시는 습관이 있었는데, 그 차 한 잔 값이 2센트였습니다.

그런데 어느 날 주머니에 넣어 둔 2센트가 사라진 것입니다. 직장에서 돌아온 남편은 아내를 의심하고 화를 냈습니다. 그러자 아내는 자신을 도둑으로 모냐며 더 크게 화를 냈습니다. 그것으로 끝났으면 그나마 다행이었을 텐데, 그들은 그러지 못했습니다. 무엇 때문인지 그들은 과거의 일을 끄집어내고, 심지어 상대의 집안까지 들먹이며 싸움을 키웠습니다. 그러다 결국 남편이 분노를 참지 못하고 아내를 살해하는 지경까지 갔습니다. 결과적으로 2센트 때문에 살인사건이 일어난 것입니다.

분노라는 감정은 때로 우리의 눈을 멀게 합니다. 그 분노를 주체할 수 없을 때도 있습니다. 어떤 사람은 화가 나는데 어떻게 참을 수 있느냐고 말합니다. 또 어떤 사람은 지금 화를 내지 않으면 상대방이 자신을 우습게 볼 것이라고 생각합니다. 더 나아가 자신의 감정에 솔직하지 못한 것은 위선이 아니냐고도 말합니다. 화를 내야 화가 풀리는 게 아니냐고 항변합니다. 화를 참고만 있다가는 화병이 걸릴 수 있다고 말합니다.

심리학에서는 분노를 치유하는 방식에 관해 두 가지 상반된 견해가 있습니다. 프로이트는 분노는 표출해야 한다고 주장합니다. 반면에 미국의 심리학자 제임스는 프로이트의 방식은 더 화를 부추긴다고 말합니다. 그래서 분노는 스스로 삭이고 표출하지 말아야 한다고 주장합니다.

머레이 스트라우스라는 사회학자가 두 이론을 비교하며 실험을 했습니다. 관계의 어려움을 겪는 부부를 대상으로 한 실험입니다. 한 그룹의 부부에게는 분노의 감정을 서로 솔직히 말하라고 했습니다. 또 다른 부부들에게는 그런 감정을 삭이라고 했습니다. 실험 결과, 감정을 드러내게 한 부부들의 폭력성이 더 심한 것으로 나타났습니다. 말이 점차 격해지면서 몸싸움까지 하게 된 것입니다.

성경은 이 문제에 대해 단호한 영적 진단을 내립니다. 우리가 싸워야 할 대상은 눈에 보이는 사람이 아니라 눈에 보이지 않는 영들이라고 말씀합니다. 즉, 우리가 지금 누구를 향해 화를 내고 있으며, 무엇 때문에 화가 나 있는지, 왜 그와 싸우고 그에게 소리를 지르며 기분 나쁜 소리를 하고 싶은지 그 원인을 영적으로 밝힙니다.

우리의 싸움은 눈에 보이는 사람과의 싸움이 아니라고 진단합니다. 많은 사람이 눈에 보이는 사람과 싸우다 기분이 상해서 서로 욕을 하기도 하고 헤어지기도 합니다. 그런데 이것은 사실 '어둠의 세상 주관자'들에게 속고 있기 때문입니다. 어둠의 세력이 우리로 하여금 무언가를 지배하게 하고, 반항하게 하며, 분노하게 합니다. 이에 속아 우리는 눈에 보이는 사람을 향해 분노하며 싸우는 것입니다. 그러면서 자기 자신 때문이 아니라 자기를 분노하게 만든 사람 때문에 이렇게 됐다면서 어둠 속에서 방황합니다.

사람은 자신의 행동을 보고 자기 자신에 대한 믿음을 갖게 됩니다. 내가 표현하는 것이 곧 내가 됩니다. 그래서 화를 내면 나는 화를 잘 내는 폭력적인 사람이 됩니다. 그렇게 믿어 버립니다. 그렇게 믿어 버린 이상 폭력도 쓰지 못할 이유가 없는 것입니다. 어두움에 속는 것입니다.

그래서 사도 바울은 말씀합니다. "그러므로 하나님의 전신갑주를 취하라 이는 악한 날에 너희가 능히 대적하고 모든 일을 행한 후에 서기 위함이라." 그리스도로 옷 입고 전신갑주를 취하는 것은 우리의 새로운 정체성을 강화하는 것입니다. 눈에 보이는 사람과 싸우지 않고 눈에 보이지 않으면서 우리를 어둠 속에 몰아넣는 마귀를 대적해 올바로 서도록 하기 위함입니다.

매일의 삶에서 우리 가슴속에 들어오는 부정적인 감정과 생각을 물리치고 예수 이름으로 무장하는 것이 어두움의 세력을 이기는 길입니다. 무릇 지킬 만한 것보다 더욱 자신의 마음을 지키는 것입니다.

"오, 주여.
우리의 삶에 영적으로
더욱 민감하기 원합니다.
'혈과 육'으로 판단하지 않고
영적인 진단을 내리게 하소서.
이 아침의 기도입니다."

근거 있는 용기

"나를 왕의 앞으로 인도하라 그리하면 내가 그 해석을 왕께 알려 드리리라"
(단 2:24).

어느 회사의 입사 시험 문제로 출제된 후 많이 회자되어 굉장히 유명해진 퀴즈가 있습니다. 상당한 지혜와 임기응변이 요구되는 문제입니다.

"당신은 폭우가 거세게 몰아치는 밤에 운전하고 있습니다. 마침 버스정류장을 지나는데 그곳에는 세 사람이 있습니다.

1. 죽어 가고 있는 듯한 할머니
2. 당신의 생명을 구해 준 의사
3. 당신이 꿈에 그리던 이상형

당신의 스포츠카에는 단 한 명만 태울 수 있습니다. 어떤 사람을 태우겠습니까? 선택 후 설명하세요."

위독한 할머니를 태워 그의 목숨을 우선 구할 수도 있을 것이고, 의사를 태워 은혜를 갚을 수도 있습니다. 이 기회가 지나고 나면 정말로 꿈에 그리던 이상형은 다시는 만나지 못할 수도 있습니다.

200명가량의 경쟁자를 제치고 1등으로 채용된 사람이 써낸 답은 이렇습니다. "할머니를 병원에 모셔 가도록 의사 선생님께 차 열쇠를 주고, 이상형과 함께 버스를 기다릴 것입니다."

참 기가 막힌 답안입니다. 평면적 사고를 하는 사람은 생각할 수 없는 매우 입체적인 구조의 사고입니다. 자신을 버릴 수 있는 믿음이 토대가 되지 않으면 생각조차 할 수 없는 제안이며 답안입니다.

뭐든지 할 수 있다고 믿으면 답이 보이고, 할 수 없다고 믿으면 답이 보이지 않습니다. 이런 창의적이고 기발한 제안을 할 수 있는 사람은, 모든 것을 할 수 있다고 믿는 사람일 것입니다.

다니엘의 믿음은 '모든 것을 할 수 있다'는 믿음이었습니다. 그에게도 영적 도전은 끊이지 않습니다. 왕의 진미와 포도주를 마시라는 명령이 있었습니다. 하지만 다니엘은 거부합니다. 그리고 '채식'이라는 새로운 방식을 제안함으로써 하나님의 은혜를 경험합니다.

그 후 또 다른 위기에 직면합니다. 느부갓네살 왕이 꿈을 꾸고 난 뒤 그 꿈이 무엇인지 맞히고 해석하라는 명령을 내립니다. 꿈이 무엇인지 맞히지 못하고, 또 그 꿈을 해석하지 못하면 누구라도 죽음을 면치 못할 것이라는 무시무시한 꼬리표가 달린 왕명입니다. 이 끔찍한 상황에서 다니엘은 얼마나 근심이 되었을까요? 목숨을 건 도박을 해야 하는 상황입니다.

이에 다니엘은 "나를 왕의 앞으로 인도하라 그리하면 내가 그 해석을 왕께 알려 드리리라"라고 말합니다. 죽음을 담보로 한 거절할 수 없는 제안입니다. 근위대장 아리옥이 다니엘의 제안을 받아들여 왕을 만날 수 있도록 주선합니다. 다른 사람은 도저히 해석 불가능했지만 다니엘이라면 분명 해낼 것 같은 확신이 그에게 보였던 것입니다. 그렇지 않았다면 그를 왕 앞에 내세우는 것조차 엄청난 부담이었을 것입니다.

다니엘의 거절할 수 없는 제안은 담대한 용기에서 나왔습니다. '용기'에 해당하는 영어 단어 'courage'는 심장을 뜻하는 'cardia'에서 나왔습니다. 즉, 심장이 약한 사람은 쉽게 용기를 내지 못합니다. 심장 마비가 올 수 있습니다.

그런데 같은 '용기'라는 뜻이지만 'valo'라면 상황이 달라집니다. 'valor'는 'value'(가치)와 어근이 같습니다. 뚜렷한 가치관이 엄청난 용기의 근거가 될 때 쓰는 단어입니다. 다니엘의 거절할 수 없는 제안은 바로 이 'valor'에서 나온 것입니다.

다니엘의 뚜렷한 가치관은 말씀에 있었습니다. "너는 갑작스러운 두려움도 악인에게 닥치는 멸망도 두려워하지 말라 대저 여호와는 네가 의지할 이시니라 네 발을 지켜 걸리지 않게 하시리라"(잠 3:25-26). 그의 '터무니없는 용기'는 바로 이러한 말씀의 가치에 근거합니다. 은밀한 중에 모든 것을 알려 주시고 인도하시는 하나님을 경험했기에 생기는 믿음입니다.

느부갓네살 왕이 다니엘에게 물었습니다. "내가 꾼 꿈과 그 해석을 네가 능히 내게 알게 하겠느냐"(단 2:26). 바벨론의 지혜자들도 알지 못하는 은밀한 꿈을 정말로 풀 수 있는지 묻습니다. 이에 다니엘이 답합니다. "지혜자나 술객이나 박수나 점쟁이가 능히 왕께 보일 수 없으되 오직 은밀한 것을 나타내실 이는 하늘에 계신 하나님이시라"(단 2:27-18).

이것이 바로 다니엘의 용기의 근거입니다. 사도 바울이 이것을 풀어서 재천명합니다. "내게 능력 주시는 자 안에서 내가 모든 것을 할 수 있느니라"(빌 4:13). 이는 '터무니없는 용기'가 아니라 '근거 있는 용기'입니다.

우리는 하나님이 어떤 분이신지를 늘 기억해야 합니다. 어떤 상황에서라도 하나님을 붙들고 문제를 하나하나 풀어 가야 합니다. 그것이 우리 믿는 사람들의 행보입니다.

"오, 주여.
우리 믿는 자의 용기는
'courage'가 아니라 'valor'입니다.
터무니없는 용기가 아니라
근거 있는 용기가 되도록
늘 말씀을 기억하게 하소서.
이 아침의 기도입니다."

리부트 시나리오

"예수께서 이르시되 나는 생명의 떡이니 내게 오는 자는 결코 주리지 아니할 터이요 나를 믿는 자는 영원히 목마르지 아니하리라"(요 6:35).

미국의 다빈치연구소 소장인 미래학자 토머스 프레이는 포스트 코로나를 한 단어로 정의하면 무엇이라 하겠는지 묻는 기자들에게 이렇게 답합니다.

"리부트(재시동)입니다. 우리는 블랙 스완(도저히 일어날 것 같지 않은 일이 일어나는 것) 중의 블랙 스완을 목격하고 있습니다. 현재 우리는 재시동을 앞둔 일단 정지의 상태입니다. 재시동이 시작되면 사람들은 무엇이 변했고 무엇이 그대로 남아 있는지를 계속 질문할 것입니다."

일반적으로 '리부트'(reboot)는 컴퓨터를 껐다가 다시 전원을 켜서 새로 작동시키는 것을 말합니다. 그러나 이 단어는 원래 영화계에서 쓰던 용어로, 어떤 시리즈 작품에서 그 연속성을 버리고 작품의 주요 골격이나 등장인물만 그대로 둔 채 새로운 시리즈를 다시 시작하는 것을 의미합니다.

영화 '배트맨 시리즈'를 떠올리면 이해가 쉽습니다. '배트맨 시리즈'가

4편까지 제작되어 더는 진전이 없고 이야기가 정체되자, 2005년 크리스토퍼 놀란 감독이 새로운 이야기를 시작합니다. 물론 등장인물과 골격은 그대로 유지한 채입니다. 그렇게 영화 〈배트맨 비긴즈〉를 선보였고, 계속 리부트된 '배트맨 시리즈'는 〈다크 나이트〉, 〈다크 나이트 라이즈〉로 이어지고 있습니다. 이렇게 '리부트'는 등장인물과 골격만 남기고 시리즈를 새로운 이야기로 다시 써서 활기를 불어넣는다는 뜻입니다.

코로나 바이러스는 우리의 일상을 멈추게 했습니다. 코로나로 일단 멈춘 우리를 다시 살려 내려면 컴퓨터처럼 재시동하는 방법밖에 없습니다. 재시동을 위해 우리의 인생 시나리오를 다시 써야 합니다. '우리'라는 주인공은 같지만 새로운 시작입니다.

코로나 이후는 모든 것이 달라지는 '대전환'의 시대입니다. 작은 변화로는 대전환의 시대를 따라잡을 수 없습니다. 우리도 기존의 것을 다 내려놓고 리부트해야 합니다.

2천 년 전 예수님 앞에 나아왔던 사람들은 주리고 목마른 자들이었습니다. 인생의 리부트가 절실하게 필요한 사람들이었습니다. 주님께서 그들에게 인생의 리부트를 위한 말씀을 주십니다.

"예수께서 이르시되 나는 생명의 떡이니 내게 오는 자는 결코 주리지 아니할 터이요 나를 믿는 자는 영원히 목마르지 아니하리라."

예수님은 자신에게 나아오는 자에게 자신의 몸을 내어 주십니다. 자신이 곧 생명의 떡이라고 하십니다. 인생 리부트가 절실하게 필요한 사람들에게 주시는 하늘 양식입니다.

예수님이 왜 생명의 떡인지는 매우 중요한 문제입니다. 예수님에게 오는 사람에게는 주림이나 목마름이 없다는 게 무슨 뜻일까요? 그게 실제로 가능할까요?

하늘 양식은 주린 자에게 육신의 배고픔을 면하게 해주는 정도가 아닙니다. 생명의 떡이 우리 안에 들어오면 인생의 패러다임이 바뀝니다. 인생의 리부트가 일어납니다. 생명의 떡이 우리 안에 들어오면 점점 더 커지는 역사를 일으키기 때문입니다. 우리 안에 생명이 들어오면 우리를 옭아매고 있던 이 세상의 모든 것이 사소하게 보일 정도로 작아집니다. 코로나로 인해 우리를 움츠려들게 한 모든 동인이 시시하게 느껴집니다. 생명이 우리 안에 없으면 세상이 골리앗 같은 거인이 되지만, 생명이 있으면 우리가 다윗과 같은 거인이 됩니다.

언제 그 생명의 실체를 발견하게 될까요? 우리가 세상을 이길 때, 우리 안에 세상보다 크신 존재가 있음을 발견하게 됩니다. 다윗은 그 존재를 "만군의 여호와"라고 외치며 골리앗을 향해 나아갑니다.

생명의 떡을 먹으면 생명이 우리 안에서 점점 더 불어나고 커집니다. 그래서 우리도 이 세상을 향해 점점 더 불어나 커진 예수의 몸이 됩니다. 그리고 코로나 이후의 세상을 향해 나아가게 됩니다.

우리의 힘만으로는 세상을 그렇게 만만하게 대할 수 없지만 우리 안에 크신 이가 있기에 온전하고 영원한 리부트를 할 수 있습니다. 생명의 떡이신 예수 그리스도께서 지금도 살아계시는 영원한 양식이기 때문입니다.

"오, 주여.
이제는 우리도
'리부트 시나리오'를
새롭게 써야 할 때입니다.
그것은 바로
우리의 사도행전 29장입니다.
생명의 떡을 먹고
예수의 몸으로 커지게 하소서.
골리앗을 향해 담대히 나아가게 하소서.
이 아침의 기도입니다."

3부

'페아법', 품격 있는 나눔

하나님은 밭에서 곡식을 거둘 때 모퉁이에 있는 것까지 다 거두지 말고 남겨 두라고 하십니다(레 23:22). '모퉁이'를 히브리어로 '페아'(פאה)라고 합니다. 그래서 추수할 때 모퉁이까지 다 거두지 않고 남겨 두는 것을 '페아법'이라고 합니다. 하나님은 사회적 약자를 보호하기 위해 이 페아법을 제정하셨습니다. 소득의 의미를 소유에만 두지 말고, '품격 있는 나눔'으로 격상시키라는 뜻입니다.

품격 있는 나눔, '페아법'

"네 포도원의 열매를 다 따지 말며 네 포도원에 떨어진 열매도 줍지 말고 가난한 사람과 거류민을 위하여 버려두라"(레 19:10).

우리가 많이 들어 본 중국 속담이 있습니다. "한 시간의 행복을 원한다면 낮잠을 자라. 하루의 행복을 원한다면 낚시를 가라. 한 달의 행복을 원한다면 결혼을 하라." 그런데 속담은 여기서 그치지 않습니다. "1년의 행복을 원한다면 돈을 상속받아라. 평생의 행복을 원한다면 남을 도우라." 자못 심각해질 수밖에 없는 삶의 원칙입니다.

그런데 성경은 이것을 아예 법제화하고 있습니다. 이스라엘은 유월절 절기에 보리를 추수합니다. 칠칠절 절기에는 밀을 거둬들입니다. 그리고 초막절 절기가 되면 과일을 수확합니다. 이렇게 여호와의 절기는 항상 추수와 연결되어 있습니다. 추수의 절기는 기쁨의 축제입니다. 1년 동안 고생한 보상을 거두고 땀 흘린 소득을 얻기 때문입니다.

그런데 하나님은 밭에서 곡식을 거둘 때 모퉁이에 있는 것까지 다 거두지 말고 남겨 두라고 하십니다(레 23:22). '모퉁이'를 히브리어로 '페아

(פאה)라고 합니다. 그래서 추수할 때 모퉁이까지 다 거두지 않고 남겨 두는 것을 '페아법'이라고 합니다. 하나님은 사회적 약자를 보호하기 위해 이 페아법을 제정하셨습니다. 소득의 의미를 소유에만 두지 말고, '품격 있는 나눔'으로 격상시키라는 뜻입니다.

이 말씀에 따라 유대인들은 가난한 자, 과부, 고아, 거류민을 위해서 늘 밭의 모퉁이의 곡물을 남겨 두었고, 나무에서도 과일을 다 따지 않고 일부를 남겨 놓았습니다. 유대인이라면 누구나 다 페아법을 지켜야 했고, 그 전통이 지금까지 남아 있어서 오늘날의 기부 문화, 구제 문화의 시초가 되었습니다. 페아법은 가난한 사람들을 배려하는 구제법입니다.

그런데 이렇게 남을 돕고 베푸는 일은 은근히 지배욕을 충족시키기 때문에 자기만족의 수단으로 변질될 수 있습니다. 그러므로 베풀고 돕는 일을 '품격 있는 나눔'으로 격상시키라고 말씀합니다. 즉, 자신의 것을 나눌 때 생색내지 말고 자신의 주도권을 즐기지 말아야 합니다. 도움을 받는 자의 자존심을 세워 주어야 합니다. 그래서 그냥 모르는 척 남겨 두어 필요한 사람이 가져갈 수 있도록 배려하라는 것입니다. 이것이 페아법입니다.

얼마 전 신문에 소개된 이야기입니다. 고려대 후문에서 손수레를 끌며 천원짜리 햄버거를 파는 '영철 버거'에 대한 기사입니다. 2006년에 지금의 번듯한 가게로 옮겼고, 분점도 냈습니다.

'영철 버거' 가게를 운영하는 영철 씨는 고려대 학생을 상대로 장사해 돈을 벌었기 때문에 2004년부터 매년 2,000만 원의 장학금을 이 학교에 보냈습니다. 그런데 2008년에 위기가 찾아왔습니다. 돼지고기와 야채 가격이 올라 8년간 유지했던 햄버거 가격 1,000원으로는 인건비와 임대료를 낼 수 없어 가격을 1,500원으로 올릴 수밖에 없었고, 이에 가난한 대학생 손님이 줄어든 것입니다.

영철 씨는 학교를 찾아가 말했습니다. "죄송합니다. 사정이 힘들어 올해는 장학금을 드릴 수 없게 되었습니다." 이 소식을 듣고 사정을 알게 되자 오히려 학교에서 더 미안해했습니다. 그래서 그해 졸업식에 1만 개의 '영철 버거'에 햄버거 1만 개를 주문했습니다. 진실되고 진정성 있는 도움을 베푸는 것은 먼저 받은 은혜를 생각하고 감사할 줄 아는 사람만이 할 수 있습니다. 그리고 이렇게 도움을 주고받으며 감사하는 사람들에게서는 연쇄 반응이 일어납니다.

재미있는 것은, 이렇게 도움을 주고받으며 서로 미안해한다는 것입니다. 감사로 말미암은 섬김이 스스로 부족하다고 느끼기에 미안한 마음이 드는 것입니다. 이런 사람들에게는 그 어디에도 주는 자의 교만한 마음이나 자기만족을 위한 과시가 자리 잡지 못합니다. 이것이 '품격 있는 나눔'의 모습입니다.

우리 그리스도인의 정체성이 무엇일까요? 하나님의 은혜를 입고, 하나님의 사랑을 깨달아 알았기에 그 사랑을 필요한 사람들에게 나누는 사람이 아닐까요? 그리고 그 나눌 수 있는 소유를 내 것이 아니라 하나님의 것이라고 생각하는 사람이 아닐까요? 그래서 이러한 나눔이 은혜 받은 자의 품격을 높이는 것입니다.

믿음의 행함을 중시한 야고보 사도는 뼈아픈 경고를 더합니다. "사람이 선을 행할 줄 알고도 행하지 아니하면 죄니라"(4:17). 바울 사도는 우리의 정체성에 대해 말씀하면서 같은 권고를 합니다. "우리는…그리스도 예수 안에서 선한 일을 위하여 지으심을 받은 자니"(엡 2:10).

우리가 누구에게 속했는지를 명확하게 드러내는 것은 바로 구체적이며 품격 있는 나눔, 곧 페아법의 실천을 통해서입니다.

"오, 주여.
우리 삶의 '모퉁이'를 기억하게 하소서.
모퉁이의 머릿돌 되신

그리스도께서 명하신
이웃 사랑을 기억하게 하소서.
이 아침의 기도입니다."

미지근한 신앙의 덫

"네가 열심을 내라 회개하라"(계 3:19).

히브리어를 공부하고 그 뿌리를 연구한 사람들에 의하면, '회개'라는 단어를 구성하고 있는 고대 히브리 글자의 모양과 뜻은 '회개'의 진정한 의미가 무엇인지를 잘 설명해 준다고 합니다.

회개를 히브리어로 'שׁב'(슈브)라고 하는데, 'שׁ'(신)은 '파괴하다'라는 뜻이고, 'ב'(베트)는 '집'이란 뜻입니다. 즉, 옛날 살던 집을 부서뜨리는 것이 바로 회개라고 합니다. 예전의 성품이나 습관, 행동을 불로 태워 부서뜨려야만 다시는 옛집으로 돌아가지 않게 되며, 그때 진정한 회개가 이루어진다는 것입니다.

원래 '슈브'는 정복자가 포로들을 귀화시키려는 의도에서 비롯된 표현입니다. 포로들이 자기가 살던 고향, 옛집을 사모하고 돌아가려 하면 이 계획을 성취할 수가 없습니다. 그래서 포로들의 과거 인연을 완전히 분쇄하기 위해, 정복자는 포로들이 지켜보는 가운데서 그들이 살던 옛집을 완전히 불태워 돌아갈 생각조차 하지 못하게 만듭니다. 이러한 배경에서 나온 말이 '회개'(슈브)입니다. 즉, 돌아갈 옛집을 없애서 돌아갈 생각을 하지 못하게 하는 것입니다. 옛 성품을 완전히 부서뜨려야 구습으로 돌아가지 않게 됩니다. 그것이 진정한 회개입니다.

회개는 후회와는 다릅니다. 후회는 말 그대로 '뒤늦은 뉘우침'입니다. 그러나 회개는 뉘우침만 갖고는 안 됩니다. 완전히 버리고 떠나야 합니다. 후회가 소극적이라면, 회개는 적극적입니다. 후회가 반성이라면, 회개는 부정(否定)입니다. 후회는 미지근하지만, 회개는 뜨겁습니다. 열심이 없으면 회개가 되지 않기 때문입니다.

라오디게아 교회의 신앙은 미지근했습니다. 잘못을 뉘우치고 후회는 했지만 늘 그 정도에 머물렀습니다. 좋은 간증 집회를 통해 말씀을 듣고 눈물을 흘리고 뉘우치지만 거기서 멈췄습니다. 소위 말하는 '대리 만족'에 머무는 영적 상태가 미지근한 신앙입니다. 딱 그 정도입니다. 대리 만족 하고 일상으로 돌아가 전혀 달라진 것이 없는 삶을 살면서 그것을 아무렇지 않게 생각하는 것입니다.

그래서 주님은 라오디게아 교회에 열심을 내라고 명령하십니다. 열심을 낸다는 것은 주님에 대한 믿음과 사랑의 열정을 회복하는 것입니다. 그러면서 차라리 차든지 뜨겁든지 하라고 경고하십니다. 미지근한 신앙은, 무늬는 있지만 진정한 돌이킴이 없는 신앙입니다. 그래서 회개하라고 명령하신 것입니다.

한 조사에 의하면, 미국 사람의 90퍼센트 이상이 하나님을 믿는다고 고백합니다. 말하자면 무신론자는 거의 없다는 것입니다. 그런데 하나님을 믿는다면서 일상의 삶에서 하나님과 무관하게 살아갑니다. 신앙에 무관심합니다. 서글픈 사실은, 신앙이 있다고 하면서도 무관심주의자로 살아갈 수 있다는 것입니다. 믿음이 우리 행동에 아주 미미한 변화밖에 주지 않는다면 우리도 이 범주에 속할 수 있습니다.

라오디게아 교회는 미지근한 신앙을 가지고 있었습니다. 무관심주의에 빠져 있었습니다. 오늘 우리도 얼마든지 라오디게아 교회같이 미지근한 신앙의 덫에 빠질 수 있습니다.

이제 돌이킬 때입니다. 그럼 어떻게 회복할 수 있을까요? 회개를 라틴어로 'convertio'라고 합니다. 이 단어는 '방향을 바꾸다'란 동사에서 나온 말입니다. 회개는 방향을 바꾸는 것입니다. 그런데 그 방향은 저절로 바뀌는 것이 아니라, 누군가와의 동행을 통해 이루어집니다. 즉, 회개의 시작은 하나님과의 동행으로 시작됩니다. 교회의 역할은 그 동행이 가능하도록 성도들을 인도하는 것입니다.

교회와 조금씩 멀어지고, 기도 시간이나 성경을 접하는 시간 혹은 그런 가르침을 받는 시간이 줄어들고 있다면, 우리는 지금 그분과의 동행을 조금씩 거부하고 있는 것입니다. 그러나 교회가 우리를 뜨거워지게 만드는 용광로의 역할을 회복하고 우리가 교회 중심의 신앙을 회복한다면, 회복의 동행을 다시 시작할 수 있습니다.

회개도 혼자 하려면 쉽지 않습니다. 그렇지만 같이 하면 쉽습니다. 회개의 기본이 '주님과의 동행' 곧 '임마누엘' 신앙의 회복이기 때문입니다.

"오, 주여.
코로나 팬데믹을 거치면서
신앙의 뜨거움을 잃었습니다.
미지근한 신앙의 덫에 빠져
나도 모르게 무관심해졌습니다.
뜨거운 열심을 회복하게 하소서.
동행을 시작하게 하소서.
이 아침의 기도입니다."

영혼의 몸살

"너는 하나님께 소망을 두라 그가 나타나 도우심으로 말미암아 내가 여전히 찬송하리로다"(시 42:5).

절망 속에서도 포기하지 않고 자신만의 서사를 쓴 한 과학자가 있습니다. 그는 어머니 뱃속에서 아버지를 여의고, 세 살 때는 어머니가 그를 조부모에게 맡기고 떠나 혼자가 되었습니다. 조부모에게조차 별다른 관심을 받지 못하며 자란 그는 혼자 있을 때가 많았습니다. 주변에 변변한 친구도 없어 늘 사과나무 아래 혼자 앉아서 괴상한 상상을 하며 놀았습니다.

그렇다고 원래 공부를 잘하는 아이도 아니었습니다. 그저 사이가 나쁜 학교 친구에게 성적으로 무시당한 것이 분해서 공부를 시작했을 뿐입니다. 그렇게 시작한 공부가 그를 이끌었습니다. 그는 명문인 케임브리지 대학에 들어가 학업을 마쳤습니다.

그런 그에게 또 한 번의 위기가 찾아왔습니다. 박사학위 과정을 준비하며 연구에 열중하던 중 페스트라는 전염병이 발생합니다. 그 당시 페스트로 인한 팬데믹은 코로나보다 더 심각해서 유럽 전역이 대혼란에 빠졌습니다. 모든 대학이 문을 닫아, 그는 아무것도 이루지 못하고 낙담한 채 다시 고향으로 내려옵니다.

몸과 마음은 이미 청년이 되었지만, 아이 때와 똑같이 사과나무 아래 주저앉아 푸념하는 것 말고는 할 수 있는 일이 없었습니다. 그때 시편 42편의 말씀이 그에게 다가왔습니다. 절망할 수밖에 없는 상황에 처했을 때, 스스로 연민과 탄식에 빠져 있을 때 그에게 들려온 하나님의 음성이었습니다.

"내 영혼아 네가 어찌하여 낙심하며 어찌하여 내 속에서 불안해하는가 너는 하나님께 소망을 두라 그가 나타나 도우심으로 말미암아 내가 여전히 찬송하리로다."

이 말씀이 그의 영혼을 온통 뒤흔드는 '영혼의 씨름'이 되었습니다. 그는 내면에서 끙끙대며 '영혼의 몸살'을 앓고 있었습니다. 역사에는 이러한 그의 내면에 있었던 치열한 싸움에 대한 직접적인 기록은 없지만 그 흔적은 얼마든지 찾을 수 있습니다.

이런 '영혼의 몸살'은 은혜 받은 사람의 증거입니다. 이런 영혼의 씨름은 그 목마름이 충족되기까지 결코 중단되지 않습니다. 영혼의 배틀은 은혜 안에 살아가는 사람의 특권입니다. 주를 찾기에 갈급한 사람이 겪는 '영혼의 몸살'이 시편 42편의 탄식입니다. "내가 어느 때에 나아가서 하나님의 얼굴을 뵈올까"(2절). 은혜를 받은 적이 없는 사람은 하나님을 이렇게 갈망하지 않습니다.

그 청년은 다시 마음을 고쳐먹고 자신이 할 수 있는 연구를 계속 진행했습니다. 그리고 우연히 떨어지는 사과를 보고 중력을 발견해 냄으로 인류 과학사의 흐름을 바꾸었습니다. 이 과학자가 바로 '만유인력의 법칙'을 발견한 아이작 뉴턴입니다.

지금까지도 세계 과학자들의 칭송을 받고 있지만, 그의 인간적 삶은 결코 행복했다고 볼 수 없습니다. 만유인력의 법칙이 탄생한 사과나무 아래는 오히려 뉴턴에게 낙담의 현장이었습니다. 그러나 한편으론 그의 '영혼의 몸살'로 인한 씨름이 이어진 은혜의 현장으로 역사에 남을 과학 지식이 탄생한 곳입니다.

당장 꿈을 잃었다고 절망할 일이 아닙니다. 상실은 새로운 기회입니다. 그곳이 바로 "위에서 손을 내미시는" 하나님의 손길을 체험하는 곳입니다.

때론 우리도 낙심의 충격이 너무 커서 하나님을 바라볼 힘조차 없을 수 있습니다. 너무 놀라 하나님을 생각지도 못할 때가 있습니다. 그럴 때 쉽지 않지만 정신을 차리고 눈을 들어 하나님을 바라봐야 합니다. '영혼의 몸살'은 훈련입니다. 그런 때를 대비하여 평소에 늘 하나님을 바라보는 것이 체질화되도록 우리 자신을 훈련해야 합니다. 그러면 하나님의 은혜 안의 평강으로 그분을 찬송할 수 있습니다.

'영혼의 몸살'은 우리가 끝까지 견디며 주님께 나아갈 수 있도록 우리를 인도하는 '변장된 축복'입니다.

"오, 주님.
살다 보면 '영혼의 몸살'을 앓으며
낙심하고 좌절할 때가 있습니다.
우리의 소망을 주께 두게 하옵소서.
'영혼의 씨름'을 이기고
주만 바라보게 하옵소서.
이 아침의 기도입니다."

거위의 꿈, 하나님의 꿈

"내가 너희에게 분부한 모든 것을 가르쳐 지키게 하라 볼지어다 내가 세상 끝 날까지 너희와 항상 함께 있으리라"(마 28:20).

〈거위의 꿈〉은 1997년에 가수이자 작곡자인 이적이 처음 부른 곡입니다. 그런데 한국 대중 가요계에서 '열정의 디바'로 알려진 인순이가 리메이크해서 유명해졌습니다.

버려지고 찢겨 남루하여도
내 가슴 깊숙이 보물과 같이 간직했던 꿈
혹 때론 누군가가 뜻 모를 비웃음
내 등 뒤에 흘릴 때도 난 참아야 했죠
참을 수 있었죠 그날을 위해

그래요 난, 난 꿈이 있어요
그 꿈을 믿어요 나를 지켜봐요

> 저 차갑게 서 있는 운명(현실)이란
> 벽 앞에 당당히 마주칠 수 있어요

당시 IMF 사태로 너나없이 힘들고 어려워진 상황에서 사람들의 잃은 꿈, 잊힌 꿈을 일깨워 준 노래가 되었습니다. "난 꿈이 있어요"라고 호소하며 지친 심령들을 흔들고 깨운 것입니다. 삶의 무게로 힘들고 지쳐서 꿈을 잃어가던 사람들에게 현실의 한계를 뛰어넘고자 하는 의지를 불러 일으켜 준 의미 있는 노래입니다.

한국의 케이팝이나 드라마, 음식 등 여러 가지 문화 상품이 이러한 꿈을 먹고 자라 태동하였습니다. 꿈을 잃지 않는 것은 그만큼 중요합니다.

우리는 누구나 꿈을 갖고 살아갑니다. 소원이란 꿈이요, 이상이요, 자신이 바라는 목표입니다. 근심이 있는 사람은 평안하길 소원하고, 병든 사람은 건강하길 소원합니다. 가난한 사람은 부유해지길 소원합니다. 종류만 다를 뿐 누구나 소원을 갖고 살아갑니다. 교회에서는 종종 이것을 '기도 제목'이란 말로 표현합니다.

예수님은 하나님을 어떠한 우리의 소원도 다 들어주시는 분이라고 소개하십니다. "너희 중에 누가 아들이 떡을 달라 하는데 돌을 주며 생선을 달라 하는데 뱀을 줄 사람이 있겠느냐 너희가 악한 자라도 좋은 것으로 자식에게 줄 줄 알거든 하물며 하늘에 계신 너희 아버지께서 구하는 자에게 좋은 것으로 주시지 않겠느냐"(마 7:9-11).

다윗도 자신의 체험을 소개하며 이렇게 권면합니다. "또 여호와를 기뻐하라 그가 네 마음의 소원을 네게 이루어 주시리로다"(시 37:4).

하나님 아버지에게 우리의 소원을 구하는 것은 기복 신앙이 아닙니다. 하나님의 자녀로서 당연히 구할 수 있습니다. 그것이 무엇이든 구해야 합니다.

그런데 우리에게만 소원이 있는 것이 아닙니다. 하나님도 우리를 향한 꿈과 소원이 있습니다. 그것은 바로 영혼 구원입니다. 이 땅에 오신 것도,

병든 자와 가난한 자와 우는 자의 문제를 해결하신 것도, 영혼을 구하기 위한 목적에서였습니다. 그리고 십자가의 죽음도 영혼을 구하기 위한 것이었습니다.

부활하신 주님이 제자들에게 그분의 마지막 소원이 무엇인지를 알려 주셨습니다. 주님은 사람을 통해 일하시기 때문입니다.

"너희는 가서 모든 민족을 제자로 삼아 아버지와 아들과 성령의 이름으로 세례를 베풀고 내가 너희에게 분부한 모든 것을 가르쳐 지키게 하라 볼지어다 내가 세상 끝 날까지 너희와 항상 함께 있으리라."

이것이 주님의 마지막 소원입니다. 한마디로 말하면 영혼 구원입니다. 예수님의 사역은 출발도 영혼 구원이고, 마지막도 영혼 구원이었습니다. 하나님이 우리에게 당신의 꿈을 마치 '거위의 꿈'처럼 우리에게 부탁하신 것입니다. 영혼 구원은 우리를 통해 이루길 원하시는 하나님의 꿈입니다.

이 꿈을 이루어 드리는 것이 우리의 사명입니다. 핵심은 '가르쳐 지키게 하는 것'입니다. 이 명령에는 또 하나의 명령이 숨어 있습니다. 가르쳐 지키게 하기 위해서는 우리도 열심히 배우고 지켜야 한다는 것입니다.

'거위의 꿈'을 이루기 위해 하나님께 구하는 사람은, 그 꿈을 이루기 위해 필요한 것들을 배우고 지킵니다. 그래서 그 꿈을 다른 영혼들과 나누고, 또 그들로 가르쳐 지키게 합니다.

"오, 주님.
오늘 우리에게 '거위의 꿈'이 있습니다.
그 꿈이 이루어지게 하소서.
그리고 그 꿈을 나누게 하소서.
'가르쳐 지키게' 하기 위해
우리도 배우고 지키게 하소서.
이 아침의 기도입니다."

자원하는 심령

"백성들은 자원하여 드렸으므로 기뻐하였으니 곧 그들이 성심으로 여호와께 자원하여 드렸으므로"(대상 29:9).

서울 양화진에 가면 25세에 생을 마감한 텍사스 출신 여자 선교사 루비 켄드릭의 비석이 있습니다. 그녀의 묘비에는 "내게 천 개의 생명이 있다면 모두 조선을 위해 바치겠다"고 적혀 있습니다.

루비 켄드릭은 1907년 감리교 평신도 선교사로 조선 땅에 왔습니다. 성경 교사로 사역한 지 1년도 채 못 된 그 이듬해에 급성맹장염으로 쓰러져 25세의 젊은 나이에 하나님의 부르심을 받았습니다. 그녀는 죽어가는 순간에도 앞으로 조선 선교를 위해 10명, 20명, 50명씩 오게 해달라는 유언을 남겼고, 그 유언은 20명의 청년이 선교사로 자원해서 조선에 오게 했습니다.

다음은 그녀가 부모에게 마지막으로 보낸 편지 내용 중 일부입니다.

"엄마 아빠! 보고 싶고 사랑합니다. 이곳 조선 땅은 참 아름다운 곳입니다. 모두들 하나님을 닮은 사람들 같습니다. …박해는 점점 심해져 지난 주간에도 예수를 영접한 네 명이 '개 끌려가듯이' 잡혀 갔고, 토머스 선교사도 순교했습니다. 저도 선교국에서 귀국 권유를 받았습니다. …그러나 하나님의 말씀을 듣기 위해 약 16킬로미터를 맨발로 걸어오는 수없이 많은 어린아이들을 보면 이곳을 떠날 수가 없습니다. …어쩌면 이 편지가 마지막일 수도 있습니다. 저는 이 땅에 저의 심장을 묻겠습니다. 이것은 조선에 대한 제 열정이 아니라, 하나님의 조선을 향한 열정이라는 것을 알게 되었습니다."

이런 유언을 남기고 25세의 젊은 나이에 조선 땅에 묻혔습니다. 복음이 무엇이길래 이처럼 생명까지 아낌없이 바칠 수 있을까요?

복음은 '자원하는 심령' 위에 꽃피운 '피의 복음'입니다. 오늘날 우리가 예수 믿게 된 것, 우연이 아닙니다. 이런 순교의 피가 조선에, 이 불쌍한 민족 위에 뿌려져 복음의 열매를 맺고 우리에게 전해진 것입니다.

운동선수들의 정신력은 '헝그리 정신'에서 나옵니다. 운동선수들도 죽고 사는 문제가 걸리면 강한 힘이 나옵니다. 권투 같은 격투기일수록 그 정도가 더 심합니다. 그런데 이런 '헝그리 정신'보다 더 높은 단계가 있습니다. 바로 '좋아서 하는 것' 곧 '자원하는 심령'입니다. 좋으면 시간 가는 줄 모르고 합니다. 좋으면 자기가 비용을 지불하면서 합니다. 그리고 즐거움에서 창의성이 나옵니다. 엄청난 에너지가 쏟아집니다.

"오늘 누가 즐거이 손에 채워 여호와께 드리겠느냐 하는지라 이에…다 즐거이 드리되"(대상 29:5-6).

다윗은 성전 건축을 위해 많은 것을 준비했습니다. 금 3천 달란트와 은 7천 달란트도 그중 하나이며, 그는 기쁨으로 이 일을 했습니다. 그리고 다윗의 헌신과 권유로 이스라엘 지도자들도 즐거이 자원하여 이 일에 참여했습니다.

솔로몬의 성전 건축에서 가장 큰 힘이 된 것은, 많은 사람이 드린 헌금이 아닙니다. 즐거이 헌신하는 마음이었습니다. 즐거이 자원하는 심령이었습니다. 이들은 먼저 마음을 하나님께 드렸습니다.

신앙생활을 억지로 하는 것은 불행입니다. 즐거운 마음으로, 자원하는 마음으로 해야 합니다. 하나님 말씀을 기쁜 마음으로 받을 때 '즐거이 자원하는 심령'이 됩니다.

내 마음이 어디에 있는지가 중요합니다. 성도들과 교제하는 것이 즐거워야 합니다. 말씀을 듣고 묵상하는 것의 즐거움을 누려야 합니다. 바로 성령께서 우리에게 주시는 마음의 변화입니다. 마음이 즐거워지는 것이 중요합니다. 즐거운 마음으로 신앙생활 해야 합니다. 그것이 가장 복된 삶입니다. 기쁨은 악한 영을 이기는 무기입니다. 사탄의 어떠한 공격도 '기쁨의 방패'를 뚫지 못합니다.

사탄은 믿음으로 기뻐하고 즐거워하는 사람을 두려워합니다. 즐거이 자원하는 심령을 막을 수 있는 것은 아무것도 없습니다. 이런 심령 위에 하나님의 나라가 세워집니다. 그곳이 바로 '은혜의 집'입니다.

솔로몬의 성전은 그렇게 지어졌습니다. 물질로 지어진 것이 아닙니다. 수없이 많은 사람의 '즐거이 자원하는 심령'으로 지어진 것입니다. 마치 선교 한국이 수없이 많은 루비 켄드릭에 의해 이루어진 것처럼 말입니다.

"오, 주님.
오늘도 즐거운 마음으로
주의 전에 나아가기 원합니다.
즐거운 마음으로
말씀 앞에 서기 원합니다.
기쁨이 우리 마음을 주장하게 하소서.
이 아침의 기도입니다."

인생 후반전

"또 사람들에게는 영원을 사모하는 마음을 주셨느니라 그러나 하나님이 하시는 일의 시종을 사람으로 측량할 수 없게 하셨도다"(전 3:11).

우리 모두는 시간 열차를 탄 여행객입니다. 그 누구도 시간의 흐름을 벗어날 수 없습니다. 그저 시간의 흐름을 슬퍼하지 않고 즐기면서 하나님 품에 거하기를 바랄 따름입니다.

시간의 주인은 하나님이십니다. 과거는 지나가면 돌이킬 수 없습니다. 이미 지나간 것은 하나님의 것입니다. 아픈 과거가 있더라도 계속 나아가야 합니다. 과거를 후회하면 과거의 노예가 될 뿐입니다. 혹 과거의 아픔이 있다면 하나님께 치료해 주시고 싸매 달라고 기도하면 됩니다. 과거에 즐거운 것이 있었다면 하나님의 은혜로 알고, 기억하기 싫은 것이 있다면 이겨 낸 것을 감사하는 것입니다.

과거만이 아니라 미래도 하나님의 것입니다. 전도서 기자는 말합니다. "하나님이 하시는 일의 시종을 사람으로 측량할 수 없게 하셨도다." 우리가 걱정한다고 미래에 조금이라도 도움이 되는 것은 없습니다.

우리가 미래를 알지 못하는 것은 당연합니다. 우스갯소리로, 알면 다칩니다. 언제 죽을지, 자녀가 어떻게 될지, 경제가 어떻게 될지 등은 모두 미래의 일입니다. 그리고 하나님이 우리의 미래를 쥐고 계십니다.

우리는 그저 현재 주어진 것, 할 수 있는 것에 최선을 다하면 됩니다. 하나님은 처음과 마지막을 인간이 측량하지 못하게 하십니다. 시간에 대해 불평하지 말고 주어진 순간을 누리라고 하십니다. 매 순간이 하나님이 계획하신 것입니다. 기쁜 것만이 아니라 슬픈 것도 하나님이 계획하셨습니다. 그래서 모든 것을 잘 들여다보면 아름답습니다. 하나님이 하신 것이기 때문에 의미가 있는 것입니다.

어떤 임금이 멋진 매 한 쌍을 선물로 받았습니다. 한 마리는 잘 날았지만, 다른 한 마리는 나뭇가지에 앉아 꿈쩍하지 않았습니다. 임금은 그 매를 날게 하는 사람에게 큰 상을 내리겠다고 말했습니다. 누구도 그 새를 날게 할 수 없었습니다. 그런데 한 농부가 다녀간 후 그 새가 날았습니다. 임금이 어찌 된 것인지 묻자 농부가 대답합니다. "가지를 잘랐습니다!"

그렇습니다. 우리는 그저 현재 우리가 할 수 있는 일을 찾아 그것을 하면 됩니다. 영어 격언에 이런 것이 있습니다. "할 수 있는 것을 하면 나머지는 저절로 해결된다." 지혜서는 한 걸음 더 나아가 말씀합니다. "사람들에게는 영원을 사모하는 마음을 주셨느니라." 시간이 덧없는 것이라고 해서 매 순간 자기 욕심대로 하지 말고 영원과 연결하는 것이 중요합니다.

계절이 바뀌면 그 계절을 맞이할 준비를 해야 하듯이, 인생 후반전에는 특히 영성 준비를 해야 합니다. 영성 준비란 곧 하나님의 은혜를 입기 위해 몸과 마음을 준비하는 것입니다. 내면의 세계를 가꾸어서 나 자신을 불평이 아닌 감사하는 사람으로 만들어 가야 합니다. 즉, 내면의 상태를 풍성하게 말씀과 은혜로 채워 나가는 것입니다.

또 외적인 훈련도 필요합니다. 바로 용서하는 것입니다. 평안한 상태에서 마지막을 맞이하려면 용서를 통해 미움을 내려놓아야 합니다. 그것이 앞으로 나아가는 데서 가장 중요합니다. 삶의 터전에서 만들었던 나쁜 기억과 흔적을 지워 나가는 일입니다. 삶의 오점들을 하나하나 지우고, 사람들을 너그럽게 대함으로 삶을 더 단순화시켜야 합니다.

그리고 또 하나 중요한 것은 공동체에 나의 모습을 아름답게 남기는 일입니다. 공동체에 귀중한 선물을 남기는 것입니다. 나의 삶을 통해 공동체로 하여금 하나님의 임재를 경험하게 하는 일입니다.

누군가가 인생을 축구경기에 비유했는데 그럴듯합니다. 25세까지는 시합 전, 몸 푸는 시간입니다. 50세까지는 전반전입니다. 후반전은 75세까지입니다. 그리고 90세까지는 연장전입니다. 결승골은 대부분 후반전에 터집니다. 연장전에서 더 극적인 장면이 연출되기도 합니다. 물론 연장전에서 골이 터지지 않는 경우도 있습니다. 그래서 승부차기를 하는 것입니다.

인생 후반전에 기대를 가지십시오. 내면이 꽉 찬 성숙한 모습은 젊음 못지않게 아름답습니다.

"오, 주님.
과거에 연연하지 않고
영원을 사랑하는 마음으로
지금 할 수 있는 것에
최선을 다하며 집중하게 하소서.
이 아침의 기도입니다."

침묵의 소리

"자기 허물을 능히 깨달을 자 누구리요 나를 숨은 허물에서 벗어나게 하소서 또 주의 종에게 고의로 죄를 짓지 말게 하사"(시 19:12-13).

C. S. 루이스는 시편 19편을 모든 시편 중에서 가장 위대한 최고의 서정시라고 소개합니다. 하이든의 교향곡 〈천지창조〉의 모티브도 시편 19편입니다. 임마누엘 칸트도 시편 19편을 인용해, "나의 영혼을 경외심과 경탄으로 채우는 두 가지가 있는데, 하나는 별이 반짝이는 밤하늘의 광경이고, 다른 하나는 도덕법 곧 하나님의 말씀이다"라고 고백합니다. 팝 그룹 사이먼앤 가펑클도 시편 19편을 통해 받은 영감으로 〈침묵의 소리〉(The Sound of Silence)라는 노래를 작곡합니다.

침묵의 소리는 늘 우리 안에서 우리를 지배합니다. 때론 우리 안에 내재한 욕구로 나타납니다. 우리의 시각은 우리 안의 이러한 숨은 욕구에 의해 좌우됩니다.

사람은 자신을 행복하게 만들어 줄 것을 먼저 찾습니다. 예를 들어, 길을 지나가는 여자를 볼 때, 남자와 여자의 관점이 다를 수 있습니다. 남자들은 지나가는 여자의 아름다운 모습에 이끌려 여러 가지 상상의 나래를 펼칩니다. 그러나 여자들은 그녀의 모자와 옷, 핸드백이 얼마짜리인지 '스캔'하고 총비용을 산출합니다.

육체적 행복만을 추구하는 사람은 아무리 영적인 말씀을 들어도 그것을 받아들이거나 이해하지 못합니다. 어떤 사람은 하나님의 말씀에 관심조차 두지 않습니다. 또 어떤 사람은 하나님의 말씀의 의미를 자신이 원하는 대로 바꿔 해석합니다. 모두 잘못된 반응입니다. 하나님이 누구신지 안다면 하나님의 말씀을 자신이 원하는 방식으로 저울질할 수 없습니다.

하나님은 우리가 무시할 수 있는 분, 내 생각이 더 옳다고 주장할 수 있는 분이 아닙니다. 그분은 우리에게 나쁜 것을 주시는 분도 아닙니다. 그러므로 말씀을 받아들이고 순종하는 것이 우리의 최선입니다.

말씀에 대한 우리의 반응은 죄를 멀리하는 것입니다. 다윗은 두 종류의 죄를 말하는데, 하나는 '숨은 허물'이고, 또 하나는 '고의로 짓는 죄'입니다. 사람이 악마가 되는 것은 하나님을 믿지 않아서가 아니라 이러한 숨은 욕망에서 벗어나지 못하기 때문입니다. 숨은 허물과 욕구가 마치 '침묵의 소리'로 우리 영혼을 가득 채우기 때문입니다. 그래서 다윗은 기도합니다. "나를 숨은 허물에서 벗어나게 하소서."

다윗은 자기가 벗어나고 싶은 죄가 있는데 그것을 '숨은 허물'이라고 말합니다. 하나님의 말씀만이 이러한 숨은 허물을 드러냅니다. 성령께서 말씀을 통해 역사하실 때 우리는 자신이 죄인임을 인정하게 됩니다.

소설 《침묵》은 자신의 스승이 일본에서 선교하다 신앙을 버리고 변절자가 되어 버렸다는 소식을 들은 로드리고 신부의 이야기로 시작됩니다. 그리고 이 신부도 결국엔 고문을 이겨 내지 못합니다. 결국 '후미에'라 불리는 예수님의 형상이 새겨진 그림을 발로 밟아야 했습니다. 주저하는 로드리고 신부에게 '후미에'의 예수님께서 말씀하십니다. 눈물 나게 하는 감동적인 장면입니다.

"나를 밟아라. 나는 본래 밟히기 위해 세상에 온 것이 아니냐? 나를 밟을 때 네 마음이 아플 것이다. 마음으로 아파해 주는 그 사랑만으로 충분하다."

로드리고 신부가 말합니다. "주여, 저는 당신이 언제나 침묵하고 있는 것을 원망했습니다." "나는 침묵한 것이 아니다. 너와 함께 괴로워하고 있었다." 신부가 '후미에'를 밟는 순간 새벽 닭이 웁니다. 베드로가 예수님을 부인할 때 그의 괴로움을 이해하며 함께 괴로워하신 예수님의 눈길이 생각나는 장면입니다.

예수님은 우리 죄 때문에 아파하시기 위해 오셨습니다. 그 사랑을 깨닫고 그 앞에서 통곡할 때 비로소 우리는 죄에서 벗어날 수 있습니다. 진정한 회개는 우리 안의 침묵의 소리가 성령의 역사로 말미암아 말씀으로 바뀔 때 일어납니다. 그때 다윗의 마지막 기도가 우리의 기도가 됩니다.

"내 입의 말과 마음의 묵상이 주님 앞에 열납되기를 원하나이다"(시 19:14).

"오, 주님.
오늘도 끊임없이 우리 안에서
침묵의 소리를 듣습니다.
하나님의 말씀을 그 음성으로
듣게 하소서.
더는 우리의 숨은 허물에
휘둘리지 않게 하소서.
이 아침의 기도입니다."

'유레카'와 '심봤다'

"내가 여호와의 성전에서 율법책을 발견하였노라"(왕하 22:8).

옛날 학창 시절에 배웠던 '아르키메데스의 원리'에 얽힌 이야기가 생각납니다. 히에로 왕은 아르키메데스에게 왕관을 손상시키지 않으면서 그것이 순금인지 아닌지를 판별할 것을 명령했습니다. 아르키메데스는 이를 어떻게 알 수 있을지 고심하던 차에 목욕탕에 갔다가 욕조의 물이 넘치는 것을 보고 그 원리를 알아냅니다. 물을 가득 채운 욕조에 사람이 들어갔을 때 물이 흘러넘치는 것을 보고 찾아냈다는 부력(浮力)의 원리는 분명 위대한 발견이 아닐 수 없습니다. 그때 그가 외친 말이 바로 '유레카'(εὕρηκα)입니다.

'유레카'는 헬라어로, 뜻밖의 발견을 했을 때 외치는 말입니다. 우리말에 심마니들이 산에서 산삼을 발견했을 때 외치는 "심봤다"와 똑같은 감정을 표현하는 말입니다.

요시야가 왕이 된 것은 기원전 640년경이었습니다. 요시야는 우상을 숭배하는 아버지와 할아버지 밑에서 성장했습니다. 그러나 그는 그들과 달리 하나님을 경외했습니다. 그래서 왕이 된 후 유다와 예루살렘의 우상을 제거하고 성전을 수리하도록 지시합니다. 이 정결 작업은 18년 동안 지속됩니다.

그런데 성전을 수리하다 제사장 힐기야가 율법책을 발견합니다. 어떻게 율법책이 성전 구석에 숨겨져 있었는지는 알 수 없지만 엄청난 발견이었습니다. 깜짝 놀란 제사장 힐기야가 서기관 사반에게 말하고, 사반은 요시야 왕에게 보고합니다.

그리고 왕 앞에서 율법책을 읽습니다. 왕은 그 말씀 앞에서 옷을 찢으며 회개합니다. 이스라엘이 하나님을 버리면 하나님께서 그들을 심판하실 것이라는 말씀이 그의 마음을 강하게 울렸기 때문입니다. 그리고 백성들을 모아 율법책을 읽어 주고 대대적인 회개운동을 시작합니다. 요시야의 개혁이 성공할 수 있었던 배경에는 이 율법책의 발견이 있었습니다. 엄청난 '유레카'입니다.

오래전 체신부 장관을 지낸 이태선 씨는 대구 섬유산업의 왕으로 불립니다. 그는 가난한 소년 시절 성경을 읽고 꿈을 키웠는데, 정말 그 꿈대로 크게 성공했습니다. 그가 교회에서 주일학교 부장으로 섬길 때 한 아이가 질문을 했습니다. "선생님, 하늘나라 전화번호가 몇 번이에요?" 갑작스런 질문에 당황했지만 순간 그의 뇌리에 스치는 생각이 있었습니다. 그래서 이렇게 대답했습니다. "하늘나라 전화번호는 66-3927번이지." 그러자 아이가 그 이유를 물었습니다. 그래서 이렇게 설명해 주었습니다.

"성경은 모두 66권이야. 구약이 39권이고, 신약이 27권이지. 그 속에 하늘나라의 모든 진리가 담겨 있어. 그러니 이것이 영원히 변하지 않는 하늘나라의 전화번호라고 할 수 있지. 나는 열두 살 때 처음으로 성경책을 샀는데, 그 후 그 성경이 오늘의 나를 만들었단다." 이태선 씨의 '유레카'입니다.

지금도 우리가 우리의 신앙을 바로 세우고 믿음의 사람이 되기 위해서는, 말씀에 대한 '유레카'가 일어나 "심봤다"라는 외침이 우리 안에서 저절로 울려 퍼져야 합니다. 그러기 위해 통독도 하고 묵상이나 연구도 하고 암송도 하며 하나님의 말씀이 우리 몸과 마음, 영혼 곳곳에 배어들게 해야 합니다. 그렇게 말씀 앞에 서다 보면 어느 순간에 "유레카"를 외치게 됩니다. 그리고 내가 말씀을 읽는 것이 아니라 말씀이 나를 읽는 것을 경험하는 순간 심령에서 터져 나오는 외침이 "심봤다"입니다.

스위스의 정신과 의사이며 기독 영성가인 폴 트루니에는 묵상을 이렇게 정의합니다. "묵상은 하나님의 음성을 기다리는 것이다. 경건의 시간에 계속 침묵할 때 하나님이 우리 마음에 떠오르게 해주시는 생각이 곧 하나님의 음성이다."

이 말을 정리해 보면 세 단계로 요약됩니다. 첫째는 깨달음입니다. 성경을 읽고 묵상하다 하나님의 뜻을 깨닫는 순간이 옵니다. 바로 '유레카'입니다. 둘째, 이러한 깨달음이 반복되면서 확신을 갖게 됩니다. 그리고 마지막으로, 하나님의 뜻을 확실히 알게 되면 더는 마음이 흔들리지 않습니다. 흔들리지 않는 평안이 찾아옵니다. '유레카'는 깨달음과 확신 그리고 평안으로 다가옵니다.

"오, 주님.
오늘 우리에게도
'유레카'와 '심봤다'의 외침이
심령 가운데 울려 퍼지게 하소서.
날마다 새롭게 깨닫게 하소서.
이 아침의 기도입니다."

'야무진 꿈'을 꾸며 달리는 그대에게

"인내로써 우리 앞에 당한 경주를 하며"(히 12:1).

머슴의 아들로 태어나 가난에 찌들어 살던 한 두메산골 소년이, 덴마크 국왕과 이스라엘 대통령의 도움으로 유학파 박사가 되고 대학 총장까지 되었습니다. 류태영 박사의 치열했던 뜀박질 이야기입니다.

아버지가 머슴인 데다 8남매가 부대끼며 살았기에 집안은 늘 비참할 정도로 가난했습니다. 그래도 형제들 중 유일하게 초등학교에 다닌 덕분에 읍내에 나가 어렵게나마 중학교까지 졸업할 수 있었습니다.

그리고 무작정 서울로 올라와 갖은 고생 끝에 야간 고등학교를 거쳐 대학까지 마쳤습니다. 고등학생 때 그는 농업기술이 발달한 나라에 가서 기술을 배워 농촌을 잘살게 하고 싶다는 '야무진 꿈'을 꾸었습니다. 그러던 어느 날 《새 역사를 위하여》라는 책을 통해 황폐했던 농촌 국가인 덴마크가 세계적인 복지국가로 탈바꿈한 이야기를 읽은 후, 무작정 덴마크 유학을 결심합니다. 당시에 유학은 흔한 일이 아니었습니다.

1960년대 한국에서 돈 없고 일명 빽도 없는 청년이 외국 유학을 간다는 것은 말도 안 되는 무모한 꿈이었습니다. 그러나 13년간 이 꿈을 버리지 않고 기도하던 중 덴마크 국왕에게 편지를 쓰라는 주님의 음성을 듣습니다.

"내가 오직 바라는 건 한국 농촌이 잘사는 것입니다. 당신네 나라처럼 훌륭한 나라에서 배워 우리 농촌을 잘살게 하는 일에 내 인생을 바치려고 하는데 장학금을 줄 수 없겠습니까?"

당시에는 대사관도 없어 백과사전을 뒤져 왕궁 주소로 편지를 보냈습니다. 그런데 기적적으로 40일 후에 답장이 왔습니다. "당신이 원하는 기간, 원하는 장소에서, 원하는 분야를 공부할 수 있도록 우리 정부가 책임지겠다"는 내용이었습니다.

그는 80달러를 손에 들고 덴마크 유학길에 오릅니다. 그곳에서 그 나라의 농촌 개발 사례와 이론적 배경을 열심히 배웠지만, 덴마크와 한국의 환경이 너무 달라서 바로 적용할 수 없다는 벽에 부딪칩니다.

그래서 이번에는 한국과 상황이 비슷하다고 생각한 이스라엘의 대통령에게 편지를 씁니다. 이스라엘 대통령도 그의 청을 들어주어, 곧바로 이스라엘로 가서 학위를 받고 마침내 한국으로 돌아옵니다.

그는 곧 건국대학교의 교수가 되어 당시 박정희 대통령과 함께 농촌운동을 이끌었고, 이후 2002년에는 '농촌 청소년 미래재단'을 설립해 어려운 농촌 청소년들을 위한 장학 육성사업을 시작합니다.

가진 것이 없다고 쉽게 포기하고 타협할 수도 있었지만, 그는 하나님을 가졌기에 다 가졌다고 여겼습니다. 그리고 '야무진 꿈'을 꾸며 열심히 달렸습니다. 이것이 믿음의 경주의 특징입니다.

류태영 박사는 자서전 《꿈과 믿음이 미래를 결정한다》에 이렇게 쓰고 있습니다. "나는 초등학교 6학년 때부터 하루도 거르지 않고 일기를 썼다. 그런데 놀라운 것은 '감사하다'는 말이 일기에 가득했다는 점이다."

우리의 믿음 생활은 주 안에서 '야무진 꿈'을 꾸며 달리는 뜀박질입니다. 그런데 이 뜀박질은 꿈과 소망이 있기에 감사가 넘치는 달음질입니다.

'믿음의 주요 온전케 하시는 분'과 함께하기 때문입니다.

여기서 주목할 단어가 있습니다. '경주'로 번역된 'agon'(아곤)이라는 헬라어 단어입니다. 똑같은 단어를 바울은 디모데에게 쓴 편지에서는 '믿음의 싸움'(딤전 6:12)이라는 뜻으로 사용하고 있습니다. 또 골로새 교회에 편지할 때는 '힘쓰다'(골 2:1)라는 의미로 사용합니다. 'agon'에 'y'를 붙이면 'agony'가 되어 '고통' '번뇌'라는 의미가 됩니다. 즉, 믿음의 경주는 결승점에 이를 때까지 고통이 있고, 눈물이 있고, 인내가 필요하다는 뜻입니다.

믿음을 지키려다 보면 억울하거나 손해나는 경우도 있고 고통도 따르지만 결국은 승리한다는 것을 보여 줍니다. 이 모든 장애나 난관에도 결승점에 이를 때까지 달려가야 하는 것이 바로 믿음의 경주입니다.

그런데 이렇게 '야무진 꿈'을 꾸며 달리는 우리에게 격려의 박수를 보내는 사람들이 있습니다. "우리에게 구름같이 둘러싼 허다한 증인들이 있으니"(히 12:1). 믿음의 경주는 우리가 처음 하는 것이 아닙니다. 구름같이 우리를 둘러싼 수많은 믿음의 선배들이 먼저 달렸습니다. 그리고 우리의 믿음의 경주를 그들이 지켜보고 있습니다.

성경은 그들을 가리켜 '관중'이라 하지 않고 '증인'이라 부릅니다. 그들은 일반 관중과는 다르다는 것을 알 수 있습니다. 이들은 우리가 경주하는 것을 지켜보기만 하는 것이 아니라 자기들이 본 것을 하나님 앞에 낱낱이 보고하는 증인들입니다.

"아무개 장로는 어려운 형편에서 마음과 뜻을 다하여 교회를 섬기고 있습니다."

"아무개 권사는 몸도 편치 않은데 중보기도를 하느라 하나님께 열심히 엎드립니다."

"아무개 집사는 남미 국가들의 선교가 더 효율적으로 이루어지도록 하기 위해 미국에 거주하는 스페인 청소년들을 양육해서 함께 사역하는 꿈을 꿉니다."

"아무개 집사는 남들이 알아주든지 말든지 묵묵하게 주중에 나와 교회 화분을 돌봅니다."

우리 믿음의 선배들이 하나님께 낱낱이 보고하며 소리 없는 박수를 보내고 있습니다. 인생의 밤을 잊고 주 안에서 '야무진 꿈'을 꾸며 달리는 그대에게 보내는 소리 없는 박수입니다.

"오, 주님.
하나님의 나라를 위해
야무진 꿈을 꾸며
달음박질하게 하소서.
우리 앞에 놓인 경주를
끝까지 완주하게 하소서.
이 아침의 기도입니다."

새 노래로 부르자

"그들이 새 노래를 불러 이르되…각 족속과 방언과 백성과 나라 가운데에서 사람들을 피로 사서 하나님께 드리시고"(계 5:9).

멕시코의 전승 민요 중에 조선의 동학 농민운동 때 전봉준 장군을 기념하며 부른 〈녹두가〉(파랑새)와 비슷한 노래가 있습니다. 〈라 쿠카라차〉(바퀴벌레)라는 노래입니다. 노래가 시작된 시기도, 동기도 거의 비슷합니다. 조선의 전봉준처럼 멕시코의 농민혁명을 이끈 멕시코의 판초 비야를 기념한 노래가 입에서 입으로 전해진 것입니다.

가사는 대략 이렇습니다.

라 쿠카라차, 라 쿠카라차
더는 걸을 수 없구나
이젠 없으니까,
피울 마리화나가

다 떨어졌으니까

*이제 바퀴벌레가 죽었네
땅에 묻으러 간다네
대머리 독수리 넷과
교회지기 쥐 하나 가운데 (묻는다네)*

*다들 자리를 차지하기 위해 싸운다네
돈을 꽤나 벌 수 있기 때문이지
북쪽엔 '비야'가 살고
남쪽엔 '사파타'가 산다네*

지극히 풍자적인 노래로, 당시 멕시코의 무질서하고 가난했던 농민들의 삶과 맞물려 자조적인 노래로 구전되었습니다. 이런 상황에서 한 사건이 발생합니다.

멕시코의 나코자리라는 작은 탄광촌에서 가르시아라는 이름의 기관사가 탄광촌에 꼭 필요한 다이너마이트를 가득 실은 기차를 세우고 쉬고 있었습니다. 그런데 갑자기 사람들의 웅성거리는 소리에 밖을 내다보니, 자신이 몰고 온 기차 뒤에 달린 화물칸에서 불길이 치솟고 있는 것입니다. 불길이 서서히 다이너마이트를 실은 칸으로 옮겨 오고 있었습니다.

기차역은 순식간에 아수라장이 되고 말았습니다. 만약에 다이너마이트를 실은 열차가 폭발하면 탄광촌인 나코자리는 폐허가 될 뿐 아니라 엄청난 사상자가 생겨날 것이 틀림없었습니다.

그런데 갑자기 기차가 움직이기 시작합니다. 화염에 쌓인 열차는 속력을 내며 역 구내를 지나 마을 어귀를 빠져나갔습니다. 기관차의 기적 소리가 사람들의 귀에서 멀어져 가고 있을 때, 갑자기 천지를 울리는 폭음이 마을을 뒤흔들었습니다. 기차가 마을을 벗어나자마자 폭발한 것입니다. 물론 기관사 가르시아도 기차와 함께 비참한 죽음을 맞이했습니다. 가르시아의 희생적인 죽음이 나코자리 마을을 구한 것입니다.

나코자리 마을 사람들은 기관사 가르시아의 이름을 그들의 구원자로 기억하고 있습니다. 그의 위대한 희생에 감사하며 부른 노래 또한 〈라 쿠카라차〉였습니다.

이 노래는 처음과 다른 의미로 불린 '새 노래'입니다. 같은 노래이지만 그 노래를 부르는 사람의 마음과 그 의미가 달라진 것입니다. '새 노래'는 그런 것입니다. 즉, 새로 만들어 부르는 노래만이 아니라, 어제도 불렀던 노래인데 오늘 그 노래를 부르는 사람의 마음이 변화되고 그 의미가 새롭게 되면 '새 노래'입니다.

24장로들이 새 노래를 부릅니다. 새로운 차원의 노래입니다. 어린양은 두루마리를 취하시고 그 인봉을 떼기에 합당하시다고 노래합니다. 어린양은 일찍이 죽임을 당하셨습니다. 희생의 제물로 온몸이 찢기고, 모든 피를 흘려 주셨습니다. 그 피 값으로 우리 모두를 사서 하나님께 드린 것입니다.

그래서 요한이 선포합니다. "어린양 예수께서 일찍이 죽임을 당하사 각 족속과 방언과 백성과 나라 가운데에서 사람들을 피로 사서 하나님께 드리셨다." 천상의 예배를 환상 가운데 보고 있는 것입니다.

우리가 드리는 '지상의 예배'가 '천상의 예배'로 변화되는 것은, 우리가 부르는 찬양이 새 노래로 변화될 때 이루어집니다. 어제도 부른 찬양이 오늘 다시금 우리의 마음을 울리고, 새롭게 의미가 깨달아지는 것입니다.

우리의 예배를 받으시는 하나님은 우리의 모든 시간과 모든 장소와 모든 상황에서 우리와 함께하십니다. 우리가 새 노래를 부르며 주 앞에 나아갈 때 언제나 우리 예배를 받으십니다. 우리가 남몰래 가슴 아파 울 때도, 아무에게도 아픔을 말하지 못해 답답할 때도, 우리 주님은 우리의 모든 사정을 다 알고 들어 주십니다.

이 아침에는 이 찬양을 올려 드립니다.

> 새 노래로 부르자
> 하나님께 올릴 찬송을
> 새 노래로 부르자
> 하나님 사랑을

작은 믿음의 행보

"내가 처음 변명할 때에 나와 함께한 자가 하나도 없고 다 나를 버렸으나"
(딤후 4:16).

에이미 커디의 《자존감은 어떻게 시작되는가(Presence)》에 소개된 사례 가운데 눈길을 끄는 사건이 하나 있습니다. 과연 누가 고양이 목에 방울을 다는가 하는 질문에 대한 답으로 마음에 다가왔습니다.

1992년 어느 봄날, 보스턴의 한 교회에 많은 목사가 모였습니다. 보스턴에서 청소년 살해 사건이 부쩍 늘어난 것에 대해 교회가 연합해서 대책을 세우기 위한 모임이었습니다. 보스턴 시내에서 한 해 73명의 청소년이 살해당했는데, 이는 3년 전에 비하여 두 배가 훨씬 넘는 숫자였습니다. 흑인 갱단이 서로 죽고 죽이는 보복의 살육이 시작된 것입니다.

그러나 모임은 별 소득이 없이 끝났습니다. 서로 갑론을박으로 입장과 의견을 나누다가 아무런 결론이나 방법은 도출하지 못한 채 헤어졌습니다. 갱단에 대한 대책이라 어렵기만 했습니다.

그중 이제 막 목사가 된 제프리 브라운과 몇몇 목사가 마치 사도 바울과 같은 심정으로 그 자리에 남았습니다. "내가 처음 변명할 때에 나와 함께한 자가 하나도 없고 다 나를 버렸으나"(딤후 4:16). 그리고 그들은 밤중에 보스턴 시내를 돌아다니며 갱단과 대화를 시도해 보기로 뜻을 모았습니다. 무모해 보일 정도로 위험한 결정이었습니다. 그러나 작은 믿음의 행보였습니다.

수십 명의 목사로 시작했던 이 운동은 결국 브라운 목사를 포함해 단 네 명만 남았습니다. 뜻을 모은 '풋내기 목사'들은 꾸준히 갱단에 접근을 시도합니다. 물론 갱단은 야밤에 자신들에게 설교하려고 돌아다니는 목사들을 탐탁지 않게 여겼습니다. 그러나 그들의 꾸준함을 보며 갱단도 대화를 거부하지만은 않았습니다.

처음엔 목사들이 이런저런 좋은 말을 해주려고 했지만, 실효가 없었습니다. 그래서 마음을 내려놓고 이야기를 들어 주는 방법을 택합니다. 갱단은 자신들에게 설교하지 않는 목사들을 좋아하게 되었습니다. 브라운 목사는 그들의 말을 들어주다 이런 제안을 했습니다. 11월 추수감사절부터 1월 1일까지는 평화를 유지하자는 것이었습니다.

만약 "싸움 좀 그만하자"고 제안했다면 그들은 콧방귀도 안 뀌었을 것입니다. 하지만 이런 기간이 제한된 '임시 휴전'은 그들의 귀에도 솔깃했습니다. 갱단은 결국 이 제안을 받아들였습니다. 그러자 서로 총질하지 않고 사는 그 한 달여의 기간이 얼마나 평화로운지 그들 스스로 깨달았습니다.

싸움이 일어나지 않으니 살인 사건 횟수가 최저치로 떨어질 수밖에 없었습니다. 그리고 이 일은 미국 사회심리학 분야에서 가장 많이 연구된 사례 중 하나가 되었습니다. 갱단과 비슷한 나이인 20대 중반의 한 흑인 목사가 갱단에게 설교하려 하지 않고 그들의 말을 경청하며 그들이 받아들일 수 있는 제안을 함으로써 이루어 낸 성과였습니다.

사도 바울이 말합니다. "나와 함께한 자가 하나도 없고 다 나를 버렸으나." 참으로 슬픈 말입니다. 다른 사람들은 다 떠나고 바울만 혼자 남았습니다. 동역자들이 끝까지 뜻을 함께하지 못한 것입니다. 어찌 보면 동역자들에게 배신감을 느끼고 원망할 수도 있었습니다. 그러나 노(老) 사도는 말합니다. "그들에게 허물을 돌리지 않기를 원하노라."

바울이 그렇게 할 수 있었던 것은, 어떤 상황에서도 굴하지 않는 강한 믿음 때문이기도 하지만, 실질적으로는 그가 깨달은 또 다른 사실 때문입니다. 하나님의 일은 소수의 사람이 이룬다는 것입니다. 고양이 목에 방울을 다는 것은 결국 작은 믿음의 행보로 말미암습니다. 엄청난 사회적 동의를 얻어 내는 것도 좋지만, 실질적인 결과는 항상 작은 믿음의 행보로 시작됩니다.

큰 믿음의 사건은 모두 예외 없이 작은 것에서 시작됐습니다. 5천 명을 먹인 것도 겨우 보리떡 다섯 개와 물고기 두 마리로 말미암았습니다. 갈멜 산의 엄청난 비도 손바닥만 한 작은 구름으로 시작됐습니다. 겨자씨만한 믿음이 결국 산을 옮기고, 큰 나무로 자랍니다.

믿음의 영적 세계에서는 작은 믿음의 행보가 항상 큰 '사고'를 칩니다.

"오, 주님.
우리의 믿음의 행보가 작더라도
탓하지 않고
큰 사건을 일으키시는
주님을 바라봅니다.
우리의 작은 손을 내밉니다.
그 손에 주의 손을 얹으소서.
그리고 '사고'를 치게 하소서.
이 아침의 기도입니다."

기도의 줄

"향연이 성도의 기도와 함께 천사의 손으로부터 하나님 앞으로 올라가는 지라"(계 8:4).

미국 대통령 중 가장 존경받는 사람은 링컨 대통령입니다. 노예 해방이라는 역사의 커다란 획을 그었습니다. 이는 실로 엄청난 역사의 전환을 이룬 사건이었습니다. 지금도 우리가 겪고 있는 인종차별을 볼 때면, 160년 전 대통령의 명령으로 시행된 노예 해방이 얼마나 엄청난 역사적 사건인지 알 수 있습니다.

그러나 그처럼 훌륭한 링컨도 대통령 재임 시에는 많은 비난을 받았습니다. 국정의 사소한 일에도 반대하는 사람들이 있어 모든 결정에 대해 논란이 그치질 않았습니다. 요즘처럼 대통령 국정 수행 지지율 조사가 시행되었다면 아마도 지지율이 바닥에서 맴돌아 국정 운영이 제대로 되지 못하는 상황이 벌어졌을지 모릅니다. 그는 행동보다 사색이 많은 우유부단한 지도자라는 평가를 받았습니다.

그러나 링컨은 암살된 이후에 국민들로부터 많은 존경을 받았습니다.

그가 얼마나 훌륭한 지도자였는지를 보여 주는 편지 한 장이 얼마 전에야 비로소 공개되었습니다. 링컨이 남북전쟁 때 미드 장군에게 보낸 짤막한 개인 편지였기 때문에 공개가 늦어진 것입니다.

링컨은 게티즈버그 전투를 마친 뒤 미드 장군에게 짧은 편지 한 장으로 총공격 명령을 내렸습니다. "미드 장군, 이 작전이 성공하면 그것은 모두 장군의 공이 될 것입니다. 그러나 만약 실패한다면, 그 책임은 모두 내가 지겠습니다. 장군은 그냥 내 명령이었다고 말하십시오. 그리고 이 편지를 공개하십시오."

진정한 지도자는 아무나 되는 것이 아닙니다. 책임은 자신이 지고 영광은 부하에게 돌리고자 했던 링컨의 용기는 지금도 미국인들 사이에서 널리 회자되고 있습니다.

어떻게 링컨이 그렇게 할 수 있었을까요? 그것은 링컨이 '올라가는' 기도를 하는 사람이었기 때문입니다. 그는 국정의 어려운 순간마다 자신이 드리는 기도가 올라갈 때까지 기다렸습니다. 쉽게 말해 링컨은 '기도의 줄'을 잡을 줄 아는 사람이었습니다. 그는 자신의 기도가 올라가기를 기다렸습니다. 그가 잡은 '기도의 줄'을 놓지 않았습니다. 올라갈 때까지 기다린 후, 그 확신 가운데 모든 결단을 내렸습니다. 그 과감한 결단력과 책임감은 그의 손때 묻은 성경책과 기도의 줄에서 비롯되었습니다.

요한 사도가 금향로의 향연이 성도의 기도와 함께 하나님 앞으로 올라가는 것을 환상 가운데 보았듯이, 링컨도 자신의 기도가 향연과 함께 올라가는 것을 보며 확신한 것입니다. 향연이 올라간다는 것은 우리의 간구가 존귀하신 주님께 올라가는 것을 의미합니다. 우리의 기도가 천사의 손을 통해 하나님 앞에 올라가는 것입니다.

우리의 기도를 운송하는 천사가 있다는 것은, 영적인 세계에서는 성도의 기도가 운반 가능한 하나의 영적 실체임을 암시합니다. 제단에서 피어오르는 향연이 실체인 것처럼, 우리의 기도 역시 보좌에 이르는 영적 실체입니다. 이는 우리 기도가 왜 중요하며, 그 내용은 무엇이어야 하는지를 알려 줍니다.

성경은 구원의 교과서일 뿐 아니라, 하나님의 일하심을 보여 줍니다. 특히 놀라운 것은, 하나님께서 세상 역사를 주도하고 시행하실 때 우리의 기도를 사용하신다는 사실입니다. 하나님의 계획과 우리의 기도가 긴밀하게 연결되어 있습니다. 거룩한 꿈과 비전을 위해 드린 기도는 결코 헛되지 않습니다.

기도는 만사를 변화시키고 사태를 역전시킵니다. 혹 내 뜻대로 응답되지 않더라도, 기도는 기도하는 사람의 마음을 변화시켜 현재의 상황을 가장 잘 대처하게 합니다.

하나님은 기도를 통해 역사하십니다. 많이 기도하면 많이 역사하시고, 적게 기도하면 적게 역사하십니다. 간절히 기도하면 우연은 필연이 됩니다. 기도가 영적 실체이기 때문입니다.

"오, 주님.
우리의 기도가 얼마나
절실했는지 돌이켜 봅니다.
이제 '기도의 줄'을 잡고
올라가는 기도를 하게 하소서.
우리 기도가 영적 실체가
되게 하소서.
이 아침의 기도입니다."

기독교의 핵심

"나를 떠나서는 너희가 아무것도 할 수 없음이라"(요 15:5).

기독교는 윤리와 도덕을 가르치지만, 그 윤리와 도덕을 위해 존재하는 것은 아닙니다. 기독교가 사회에 참여해 건강한 세상을 만들어 가지만, 사회 개혁의 주체는 아닙니다. 기독교가 들어가는 곳마다 학교와 병원이 세워지고, 고아원과 양로원 등 구제 사업이 일어나지만, 교육이나 의료 또는 구제가 목적은 아닙니다.

기독교가 사회의 교육이나 의료, 구제 활동을 하지 않아도 된다는 말이 아닙니다. 단지 기독교가 이러한 사회 활동을 위해서 존재하는 것은 아니라는 말입니다. 기독교의 궁극적인 목표는 인간의 영혼을 구원하는 것입니다. 영혼 구원에 필요하기 때문에 이러한 모든 사회 활동을 하는 것입니다.

기독교의 핵심은, 예수님을 떠나서는 우리가 아무것도 할 수 없다는 데 있습니다. 예수님을 떠나서는 아무것도 할 수 없고 아무 의미도 없습니다. 예수님은 이것을 조금 더 극적으로 표현하십니다. "사람이 내 안에 거하지 아니하면 가지처럼 밖에 버려져 마르나니 사람들이 그것을 모아다가 불에 던져 사르느니라"(요 15:6). 가지가 나무에서 떨어지면 불쏘시개로 전락하고 맙니다. 그러나 나무에 붙어 있으면 열매를 맺고 날마다 기적을 보게 됩니다. 우리가 예수님께 붙어 있으면 날마다 기적을 경험한다는 것입니다.

주님은 우리가 경험할 기적을 이렇게 약속하십니다. "너희가 내 안에 거하고 내 말이 너희 안에 거하면 무엇이든지 원하는 대로 구하라 그리하면 이루리라"(요 15:7). 주님 안에 거한다는 것은 주님의 말씀에 순종하는 것을 의미합니다. 그 목적은 예수님으로 인해 날마다 기적을 경험하게 하시려는 것입니다.

우리 삶에 기적이 일어나는 이유는 주님께서 우리 안에 계시기 때문입니다. 우리는 기적을 일으키는 주체가 아니지만, 예수 그리스도께서 초월적 삶을 주시기 때문에 날마다 기적을 가능하게 하십니다.

한 서커스 단원이 미국과 캐나다를 가로지르는 나이아가라 폭포 상공에 놓인 외줄 위에서 줄타기를 했습니다. 많은 사람이 모여 손에 땀을 쥐면서 구경하고 있었습니다. 그 사람은 열심히 줄 위를 오가면서 시종 여유 있는 모습을 보였습니다. 그 모습에 사람들이 큰 박수를 보냈습니다. 갑자기 그가 사람들을 향해 말합니다. "누가 내 어깨에 한번 올라타 보겠습니까? 내가 한 사람을 어깨에 태우고 건너 보겠습니다." 사람들은 서로를 쳐다볼 뿐 누구 하나 선뜻 나서지 않았습니다.

그런데 한 꼬마가 "저요!" 하고 손을 들면서 앞으로 나오는 것입니다. 그는 꼬마를 어깨에 태우고 이쪽 끝에서 반대쪽 끝까지 갔다가 다시 돌아왔습니다. 사람들이 더 많은 박수를 보냈습니다. 나중에 사람들이 그 소년에게 물었습니다. "얘야, 너 겁나지 않았니? 어떻게 그런 용기를 낼 수 있었지?" 소년이 대수롭지 않은 듯 대답했습니다. "저분이 제 아빠거든요!"

주 안에 거한다는 것은 추상적인 개념이 아닙니다. 말씀이 영적 실체로서 우리 안에 있어, 소년이 아버지를 신뢰하는 것같이 무한히 하나님을 신뢰하는 것을 의미합니다.

우리는 한계가 있지만 주님은 무한하십니다. 우리에겐 불가능이 있지만 주님께는 불가능이 없습니다. 우리는 실수가 많지만 주님은 완전하십니다. 주 안에 있으면 우리의 약함도 강해지고, 미련함도 지혜로워집니다. 이렇게 날마다 기적을 경험하게 하는 것이 주님이 내 안에 계시는 것입니다.

따라서 주님 안에 거하는 자는 하나님의 말씀을 사모하게 됩니다. 말씀을 먹고 그대로 순종하게 됩니다. 또 주님 안에 거한다는 것은 기도의 능력이 나타난다는 뜻입니다. "무엇이든지 원하는 대로 구하라 그리하면 이루리라"라고 말씀하고 있기 때문입니다.

말씀이 우리 안에 들어오면 주님께서 기뻐하시고 원하시는 기도를 하게 됩니다. 그래서 무엇이든지 구하는 대로 이루어 주십니다. 기적이 날마다 일어나는 것입니다.

"오, 주님.
우리 안에 계셔서
모든 것을 가능하게 하시는
주님을 바라봅니다.
날마다 기적을 경험하게 하소서.
이 아침의 기도입니다."

'월클' 아닙니다

"네가 왕후의 자리를 얻은 것이 이때를 위함이 아닌지 누가 알겠느냐"(에 4:14).

손흥민 선수가 영국 프리미어 리그 시즌을 마치고 한국에 돌아왔을 때, 그를 강훈련으로 길러 낸 아버지 손웅정 씨가 한국 기자들에게 했던 말이 사람들의 주목을 끌었습니다.

"내 아들 손흥민은 절대로 월드클래스 선수가 아닙니다. 축구는 혼자서 하는 스포츠가 아닙니다. 흥민이와 동료 선수들의 피와 땀이 있기 때문에 흥민이의 골이 나오는 것입니다."

역대급 발언입니다. '손흥민 스타 만들기'에 급급한 한국 팬들의 '월클 논란'은 기자들에게 쓸데없는 질문을 부추겨 감독이나 다른 선수들에게조차 같은 질문을 던지게 했고, 결국 이 논란을 키웠던 것을 기억합니다. 축구 선수는 묵묵히 그라운드에서 경기로 말하는 것인데, 말하기 좋아하는 누리꾼들이 부질없는 논란을 만들어 낸 것입니다 이에 대해 손웅정 씨는 그리스도인으로서 단호히 대답합니다. "월클 아닙니다."

그의 발언은 아들의 인기에 제동을 걸고 선수로서의 가치를 오히려 손상시킬 수 있는 위험한 발언일 수 있었습니다. 이러한 역대급 발언으로 영국 언론에서조차 논란이 되었던 손웅정 씨의 모습은, 에스더의 사촌오빠였던 모르드개의 모습과 유사한 점이 있습니다.

모르드개는 아버지를 잃은 에스더를 자기 딸같이 양육합니다. 그리고 그녀를 바사의 왕후로 길러 냅니다. 당시 유대 출신 여자로서는 파격적인 행보라 할 수 있습니다.

난세에 영웅이 난다는 말이 있습니다. 어려운 때에 한 사람이 나타나 위기에 처한 민족을 구합니다. 하나님께서는 위기의 때를 위해 사람을 준비하십니다.

하만이 유포한 음모설로 인해 유대인들을 죽이라는 왕의 조서가 내려집니다. 위기에 처한 유대인들을 위해 모르드개는 에스더에게 왕에게 나아가서 민족을 구할 것을 요청합니다. 그러나 에스더는 그 요청을 들어줄 수가 없었습니다. 왕이 부르기 전에는 누구도 왕에게 나아갈 수 없다는 것이 왕궁의 법이었습니다. 왕의 부름을 받지 않고 나아갔다가 거부당하면 죽을 수도 있었습니다.

이때 모르드개가 에스더에게 '역대급 발언'을 합니다. "네가 왕후의 자리를 얻은 것이 이때를 위함이 아닌지 누가 알겠느냐." 에스더가 왕후가 된 것은 다른 여인들보다 아름다워서가 아니라는 것입니다. 다른 사람들보다 가문이 좋고 자격이 뛰어나서가 아니라는 것입니다. 이 위기의 때를 위한 하나님의 은혜와 섭리 때문이라는 역대급 발언입니다.

모르드개는 유대인들의 위기의 때를 위해 하나님께서 준비하신 사람이 에스더라고 생각합니다. 그래서 에스더에게 왕후의 자리를 주셨다고 말합니다. 만약에 에스더가 나서지 않는다면 하나님께서는 다른 사람을 통하여 유대인들을 구원하실 것이고, 에스더와 그 집은 멸망하리라고 도전합니다. 이 위기의 때가 하늘이 주신 기회라고 주장합니다.

하나님께서는 우리에게도 특별한 은혜를 베푸십니다. 자격이 없음에도 과분한 은사와 재능을 주십니다. 이것은 하나님의 때를 위해 준비하신 특별한 은혜입니다.

하나님께서 우리를 이 땅에 보내신 이유가 있습니다. 재능과 은사를 주시고 복되게 하신 이유가 있습니다. 우리를 훈련시키시고, 어려움도 겪게 하시는 이유가 있습니다. 하나님의 때에 쓰임 받도록 하기 위해서입니다. 그러므로 우리에게 허락하신 하나님의 은혜를 살펴봐야 합니다. 하나님의 때를 분별하고 준비하며 살아야 합니다.

손흥민 선수는 어린 시절 매일같이 오른발과 왼발 각각 500개의 슈팅 연습을 했다고 합니다. 그렇게 열심히 준비했기에 지금 전 세계 축구 팬들이 열광하는 선수가 되었습니다. 준비하는 시간은 낭비하는 시간이 아닙니다. 준비라는 일련의 과정이 성장을 가져오고, 그 성장이 성공을 이루는 것입니다.

"오, 주님.
이때를 위함이 아닌가 하며
우리도 항상 준비하고
때를 살피게 하소서.
이 아침의 기도입니다."

록펠러의 흑역사

"여호와여 내가 주께 부르짖으오니"(욜 1:19).

존 윙클러는 그가 쓴 《록펠러 전기》에서 미국 최대의 부자이며 독실한 그리스도인의 상징처럼 알려진 록펠러의 삶이 실제로는 평안이 없고 행복하지 못했다고 소개합니다.

존 록펠러는 23세에 이미 100만 달러를 벌었습니다. 20년 후에는 세계에서 가장 큰 독점 기업, 스탠다드 오일을 세웠습니다. 후에 안티-트러스트 법으로 나뉜 아모코, 엑썬, 모빌, 쉘 등의 모기업입니다.

그는 어머니의 영향으로 철저한 십일조 생활과 함께 교회에서는 주일학교 교사로 섬겼습니다. 그러나 그는 늘 긴장하며 걱정으로 가득 차 있어 건강이 망가질 대로 망가졌습니다. 불안증과 공황장애에 시달려 53세 때는 마치 '미라처럼 보였다'고 합니다. 이때 그는 알로페시아라는 희귀질환으로 의사로부터 1년 시한부 인생을 통보받기도 했습니다.

당시 그는 상태가 너무 심각해 한때는 모유만 먹고 살아야 했습니다. 끝없는 일 걱정, 비난과 불면의 밤들, 운동과 휴식 부족으로 결국 그는 주저앉고 맙니다. 일주일에 100만 달러를 벌었지만, 음식을 제대로 섭취할 수 없어 식비는 2달러도 지출하지 못했습니다. 먹을 수 있는 음식이 없었기 때문입니다. 록펠러의 흑역사입니다.

왜 그랬을까요? 돈의 노예가 되었기 때문입니다. 그는 수익이 생겼을 때는 모자를 바닥에 던지며 덩실덩실 춤을 췄지만, 손해를 보면 곧바로 병이 들 정도였습니다.

한번은 4만 달러 상당의 곡물을 배로 운송한 적이 있었습니다. 그때 곡물에 보험을 들지 않았습니다. 150달러의 추가 비용이 아까웠기 때문입니다. 그날 밤 그 배가 항해하는 이리호에 풍랑이 일었습니다. 그의 동업자인 조지 가드너가 아침에 사무실로 가보니 록펠러는 화물을 잃을까 봐 전전긍긍하고 있었습니다. 그리고 가드너에게 떨리는 목소리로 말했습니다. "너무 늦은 게 아니라면, 지금이라도 보험을 들 수 있나 알아보게. 어서 빨리!" 가드너가 서둘러 도시 외곽까지 달려가 보험에 들고 사무실로 돌아와 보니, 록펠러의 상태가 더욱 악화되어 있었습니다. 그 사이 화물이 안전하게 도착했다는 전보가 온 것입니다. 록펠러는 150달러를 낭비했다는 이유로 벌벌 떨고 있었습니다. 그리고 결국 몸져눕고 말았습니다.

한 해에 50만 달러가 넘는 돈을 벌던 그가 자기 마음을 편하게 하는데 쓰는 150달러를 아까워했다는 것은, 그가 진정한 신앙인의 삶을 살지 못했음을 말해 줍니다. 그는 항상 근심과 걱정, 두려움 속에서 돈만 생각했습니다. 신앙생활은 열심히 했지만, 그 신앙이 그의 마음 상태나 감정을 바꾸어 주지 못했던 것입니다.

왜 그는 "항상 기뻐하라 쉬지 말고 기도하라 범사에 감사하라"는 단순한 말씀을 실천하지 못했을까요? 왜 그는 자신의 감정을 하나님께 맡기지 못했을까요? 그의 마음속을 들여다볼 수는 없지만 한 가지 분명한 것은, 그가 하나님의 처방을 따르지 못했다는 것입니다. 바로 '부르짖는 기도'를 하지 않은 것입니다.

성경은 여러 곳에서 부르짖고 기도할 것을 말씀하고 있습니다. "너는 내게 부르짖으라 내가 네게 응답하겠고 네가 알지 못하는 크고 은밀한 일을 네게 보이리라"(렘 33:3).

요엘 선지자는 이스라엘 백성을 향해 하나님께서 작정하신 '여호와의 날'이 곧 도래할 것임을 선포합니다. 그리고 그때 취해야 할 행동에 대해 말씀합니다. "여호와여 내가 주께 부르짖으오니." 비록 죄로 인한 징계의 고통 속에 있을지라도 하나님께 부르짖고 기도하며 참회의 자리로 나아가면, 하나님께 용서받는 은총을 경험하게 된다는 것을 알려 주고 있습니다.

부르짖는 과정을 통해 우리는 정화된 심령을 지니게 되고, 더욱 성숙한 그리스도인으로 변화되어 갑니다. 부르짖는 기도는 우리 마음을 쏟아 내는 기도입니다. 이때 중요한 것이 바로 감정 이입입니다. 모든 근심과 걱정, 염려를 주 앞에 쏟아 내는 기도가 바로 부르짖는 기도입니다. 염려와 걱정을 맡기고 주 안에 있는 기쁨으로 바꾸는 것입니다.

마음속 염려를 떨쳐 내지 못할 때 해야 할 것이 부르짖는 기도입니다. 또 우리의 심령을 불안하게 하는 어두움의 세력들을 대적하는 기도가 바로 부르짖는 기도입니다.

"오, 주여.
록펠러처럼 우리 안에도
불안과 두려움, 공포가 있습니다.
우리가 주께 부르짖을 때
주께서 거룩한 산에서 들으시고
우리에게 샘솟는 기쁨과 평강을
허락하여 주옵소서.
이 아침의 기도입니다."

믿음의 행보

"이는 우리가 믿음으로 행하고 보는 것으로 행하지 아니함이로라"(고후 5:7).

성경의 인물들에 대한 재미있는 비교 평가가 있습니다. 요한을 '사랑의 사도'라고 평합니다. 그가 남긴 복음서와 서신들이 주로 사랑에 초점을 맞추고 있기 때문입니다. 베드로는 '소망의 사도'라고 말합니다. 초대교회 시대의 암울한 환경과 핍박으로 고통 가운데 있던 초대교인들에게 서신을 통해 소망의 메시지를 전하고 있기 때문입니다. 그는 '산 소망' 되신 그리스도를 말씀합니다.

반면에 신약성경의 거의 1/3을 차지하고 있는 사도 바울의 가르침은 '믿음'을 중심으로 하고 있습니다. 그래서 바울을 '믿음의 사도'라고 말합니다. 그의 논지는 구약과 신약을 믿음으로 연결합니다. 믿음이 어떻게 생성되며, 어떻게 우리에게 새로운 신분을 주는지를 "의인은 믿음으로 말미암아 살리라"라는 하박국의 고백을 중심으로 해석합니다. 그리고 '믿음으로 행하는 것'과 '보는 것으로 행하는 것'으로 대분해서 설명합니다. 믿음은 우리가 '보는 것'과 반대가 된다고 말씀합니다. 믿음은 사람들의 생각이나 판단, 평가와 반대됩니다.

그렇다면 오늘날 무엇이 믿음으로 행하는 것이고, 어떻게 믿음으로 살아갈 수 있을까요?

꽤 오래전 한국에서 열렸던 어느 미술 전시회에서 '믿음으로 본' 평가와 '보이는 대로 한' 평가에 따른 상반된 평론이 나왔습니다.

어느 미술가가 전시회를 열었는데, 전시된 작품 중에 〈사흘 후〉라는 제목의 작품이 있었습니다. 사람의 머리를 상징하는 똑같은 크기의 금속 조형물 두 개가 전시되었습니다. 그중 왼쪽 것은 심하게 녹슬어 있을 뿐 아니라 그 위 끝에는 철사로 가시관이 엮여져 있었습니다. 반대로 오른쪽 것은 반짝반짝 윤이 나면서 아름답게 잘 다듬어져 있었습니다. 작가는 이 작품을 통해 어떤 고난과 역경도 그리스도 안에서 찬란한 부활의 열매로 거두게 된다는 것을 표현하고 싶었던 것입니다. 작가 본인의 신앙적 체험이 녹아 있었습니다.

작품을 관람한 그리스도인들은 왼쪽의 녹슨 것은 예수 그리스도의 고난을 의미하고, 오른쪽 것은 부활을 상징한다는 것을 바로 알고 이해할 수 있었습니다. 물론 '사흘 후'라는 제목도 그리스도의 고난 후에 맞이할 부활을 상징하고 있었습니다.

그런데 그리스도인이 아닌 어느 평론가가 정반대의 평론을 했습니다. "인생이 아름다운 것 같아도 막상 '사흘 후'가 되면 이처럼 녹슬고 형편없음을 알게 된다는 의미입니다." 정반대의 해석이었습니다. 그는 전시물을 거꾸로 본 것입니다. 전시 순서를 거꾸로 돌면서 윤이 나고 잘 다듬어진 조형물을 먼저 보고, 그다음에 녹슬고 철사로 엮인 조형물을 본 후 이렇게 해석하였습니다.

물론 나름대로 깨달음이 있습니다. 인생이 아무리 아름다워 보여도, 금방 녹슬고 쓸모없게 될 수밖에 없다는 쓸쓸한 현실을 말한다고 할 수도 있습니다. 평론가 자신의 염세주의가 담겨 있는 것인지도 모릅니다.

믿음으로 보는 것과 보이는 대로 보는 것의 차이는 부활에 있습니다. 믿음은 눈에 보이는 환경이나 상황을 초월합니다. 부활은 믿음의 결론입니다. 믿음으로 행한다는 것의 배경에는 부활신앙이 있습니다. 부활이 있기 때문에 하나님의 인도하심은 언제나 복되고 아름다운 새 하늘과 새 땅을 말씀할 수 있습니다. 이것이 우리가 믿음으로 행할 수 있는 이유입니다.

주님과 동행하는 우리 인생의 여정에는 반드시 할 수 있다는 믿음이 동반되어야 합니다. 부활을 믿기 때문입니다. 모든 어려움과 아픔 뒤에는 반드시 부활의 아름다움이 있습니다.

고통이 '변장된 축복'이라는 깨달음도 부활을 믿는 믿음으로 말미암습니다. 그래서 바울은 "만일 죽은 자의 부활이 없으면…우리가 전파하는 것도 헛것이요 또 너희 믿음도 헛것이며"(고전 15:13-14)라고 단언합니다.

모든 것을 할 수 있다고 믿으면 할 수 있는 도움이 보이는 것도 부활신앙으로 말미암습니다. 하나님은 아브라함에게 하란을 떠나라고 명령하셨습니다. 고향을 떠난다는 것은 큰 두려움입니다. 우리의 하란은 이 세상입니다. 이 세상의 보이는 것들입니다. 잠시 잠깐의 것들입니다. 이런 것들이 너무 커서 우리를 두려움의 오랏줄로 옭아맵니다.

그런데 우리 안의 그리스도께서는 그것을 떠나라고 말씀하십니다. 우리가 아브라함처럼 그것을 떠날 때 진정 우리 안에 예수님이 계심을 확신하게 됩니다. 그때 세상 것들이 작게 보입니다. 세상 것들이 작게 보이기 시작하면 믿음의 행보는 쉬워집니다. 그것이 바로 부활신앙입니다.

"오, 주여.
부활신앙으로 세상을 보게 하소서.
세상 것들이 작아 보이게 하소서.
주를 믿고 의지하게 하소서.
이 아침의 기도입니다."

폴리스 시티

"너희는 세상의 빛이라 산 위에 있는 동네가 숨겨지지 못할 것이요"(마 5:14).

중부 뉴저지의 브리지워터 지역에 있는 경찰 중에는 우리 교회를 모르는 사람이 없습니다. 미국 경찰들이 부르는 우리 교회의 별칭은 '언덕 위 교회'입니다. 새벽 일찍 교회로 운전해 올라가다 보면 우리 교회가 마치 산에 위치한 기도원 같다는 느낌을 지울 수가 없습니다. 상당한 거리를 운전해서 올라가야 합니다. 평지에서 1.5킬로미터 정도를 오르면 언덕 위의 교회가 신비스러운 자태를 드러냅니다. 마침 안개라도 깔려 있으면 이러한 신비로움은 그 깊이를 더합니다.

또 새벽에는 교회 뒷산에서 마실 나온 노루나 사슴들이 안심하고 교회 앞마당을 누비며 우리가 가까이 다가가도 별로 놀라거나 도망가지 않습니다. 마치 우리가 그들의 영역에 침범한 이방인인 것처럼 느껴집니다. 워싱턴밸리 로드에 위치한 우리 교회는 리처드 헤이스 교수가 말하듯 '폴리스 시티'의 모습을 그대로 드러내고 있습니다.

주님이 말씀하신 "산 위에 있는 동네"는 언덕 위 동네로 '폴리스 시티'

(polis city)를 의미합니다. 고대 헬라의 도시국가 개념인 '폴리스'라는 명칭이 미국 도시 이름에 아직도 남아 있습니다. 인디애나폴리스나 미니애폴리스 등이 그런 경우입니다. 듀크 대학의 신약학 교수인 리처드 헤이스는 '예수님을 따르는 자들의 공동체'가 바로 이러한 '폴리스 시티'가 되어야 한다고 말합니다. 그는 《신약의 윤리적 비전》(The Moral Vision of the New Testament)에서 주님이 말씀하신 '산 위의 동네'는 하나님의 새 질서를 과시하는 모델로 도시 국가의 개념인 '폴리스'가 되어야 한다고 주장합니다.

교회가 무엇입니까? 교회는 세상에 하나님의 뜻을 보여 주기 위해 '도시 계획'된 '산 위의 동네'입니다. 세상에 드러내 놓고 '너희도 이렇게 살아라'라고 말씀하려고 만드신 '산 위의 폴리스'입니다.

그러므로 교회는 유리알처럼 투명해야 합니다. 비밀이 많은 교회는 산 위의 폴리스가 아닙니다. 세상의 모든 기관이 스스로를 숨기려 할지라도 교회는 자신의 내부를 드러내야 합니다. 교회는 세상 사람들 앞에 숨기려고 만드신 것이 아닙니다. 교회가 자랑스럽게 그 모습을 드러낼 때 교회는 '산 위의 폴리스'가 됩니다. 교회는 세상을 향하신 하나님의 꿈이기 때문입니다.

하나님 나라는 하나님의 통치에 순종하는 백성들의 공동체입니다. 교회가 하나님의 통치를 받는다면 숨길 것이 없습니다. 부끄러울 것이 없기 때문입니다.

'교회의 머리는 예수 그리스도시다'라는 교리를 거부하는 교회는 없습니다. 그러나 실제로 교회가 하나님의 통치를 거부하면 숨길 것이 많아집니다. 교회 운영이 불투명해집니다. 숨긴 것들이 세상에 드러나면 드러날수록 교회의 선함과 아름다움이 더 풍성하게 나타나는 교회, 그런 교회가 '산 위의 폴리스'입니다. 그래서 교회는 변화에 따른 선행의 간증이 넘쳐나야 합니다.

배우 차인표 씨는 자신의 연예인 생활 지침이 "기도 안 하면 인기 떨어진다"라고 너스레를 떨듯 말합니다. 그러면서 기본적인 생활비를 남기고 버는 돈 모두를 선한 일을 위해서 쓰겠다고 당찬 결의를 밝힙니다. 아내인 신애라 씨와 함께 하는 그들의 선행은 잘 알려져 있습니다. 그들은 그렇게 선행을 베푸는 것이 연예인 이미지에 부정적이지 않은지 묻는 기자의 질문에 이렇게 답합니다. "그렇게 이미지가 굳어지는 것도 저희가 감내해야 할 몫입니다. 배우는 연기를 통해서 말하는 것입니다."

산 위의 동네는 숨겨지지 않습니다.

행복은 세상 것을 소유함에 있지 않습니다. 행복은 항상 자신의 자존감의 수준으로 수렴합니다. 승진을 해도, 복권에 당첨돼도, 어떤 엄청난 일이 일어나도 얼마 후에는 지금 느끼는 수준의 행복감으로 돌아옵니다. 나쁜 일이 일어날 때도 마찬가지입니다. 행복함의 정도는 바로 자신의 자존감에 달려 있습니다. 그것이 우리 교회를 '자랑스러운' 교회로 만들어 가고자 하는 이유입니다.

하나님께서는 우리의 자존감을 높여 주기 위해 우리 안에 오셨습니다. 이제 우리가 그분께 자리를 내어 드리고 그분의 모습을 나타내 보여야 합니다. 진정한 '폴리스 시티'의 모습을 발하는 것입니다. 그때 우리의 자존감, 행복지수는 저절로 올라갑니다.

"오, 주여.
'언덕 위의 동네'
폴리스 시티의 진정한 모습이
우리에게 나타나게 하소서.
간증이 우리에게
넘치게 하소서.
이 아침의 기도입니다."

준비된 돈키호테

"허리에 띠를 띠고 등불을 켜고 서 있으라"(눅 12:35).

지금도 한국 축구의 전설처럼 이야기되는 것이 월드컵 4강에 진출했던 2002년 월드컵입니다. 온 국민이 '대한민국'을 목이 터져라 외치며 하나 됐던 감격의 순간입니다. 당시 기본기가 약했던 한국 축구가 4강까지 오를 수 있었던 이유 중에 빼놓을 수 없는 사람이 거스 히딩크 감독입니다. 그는 한국 축구의 상황을 처음 접하고는 마치 코미디 같다고 말했습니다. 당시 국가대표를 지역별로 뽑는 것을 보고 그렇게 말한 것입니다. 각 파트별로 최고의 선수를 선발해야지, 어떻게 지역별 나눠먹기식으로 뽑을 수 있느냐는 말이었습니다. 히딩크에게는 도무지 이해되지 않는 부분이었습니다.

그리고 그는 한국 축구는 보수적(?)이며 기본조차 갖추어지지 않았다고 평가했습니다. 그래서 그가 1년간 준비한 전략은 기본을 닦는 일이었습니다. 기본 체력을 증강시키고 훈련을 강화한 결과, 후반전에도 지치지 않는 투지를 보일 수 있게 만들었습니다.

이렇게 되기까지 모든 것이 순탄하지만은 않았습니다. 축구계 인사들과 매스컴이 나서서 히딩크를 비난하고 압력을 가한 적이 한두 번이 아니었습니다. 뚜렷한 실적과 분명한 성과가 빨리 나타나기를 기대하는 한국인들의 '빨리빨리' 성향 때문이었습니다.

그러나 히딩크는 이 모든 것을 급작스럽게 이루기를 원하지 않았습니다. 그는 마치 돈키호테처럼 밀어붙였습니다. 초기 1년 동안은 본인의 전략대로 기본기 닦는 것에 집중했습니다. 그 결과 어떻게 되었습니까? 마침내 한국 축구가 월드컵 16강에 진출했을 때 차범근 해설위원은 이렇게 평가했습니다. "지난 1년 동안 사생활을 포기하고 훈련에 매진한 결과를 이제야 보게 되었다."

우리의 신앙생활에서도 가장 중요한 것은 꾸준하게 기초를 다지는 준비입니다. 다 같이 시작하지만 끝까지 달려가는 사람은 드뭅니다. 주님이 곧 오실 것이라고 생각하는 사람은 깨어 긴장하고 삽니다.

허리에 띠를 띤다는 것은 어떤 일을 하기 위해 준비하고 있는 상태를 말합니다. 당시 사람들의 옷은 활동하기에 편한 옷이 아니었습니다. 그래서 빠르게 움직여야 할 때 겉옷의 허리 부분을 졸라맵니다. 요즘 식으로는 소매를 걷어붙이는 것과 같습니다. 또 등불을 켠다는 것은 깨어 있음을 의미합니다. 주님의 제자 된 우리는 혼인잔치에서 돌아오실 주인을 등불을 켜고 기다리는 사람입니다.

15만 팔로워를 가진 인기 유튜버이자 미국 변호사인 김유진 씨는《나의 하루는 4시 30분에 시작된다》라는 책을 통해, 일찍 일어나면 보이지 않던 꿈이 보이게 된다고 그녀의 경험에 비추어 말합니다. 그녀는 수년 동안 새벽 4시 30분에 일어나는 습관을 들였습니다. 그럼에도 일찍 일어나는 것은 여전히 힘듭니다. 그러나 그렇게 일어나다 보니 꿈이 보인다고 합니다. 새벽에 일어나 책을 쓰고 유튜브 영상을 올립니다. 그렇게 변호사 일을 하면서 더 많은 수입을 올리고 있습니다. 먼저 우리는 자기 자신과 싸울 필요가 있습니다. 그러면 새로운 '나'를 만나게 됩니다. 그리고 새로운 꿈도 만나게 됩니다.

그녀는 새벽만이 자신이 유일하게 하고 싶은 일을 할 수 있는 때라고 말합니다. 저녁에는 에너지가 소진돼 아무 일도 하기 싫습니다. 그러나 새벽에는 아직 에너지도 있고, 다른 일이나 사람들로부터 시간을 빼앗기지도 않습니다. 그래서 그 시간에 운동하고, 묵상하고, 기도하고, 글을 쓰고, 유튜브도 합니다. 그러다 보니 그저 매일 똑같이 반복되던 삶에서 새로운 삶으로 바뀌었다고 합니다.

꿈을 찾지 못했다고 시간만 허비할 필요가 없습니다. 먼저 자신과 싸우면 됩니다. 주님께서 어떠한 일을 맡기는 사람은 바로 일어나려고 노력할 줄 아는 사람입니다. "허리에 띠를 띠는" 사람입니다.

계획과 준비 없이 비전만 가지고 있으면 '그냥' 돈키호테가 됩니다. 비전 있는 사람이란 그 비전을 이루려고 구체적인 방법도 찾고 준비하는 사람입니다. "등불을 켜고 서 있는" 사람입니다. 비전에 합당한 길을 깨어서 찾고 준비하는 것입니다. 그래서 마침내 '준비된' 돈키호테가 됩니다.

"오, 주여.
허리에 띠를 띠고 등불을 켜고 서 있는
'준비된' 돈키호테가 되게 하소서.
몽상가에서 비전을 갖춘
'준비된 자'로 나아가게 하소서.
이 아침의 기도입니다."

누가 다스리는가?

"그가 세세토록 왕 노릇 하시리로다"(계 11:15).

성경은 인간의 실패로 시작해서 하나님의 회복으로 마칩니다. 창세기는 우리 인간의 실패를 말씀하고, 요한계시록은 회복하시는 하나님을 말씀합니다. 그 가운데 있는 것이 예배입니다. 예배는 누가 나를 다스리는지를 고백하는 행위입니다. 왕이신 하나님을 고백하는 것은 바로 "하나님이 나를 다스리시는 분입니다"라는 고백입니다. 죄 지은 영혼은 그 죄의 다스림을 받아 지옥과 같은 삶을 살게 됩니다. 지옥과 같은 거짓과 위선에서 벗어나 정직과 진실함으로 나아가는 통로가 바로 고백과 예배입니다.

솔직함이 없는 관계는 진짜 교제를 나누는 것이 아닙니다. 그저 위선적인 관계 안에 머물려 시간을 낭비하는 느낌이 듭니다. 가까울수록 더 솔직해야 하는데 그렇지 못할 때는 정말 지옥일 수밖에 없습니다.

'주가 다스리는 삶'은 우리 안에 정직과 진실함이 회복되는 삶입니다. 삶이 지옥에서 천국으로 바뀌는 것은 결국 누가 나를 다스리는지에 달려 있습니다.

김요석 목사는 독일 주재원으로 근무하다 신학을 공부한 후 중국에서 주로 한센병 환자들을 대상으로 사역하는 분으로, 사역에서 성령의 역사가 사도행전처럼 나타났음을 간증해 유명해졌습니다.

이 목사님의 간증 중에 북한에서 중국으로 넘어와 예수님을 믿게 된 이의 이야기가 있습니다. 그는 원래 북한에서 예수님을 믿는 가정에서 태어났습니다. 부모님은 아침마다 일어나 무릎을 꿇고 기도했습니다. 그런데 당시 초등학교에 다니면서 공산 사상에 점점 강하게 세뇌되고 있던 아들이 부모를 당에 고발했습니다. 자식이 부모를 당에 고발하는 사건은 동네에서 처음 있는 일이었습니다.

공산당은 마을 주민들에게 교육할 절호의 기회라고 여기고 공개 인민재판을 하기로 했습니다. 두 사람에게 벙거지를 씌우고 손을 뒤로하여 꽁꽁 묶었습니다. 그리고 무릎을 꿇게 했습니다. 그 앞에서 아들이 고발장을 큰 소리로 읽었습니다. "이 사람들은 우리 아바이 오마니입니다. 이들은 공산당을 배반하고 아침마다 미신 같은 신에게 기도한 배반자입니다." 마을 사람들은 억지로 끌려 나와 공개재판을 구경하면서 침울해졌습니다. 모두의 얼굴에는 자식이 부모를 고발해 죽게 하는 일에 대한 환멸이 역력히 드러났습니다.

공산당은 이 아이를 영웅으로 치켜세웠습니다. 그리고 상을 주었습니다. 사람들은 억지로 그 부모에게 돌을 던지고 침을 뱉었습니다. 그 부모는 어디론가 끌려가 영영 돌아오지 않았습니다. 이 아이는 영웅은 되었지만, 고아가 되었습니다.

공산당은 사상이 투철하다는 이유로 이 아이에게 계속 공부를 시켰습니다. 그래서 대학까지 졸업했고, 이후 결혼해 아들을 낳았습니다. 아들이 초등학교를 들어가 자신이 부모를 고발한 나이가 되었습니다. 어느 날 아들이 자기를 보고 싱긋 웃는데 소름이 끼쳤습니다. 아버지가 웃던 모습과 똑같았던 것입니다. 그때 그는 비로소 자신이 부모에게 얼마나 큰 죄를 저지른 것인지 깨닫기 시작했습니다. 아들을 볼 때마다 마음이 지옥 같았습니다. 너무 괴로워서 누군가에게 이 사실을 털어놓고 싶었습니다. 이런 번민 속에서 김요석 목사를 만나 예수님을 알게 되었습니다. 그러면서도 예수님 때문에 죽은 부모 생각이 한순간도 떠나지 않았습니다.

결국 그는 어느 날 펑펑 울면서 김 목사에게 물었습니다. "하나님은 도저히 용서받지 못할 죄도 용서하시나요?" 김 목사는 처음에 무슨 의미인지 알아듣지 못했습니다. 그러나 이렇게 대답했습니다. "하나님은 그보다 더한 죄도 용서하십니다." 그러자 그가 안도의 한숨을 길게 내쉬면서 마침내 가슴에 묻어 둔 그 모든 사실을 고백했습니다. 그리고 이제 자기도 아침마다 기도하고 있는데 아들이 자기를 고발할까 봐 조심하고 있다고 이야기합니다.

고백해야 다시 천국으로 돌아올 수 있습니다. 감추고 사는 건 지옥입니다. 우리 관계를 천국으로 만드는 가장 쉬운 방법은, 먼저 우리 자신을 감추기 위해 만들어 입은 무화과 잎을 떼어 내는 것입니다. 그러면 지옥이 천국으로 변합니다. 주가 다스리시기 시작하기 때문입니다.

솔직함과 진실함이 있을 때 주께서 다스리시는 삶이 시작됩니다. 인간의 실패에서 하나님의 회복으로, 지옥에서 천국으로 변화됩니다.

"그가 세세토록 왕 노릇 하시리로다." 영원토록 우리가 부를 찬송입니다.

"오, 주여.
오늘도 주께서 우리 삶을
주관하고 다스리소서.
이것이 영원토록 변함없는
우리의 고백이 되게 하소서.
이 아침의 기도입니다."

못다 한 말들

"그가…말로 표현할 수 없는 말을 들었으니 사람이 가히 이르지 못할 말이로다"(고후 12:4).

제2차 세계대전 때의 일입니다. 전쟁터의 바닷가에서 더위 때문에 군복 상의를 벗어 놓고 진지를 구축하던 병사가 있었습니다. 그런데 갑자기 바람이 불어와 옷이 바다로 날아가 버렸습니다. 때마침 적기가 출현하는 바람에 공습경보가 울렸고, 상관은 즉시 참호로 대피하라는 지시를 내렸습니다. 그러나 그 병사는 옷을 건지기 위해 상관의 명령을 무시하고 바다로 달려가서 무사히 옷을 건져서 나왔습니다. 그 병사는 다행히 폭격은 피했지만 전시 명령 불복종 죄로 군사재판에 회부되어 유죄 판결을 받았습니다.

그에게 마지막 진술을 할 기회가 허락되었습니다. 모든 잘못을 시인한 이 병사는 그 군복 주머니 속에서 사진 한 장을 가만히 꺼내 들었습니다. 그리고 그동안 못다 한 말을 합니다.

"이 사진은 나에게 마지막 남은 돌아가신 어머니 사진입니다. 이 사진은 내 생명보다 귀합니다. 명령을 어기는 것인 줄 알았지만 나는 이 사진을 포기할 수가 없었습니다. 이제 나를 벌해 주십시오."

재판정에 한동안 정적이 흘렀습니다. 이윽고 재판장이 마지막 판결을 내립니다. "어머니를 이토록 사랑하는 병사는 조국도 그렇게 사랑할 것입니다. 따라서 무죄를 선고합니다."

자신이 하고 싶은 말을 다 하고 사는 사람은 많지 않습니다. 우리도 누구나 못다 한 말이 있을 것입니다. 때론 변명하고 싶고 자랑도 하고 싶지만, 차마 입에 담지 못합니다.

사도 바울도 차마 입에 담지 못한 말이 있었습니다. 그래서 3인칭으로 낙원에 올라갔던 자신의 체험을 소개합니다. "그가…말로 표현할 수 없는 말을 들었으니 사람이 가히 이르지 못할 말이로다."

왜 이렇게 이야기했을까요? 당시 거짓 사도들이 주로 자신들의 사도 됨을 신비한 체험으로 증명(?)했기 때문인데, 바울은 진정한 사도 됨의 증거는 신비한 체험을 말로 자랑하는 것이 아니라고 생각했습니다. 그래서 그러한 신비한 체험은 '못다 한 말'로 마음에 간직하는 것이라고 말씀합니다. 그리고 선언합니다. "사도의 표가 된 것은 내가 너희 가운데서 모든 참음과 표적과 기사와 능력을 행한 것이라"(고후 12:12).

그리고 오히려 자신의 약함을 자랑합니다. 자신의 사도 됨의 증거는 오히려 '육체의 가시'에 있다고 말씀합니다. 자신의 약함이 하나님의 능력을 증명하는 도구가 된다는 것을 알았기 때문입니다.

이러한 복음의 역설을 말씀하면서 거짓 사도들의 행태에 담대하게 정면 승부를 선언합니다. "하나님의 나라는 말에 있지 아니하고 오직 능력에 있음이라"(고전 4:20).

바울은 자신의 약함이 그리스도의 능력을 드러내는 통로임을 깨달았습니다. 십자가의 부활의 영광은 죽음과 같은 고백, 약함을 고백하는 과정을 통해 주어지는 능력이라는 것입니다.

복음의 역설입니다. 복음은 약함 가운데 고난이라는 피를 먹고 아름답게 꽃을 피웁니다. 편안함과 화려함 가운데서는 오히려 복음의 꽃이 시들었음을 역사가 말해 주고 있습니다.

얼마 전 영국의 기독교는 여왕의 장례 절차에서 그 장엄함을 선보였습니다. 그러나 안타깝게도 그 화려함에 묻혀 복음은 사그라들고 말았습니다. 반대로 영국에서 신앙의 자유가 제한되었을 때 오히려 복음은 꽃피웠습니다. 성경 다음으로 많이 읽었다고 알려진 《천로역정》도 이러한 아픔과 고난을 먹고 태어났습니다.

17세기 때 허락을 받지 않고 설교했다는 이유로 감옥에 갇힌 존 번연 선교사는 무려 12년 동안 감옥 생활을 하던 중 사랑하는 아내 메리가 죽었습니다. 맹인이기에 가난하게 살 수밖에 없었던 아내가 죽자, 세 자녀는 졸지에 고아의 처지가 되었습니다. 이런 비참한 상황에서도 아버지로서 아무것도 할 수 없었던 그는 절박한 기도를 드립니다.

"하나님, 너무나 고통스럽습니다. 주님을 위해서 제가 할 일이 남아 있을까요? 만약 제가 해야 할 그 일을 볼 수만 있다면 저는 절망하지 않겠습니다."

이때 주님은 그의 마음속에 이런 생각을 넣어 주셨습니다. "글을 써라. 나는 너에게 글을 쓰는 달란트를 주었다." 주님 앞에 엎드려 기도하던 그에게 환상이 보였습니다. 주님의 나라를 향해 걸어가는 한 사람이 있었습니다. 감옥에 갇혔던 그 사람, 바로 자기 자신이었습니다. 존 번연은 좁은 감옥 안에서 자기 자신의 신앙의 길을 책으로 엮어, 이후 수많은 영혼의 길잡이가 된 《천로역정》을 썼습니다.

'못다 한 말'들은 이렇게 우리의 약함 가운데 뿌리를 내리고 꽃피웁니다. 그때 바로 주님의 능력이 나타나기 때문입니다.

"오, 주여.
우리의 약함을 자랑하게 하소서.
'못 다한 말'들이 약함 가운데
뿌리를 내리고 꽃피우게 하소서.
이 아침의 기도입니다."

끝날 때까지 끝난 게 아닙니다

"네가 형제의 날 곧 그 재앙의 날에 방관할 것이 아니며"(옵 1:12).

형제간의 사랑도 엇나갈 때가 있습니다. 특히 부모의 관심과 사랑이 누구에게 더 있느냐가 형제끼리 서로 경쟁하며 때론 갈등하게 만듭니다. 부모는 똑같은 사랑을 베풀었다고 생각하지만, 아이들이 받아들이고 이해하는 것은 다를 수 있습니다. 사도 바울도 말라기의 말씀을 인용해 이를 지적합니다. "기록된바 내가 야곱은 사랑하고 에서는 미워하였다 하심과 같으니라"(롬 9:13).

에돔은 이스라엘에게는 형제 나라입니다. 형제 '같은' 나라가 아니라 말 그대로 형제의 나라입니다. 에돔의 시조는 에서입니다. 에서는 이스라엘의 조상인 야곱의 쌍둥이 형입니다. 이스라엘과 에돔은 아버지 이삭을 뿌리로 한 하나의 민족입니다. 하나님은 에돔을 특별하게 여기셨습니다. 그래서 이스라엘에게 절대 에돔을 적대시하지 말 것을 여러 번 말씀하셨습니다.

출애굽 당시에 이스라엘이 광야로 갈 때 에돔을 지나가게 되었습니다.

에돔에 청하여 지나가게 해달라고 했지만 에돔은 길을 내주지 않았고, 이스라엘은 먼 길을 돌아가야 했습니다. 이스라엘은 광야로 나선 자기들의 형제입니다. 품어 주지는 못해도 적어도 물 한 모금 나누어 주는 것이 인지상정입니다. 그런데 형제 나라인 에돔이 자기 땅에 발도 들이지 못하게 했습니다.

이스라엘은 분노했지만 하나님은 발길을 돌리도록 하셨습니다. 형제의 나라였기 때문입니다. 율법에도 이스라엘로 귀화한 에돔 사람은 3대까지 여호와의 총회에 참여할 수 있는 특별 권리를 주었습니다.

하지만 그 에돔이 이스라엘을 멸망시키려는 바벨론 편에 서서 이스라엘을 향해 칼을 들었습니다. 이스라엘은 참으로 분노할 만한 상황이었습니다. 하나님은 에돔을 적대시하지 말라고 하셨지만, 에돔은 이스라엘이 베푼 관용과 사랑을 악으로 갚으면서 이스라엘을 공격했습니다. 힘이 빠질 수밖에 없습니다.

우리도 이런 허탈감을 느낄 때가 있습니다. 우리가 베푼 그리스도의 사랑이 반대로 공격의 비수가 되어 돌아올 때 우리는 훨씬 더 큰 고통을 느낍니다. 가까운 사람에게 당하는 배신이 더 아픈 것입니다.

오바댜는 이런 상황에 처한 유다를 위로합니다. 오바댜는 민족적 비극으로 고통당하는 유다 백성을 위로하면서 에돔에 대해 예언합니다. 아브라함 언약에 기초해 에돔의 심판을 예언한 것입니다. "너를 저주하는 자에게는 내가 저주하리니"(창 12:3).

하나님께서 눈동자처럼 여기시는 유다가 바벨론에게 멸망당할 때, 이것을 기뻐하고 이 정세를 자기에게 유리하게 이용하려 했던 에돔 족속은 하나님의 심판을 면할 수 없었습니다.

"네가 형제의 날 곧 그 재앙의 날에 방관할 것이 아니며 유다 자손이 패망하는 날에 기뻐할 것이 아니며 그 고난의 날에 네가 입을 크게 벌릴 것이 아니며"(옵 1:12).

형제의 아픔을 이용하고 도외시하는 에돔에게 경고를 하며, 동시에 이스라엘을 위로합니다. 어떤 힘든 상황도 그것이 끝이 아니므로 포기하지 말라는 것입니다. 다시 일어서게 될 것이라 말씀합니다. 하나님이 반드시 회복시키시고 치유하실 것이라고 약속합니다. "구원받은 자들이 시온 산에 올라와서"(옵 1:21). 그러니 소망의 끈을 놓지 말라고 말씀합니다.

미국의 전설적인 야구 선수 요기 베라는 열다섯 시즌 연속으로 올스타에 뽑히고, 세 차례나 MVP에 오른 사람입니다. 그는 가난한 유년 시절을 보내면서 중학교도 마치지 못하고 직업 전선에 뛰어들어야 했습니다. 그러나 야구를 좋아했던 그는 끝내 꿈을 포기하지 않고 뉴욕 양키스 구단에 입단합니다. 그리고 양키스의 포수로서 1946년부터 18년 동안 통산 안타 2,150개, 홈런 358개를 치며 팀의 월드시리즈 10회 우승을 이끕니다.

은퇴 후 1971년에는 뉴욕 메츠의 감독에 선임되었습니다. 1973년, 메츠가 시카고 컵스에 9.5게임 차로 뒤진 채 최하위의 성적을 내고 있을 때, 한 기자가 그에게 이번 시즌은 여기서 끝이냐고 질문했습니다. 이에 대한 그의 답변은 지금까지도 가장 유명한 야구 명언 중 하나로 꼽힙니다.

"끝날 때까지 끝난 게 아닙니다."

이 명언과 함께 메츠는 컵스를 제치고 내셔널리그 동부지구 우승을 차지합니다.

지금 가장 힘든 시간을 보내고 있더라도 마침표를 찍기 전까지는 아직 끝이 아닙니다. 좌절하고 포기하기에는 아직 이릅니다. 하나님이 함께하십니다. 오바댜를 통한 하나님의 메시지입니다.

"오, 주여.
우린 너무 쉽게 포기합니다.
너무 쉽게 좌절하고 맙니다.

끝날 때까지 끝난 게 아니라고
외치게 하소서!
소망의 끈을 놓지 않게 하소서.
이 아침의 기도입니다."

주님의 눈물

"예수께서 이르시되 내 말이 네가 믿으면 하나님의 영광을 보리라 하지 아니하였느냐 하시니"(요 11:40).

사도 바울은 묵상을 많이 한 사람입니다. 회심하기 전에는 말씀을 율법 그대로 받아들여 문자주의의 신봉자였지만, 다메섹으로 가는 길에 주님을 환상 가운데 만난 이후에는 깊은 묵상을 하기 시작합니다. 전에는 말씀을 문자 그대로만 받아들였지만, 깊은 묵상과 함께 그의 눈이 열리고 풍부한 상상력과 함께 말씀에 담긴 하나님의 뜻을 깨닫기 시작했습니다. 주님의 마음이 보이기 시작한 것입니다.

그래서 에베소에 보내는 편지에 기록합니다. "너희 마음의 눈을 밝히사…너희로 알게 하시기를 구하노라"(1:18-19). 말씀을 깊이 깨닫고 하나님과 그분의 뜻을 아는 성도가 되라는 권면입니다.

믿음의 사도로 알려진 그가 고린도 교회에 보낸 편지에서는 사랑을 말씀합니다. "믿음, 소망, 사랑, 이 세 가지는 항상 있을 것인데 그중의 제일은 사랑이라"(고전 13:13). 무슨 말씀일까요? 믿음은 결국 사랑의 열매이고,

사랑이 있어야 믿음도 소망도 갖게 된다는 말씀입니다.

여기서 바울이 말씀하는 사랑은 물론 아가페 사랑입니다. 이는 '긍휼'에 더 가까운 의미입니다. '긍휼히 여기는 마음'은 하나님께서 우리에게 나타내신 모든 역사의 동기입니다. 우리를 불쌍히 여기신 것이 모든 기적의 시작입니다. 나사로를 살리신 사건도 그를 불쌍히 여기신 주님의 마음이 그 시작점입니다. "보시고 심령에 비통히 여기시고 불쌍히 여기사…예수께서 눈물을 흘리시더라"(요 11:33, 35). 예수님께서 불쌍히 여기고 눈물을 흘리십니다. 그리고 말씀하십니다. "내 말이 네가 믿으면 하나님의 영광을 보리라 하지 아니하였느냐"(요 11:40).

믿음은 하나님의 긍휼을 깨닫고 긍휼히 여기는 자가 되어 가는 열매입니다. 긍휼히 여길 때 하나님의 크신 역사를 믿게 되고, 그 역사가 시작됩니다. 그래서 주님은 산상수훈에서 말씀하십니다. "긍휼히 여기는 자는 복이 있나니 그들이 긍휼히 여김을 받을 것임이요"(마 5:7). 이런 각도에서 볼 때, 사도 바울이 말씀한 "더욱 큰 은사"(고전 12:31)는 긍휼이 아닐까요?

지금은 고인이 되신 오랄 로버츠라는 강력한 신유 사역자가 있습니다. 그는 자신이 설립한 대학 정문에 '기도하는 손'을 크게 조형탑으로 세우고, 24시간 기도하는 '기도탑'을 만들었습니다. 또 학생들이 기도탑에 들어가 전화로 미 전역에서 기도 요청을 받고 기도해 주는 기도 '핫라인'도 만들었습니다. 또 탑 안에 한국식으로 말하면 '기도굴'을 만들어 누구든 들어가 기도할 수 있게 했습니다.

한창 부흥 사역을 활발하게 하고 있을 때 어느 기자가 질문했습니다. "목사님의 강력한 신유의 능력은 어디서 나옵니까?" 잠시 주저하던 그가 대답합니다. "긍휼히 여기는 마음입니다. 아픈 사람을 대하면서 긍휼이 가슴에 솟아날 때 저절로 손을 내밀어 안수하게 됩니다." 그때 그를 통해 하나님의 역사가 나타난다는 것입니다.

긍휼히 여기는 마음은 발명의 역사에서도 그 동기가 됩니다. 1800년대

초, 바람과 파도에 의지하던 항해 시절에 발명된 증기선도 긍휼히 여기는 마음으로 시작되었습니다. 로버트 풀턴이 발명한 증기선은 당시 배가 물살을 거슬러 올라갈 수 없다는 불가능을 가능으로 바꾼 혁명이었습니다. 이러한 증기선을 만들게 된 배경으로 전해 내려오는 이야기가 있습니다.

뉴잉글랜드 한 마을에 미국 독립전쟁으로 두 팔을 잃은 군인이 살고 있었습니다. 퇴역 후 마을에서 나룻배로 사람들을 태워 나르며 겨우 생계를 잇고 있었습니다. 두 팔이 없던 그 군인은 자신만의 방법으로 열심히 노를 저었습니다. 나룻배에 페달을 장착해 팔이 아닌 발로 페달을 밟으며 나룻배를 움직였던 것입니다. 우연히 이 광경을 본 풀턴은 안타깝고 불쌍한 마음에 덜 힘들게 노를 젓는 방법이 없을까 고민했습니다. 긍휼히 여기는 마음이 그의 모든 생각을 사로잡은 것입니다. 그리고 마침내 증기선을 최초로 발명합니다.

긍휼히 여기는 마음은 안 보이던 것을 보게 하고, 주님의 마음을 깨닫게 합니다. 세상은 보는 것을 믿지만, 성경은 믿어야 본다고 말씀합니다. 신앙의 역설입니다. 보았기 때문에 믿는 것이 아니라, 믿으면 보입니다. 이것이 믿음의 신비입니다. 그 믿음은 바로 긍휼히 여기는 마음에서 비롯된 열매입니다.

"오, 주여.
하나님의 긍휼을 깨닫게 하소서.
우리 마음의 눈을 열어
주를 보게 하소서.
하나님의 영광을 보기 원합니다.
영혼을 바라볼 줄 알게 하소서.
긍휼히 여기는 마음을 갖게 하소서.
이 아침의 기도입니다."

마음이 무너질 때

"마음에서 나오는 것은 악한 생각과 살인과 간음과 음란과 도둑질과 거짓 증언과 비방이니"(마 15:19).

마음은 우리의 영혼이 거하는 곳입니다. 또 우리의 모든 인격 활동의 중심입니다. 모든 행동이 바로 마음에서 시작됩니다. 영적 전쟁의 최전선이 바로 우리의 마음입니다.

마음에서 생명의 근원이 나고(잠 4:23), 동시에 모든 "악한 생각과 살인과 간음과 음란과 도둑질과 거짓 증언과 비방"도 마음에서 나옵니다. 인간의 범죄로 말미암아 더럽혀졌기 때문입니다.

그래서 예레미야 선지자는 "만물보다 거짓되고 심히 부패한 것은 마음이라"(렘 17:9)라고 말씀합니다. 예수님도 우리에게 육신의 배설물보다 더 더러운 것이 마음에 숨어 있다고 강조하십니다. "입으로 들어가는 모든 것은 배로 들어가서 뒤로 내버려지는 줄 알지 못하느냐 입에서 나오는 것들은 마음에서 나오나니 이것이야말로 사람을 더럽게 하느니라"(마 15:17-18).

그러므로 신앙생활은 무엇보다 마음을 지키는 것입니다. 마음에서 이기면 다 이긴 것이고, 마음에서 지면 이미 다 진 것입니다. 마음을 잘 지키고 관리해야 합니다.

포르투갈의 노벨 문학상 수상 작가인 주제 사라마구가 쓴 장편 소설 《눈먼 자들의 도시(*Ensaio sobre a Cegueira*)》에는 바이러스 감염으로 시력을 잃은 사람들이 등장합니다.

어느 마을에 이상한 일이 벌어집니다. 한 사람이 차를 타고 가다가 갑자기 눈앞이 하얗게 되면서 시력을 잃어버립니다. 그런데 이 사람을 집에 데려다 준 사람도 똑같이 시력을 잃습니다. 그리고 그와 접촉한 사람들이 한 명씩 다 시력을 잃어 갑니다. 결국 마을 전체가 바이러스로 인해 '눈먼 자들의 도시'가 되어 버립니다. 단 한 사람, 주인공의 아내만이 볼 수 있습니다.

그러나 그녀는 남편을 구하기 위해 앞을 못 보는 사람처럼 행동합니다. 그 도시는 눈먼 사람들이 지배합니다. 특별히 총을 가진 사람이 권력과 부를 축적합니다. 인간성을 상실한 도시의 참혹상을 그리고 있습니다.

작가는 하나님을 잃어버린 인간 사회의 참혹한 현실을 작품을 통해 묘사하고 있습니다. 눈먼 자들의 도시는 악의 속성이 발전적으로 나타남을 보여 줍니다. 처음에는 책임 전가로 나타납니다. 모든 악의 책임을 다른 사람에게 돌립니다. 이 책임 전가는 창세기에서 아담이 죄를 범한 후 하와에게 책임을 떠넘기는 것으로 처음 나타납니다. 악을 정당화시키는 과정입니다. 마치 9·11 사태를 일으킨 테러리스트들이 자신들의 테러 행위가 정당하다고 주장하는 것과 같습니다. 파괴는 결과일 뿐이라는 것입니다.

이러한 악이 한 단계 더 나아가 심미학적으로 발전합니다. 악을 기뻐하는 모습입니다. 남이 잘되는 것을 보고 기뻐하는 것이 아니라 망하는 것을 보고 기뻐합니다. 거짓말하는 것이 재미있고, 속이는 것이 즐겁고, 악한 일을 하면서 통쾌함을 느낍니다. 무서운 악의 속성입니다.

또 더 나아가 의지적인 악으로 발전합니다. 악을 행하고 성취감을 누립니다. 그러는 사이에 자기가 악의 노예가 되어 있다는 것도 모른 채 그저 눈앞의 성공이나 권력만을 즐기게 됩니다. 어느 사이에 악마의 도구가 되어 버린 것입니다.

마음이 무너지면 인생이 무너지고, 마음을 지켜 내면 승리하게 됩니다. 마음의 중심에 하나님이 계시면 됩니다. 그래서 바울은 "그리스도께서 너희 마음에 계시게 하시옵고"(엡 3:17)라고 기도합니다. 주님을 마음에 모시고 사는 사람은 삶에서 일어나는 모든 일에서 하나님의 주권을 인정합니다. 잘 이해되지 않더라도 하나님이 우리 인생을 지키시고 인도하신다는 확신 속에서 하나님께 모든 것을 맡기고 의뢰합니다.

그리고 하나님의 말씀을 마음의 중심에 두고 늘 묵상하며 살아갑니다. 그러면 마음을 흔들림 없이 견고하게 지킬 수 있게 됩니다. 마음과 생각이 소용돌이칠 때 감사와 기도는 우리의 마음과 생각을 지켜 주는 강력한 제방과 같습니다. 나쁜 생각은 우리 자신의 힘으로 통제되지 않습니다. 생각하지 않겠다고 결심하지만 또다시 나쁜 생각을 하고 맙니다. 오직 믿음의 발로 밟아야만 통제됩니다.

마음이 무너질 때, "나는 십자가에서 죽었다"라는 짧은 선포를 반복해 보십시오. 이 선포는 "내가 그리스도와 함께 십자가에 못 박혔나니 그런즉 이제는 내가 사는 것이 아니요 오직 내 안에 그리스도께서 사시는 것이라"(갈 2:20)라는 바울의 고백을 짧게 만든 기도입니다.

말씀을 어떻게든 생활화하는 삶, 그것만이 우리의 살길입니다.

"오, 주여.
우리의 마음이 소용돌이치고
무너질 때가 있습니다.
그때 주님의 말씀이 기억나게 하소서.

새 힘을 얻게 하소서.
성령이여, 우리를 도우소서.
이 아침의 기도입니다."

쉽지 않은 고백

"주신 이도 여호와시요 거두신 이도 여호와시오니 여호와의 이름이 찬송을 받으실지니이다"(욥 1:21).

크든 작든 우리에게는 오늘의 삶의 방식을 만든 신앙의 체험적 사건이 있습니다. 그것은 할 수만 있다면 돌이키고 싶은 악몽과 같은 사건이었을 수도 있습니다.

인생의 모든 것을 잃고 허탈한 심정으로 욥이 고백합니다. "주신 이도 여호와시요 거두신 이도 여호와시오니 여호와의 이름이 찬송을 받으실지니이다." 그러나 그의 곁을 지키던 아내가 "하나님을 욕하고 죽으라"(욥 2:9)라고 독설을 퍼붓고 떠났다고 누가 함부로 그녀를 욕하면서 그 고통을 무시할 수 있을까요?

우리는 과연 인생의 아픔을 대단치 않은 듯이 여기고, 그래도 하나님을 의지한다고 쉽게 고백할 수 있을까요? 욥의 고백은 누구에게도 쉽지 않은 고백이기에 성경이 이 사건을 기록하고 있는 것입니다. 즉, 기억하라는 것입니다. 누구든 삶에서 나쁜 일을 경험할 수 있기에 대비하라는 것입니다. 욥에게 임했던 사건이 욥만의 일이 아닐 수도 있다는 것입니다.

해롤드 S. 쿠쉬너의 《왜 선한 사람에게 나쁜 일이 생기는가?》(When Bad Thing Happens to Good People)라는 책이 주는 교훈이 그것입니다.

1994년 11월, 스콧 윌리스 목사는 아내 자넷 그리고 여섯 자녀와 함께 밀워키 94번 고속도로를 달리고 있었습니다. 그런데 갑자기 앞에서 달리던 트럭에서 쇳조각 하나가 떨어져 그의 차로 날아왔습니다. 윌리스 목사는 미처 피할 수가 없었고, 그 쇳조각은 차 밑으로 굴러 들어갔습니다. 그리고 그 쇳조각이 차의 연료통을 강타해 차가 폭발하고 말았습니다.

차에 타고 있던 여섯 자녀 중 다섯 명이 그 자리에서 죽었습니다. 사고 현장에서 구조를 받아 생존했던 아들 벤저민마저 몇 시간 후 병원에서 사망했습니다. 윌리스 목사와 그의 아내는 크게 화상을 입은 채 겨우 구조를 받아 그 차에서 빠져나왔으나, 화염에 불타는 차 안에서 죽어 가는 자녀들의 모습을 지켜봐야만 했습니다.

큰 화상을 입고 고통으로 몸을 가눌 수조차 없었던 윌리스 목사는 눈물을 흘리며 아내에게 이렇게 말했습니다. "여보, 하나님이 이 시간을 위해 우리를 지금까지 준비시켰나 보오."

그들의 사고 소식과 윌리스 목사가 아내에게 했던 말이 다음과 같은 짧은 촌평과 함께 미국 전역에 보도되었습니다. "예수 그리스도께서 이 부부가 겪은 그 엄청난 고통의 순간에도 함께하셨다."

윌리스 목사 부부는 그 사고로 입은 화상으로 오랫동안 고생하다가 회복한 후, 매일 아침 잠에서 깨어나 일어나면 서로를 보며 이렇게 얘기했다고 합니다. "오늘도 우리가 신실하신 하나님을 믿고 있음을 확인할 하루가 시작되었구려." 그리고 매일 잠자리에 들기 전에는 이렇게 얘기합니다. "우리 아이들을 만날 날이 하루 더 가까워졌네요."

윌리스 목사 부부의 고백은 아무나 쉽게 할 수 있는 고백이 아닙니다. 하나님을 신뢰하지 않고는 결코 할 수 없는, 쉽지 않은 고백입니다. 하나님이 우리 모든 것의 '주 되심'을 선포하는 고백입니다.

욥의 고백이 결코 자조적이거나 시니컬한 것이 아니었음을 알 수 있는 것은, 그 고백 바로 전의 선언 때문입니다. "내가 모태에서 알몸으로 나왔사온즉 또한 알몸이 그리로 돌아가올지라."

몇 년 전 어느 잡지에서 김형석 교수를 인터뷰했습니다. 100세가 넘은 김형석 교수는 철학자만이 아니라 존경받는 신앙인으로 널리 알려진 분입니다. 기자가 '철학과 신학의 차이'에 관하여 물었을 때 이렇게 답합니다.

"철학은 인간에 대해 알려 주지만 인간이 처한 문제는 해결해 주지 못합니다. 그러면 종교가 해결해 주느냐? 아닙니다. 저는 그 답을 예수에게서 찾았어요. 신앙을 가지려면 성실성에 경건성이 더해져야 합니다. 성실한 사람은 악마가 건드리지 못합니다. 유혹을 받는 것은 성실하지 못하기 때문이지요. 그렇다면 경건이란 무엇이냐? 호수가 잔잔해야 달 그림자와 별 그림자를 볼 수 있어요. 그 잔잔함이 바로 경건이지요."

김 교수가 말하는 잔잔함은 바로 주님이 주시는 평안입니다. 세상이 주는 평안이 아닙니다. 어떠한 상황에서도 흔들리지 않고 주를 의지할 수 있는 믿음으로 한 걸음씩 나아갈 때 욥의 쉽지 않은 고백이 우리의 고백이 됩니다.

"오, 주여.
욥의 고백을 들으면서
우리는 아직 멀었다는
생각을 할 수밖에 없습니다.
우리를 오래 참고 기다려 주시는
주를 바라봅니다.
그 고백을 우리도 할 수 있게 하소서.
이 아침의 기도입니다."

차이를 만드는 사람들

"너는 그에게 이자를 받지 말고 네 하나님을 경외하여 네 형제로 너와 함께 생활하게 할 것인즉"(레 25:36).

오래전 할머니에게 들었던 말이 기억납니다. 《명심보감》에 있는 "큰 부자는 하늘이 낸다"는 말입니다. 할머니는 성경 말씀을 옛 성현의 가르침에 빗대어 말씀하셨던 것입니다.

성경에서 말하는 부자가 되는 방법은 이와 크게 다르지 않습니다. 모든 소유가 하나님의 것이며, 이 땅에서의 소유는 일시적임을 가르치는 것이 성경이 말하는 '청부(淸富)론'의 첫 번째 지침입니다. 여기서 나온 것이 바로 공존의식입니다. 이는 주변의 도움이 필요한 사람을 등한시하지 말고 돌아보며 나누는 정신을 말합니다. 그래서 성경은 말씀합니다. "너는 그를 도와…너와 함께 생활하게 하되"(레 25:34-35).

뛰어난 장사 수완으로 청나라 최고의 거상이 된 호설암은 평소 인품도 훌륭했지만, 그에게 조언을 구하는 사람에게 단호하게 훈계하기로도 유명했습니다. 요즘으로 치면 워런 버핏 같은 사람이었습니다.

어느 날, 한 상인이 호설암의 집을 방문했는데 상인의 얼굴에는 초조한 기색이 역력했습니다. 그 상인은 최근 사업이 기울어 목돈이 급히 필요했기에, 가지고 있는 자산을 헐값에 호설암에게 넘기려 했습니다. 호설암은 그 상인에게 내일 다시 오라고 했습니다.

다음 날이 되자 호설암은 상인의 부탁을 들어주겠다고 했습니다. 하지만 상인의 재산을 헐값이 아닌 시장 가격으로 매입하겠다고 말합니다. 너무 놀라 눈이 휘둥그레진 상인의 어깨를 두드리며 호설암은 이렇게 말했습니다.

"나는 잠시 당신 자산을 보관할 뿐이오. 당신이 이번 난관을 잘 넘겨서 나중에 다시 매입하시오. 다만 원가만 받기는 좀 뭣하니 아주 약간의 이자만 받도록 하겠소."

상인은 호설암의 호의에 감사를 표하고 눈물을 흘리며 떠났고, 호설암의 제자들은 아무리 생각해도 이해가 되지 않아 물었습니다. "스승님, 다른 사람들에겐 호되게 훈계하시면서 정작 자신의 수익은 왜 신경 쓰지 않으십니까? 입에 들어온 고기도 삼키지 않으시다니요."

그러자 호설암이 제자들에게 말했습니다. "나에게 이번 일은 단순한 투자가 아니다. 한 집안을 구하는 일이었고, 친구를 사귀는 일이었으며, 상인으로서 양심에 부끄럽지 않은 일을 한 것이다. 누구라도 비 오는 날 우산이 없을 수 있는데, 위급할 때 타인을 도와준 사람은 나중에 똑같은 도움을 받을 수 있다." 호설암의 성공 철학은 돈보다 사람을 소중하게 여기는 것이었습니다. 자신이 얻은 이익을 혼자만 누리는 것이 아니라, 주변 사람들에게 그 혜택을 나누어 주려 했습니다.

성경이 말씀하는 절기 중 안식일과 희년의 개념, 그 정신이 이와 같습니다. 바로 이웃과의 공존입니다. 공존의 개념은 나눔에 있습니다. 특히 희년은 나눔을 '해방'의 개념으로 선포하는 절기입니다. 희년은 일곱 번의 안식년을 지낸 다음 해인 50년째 해입니다. 이때 사회에서 실패한 사람들은 새로운 기회를 얻고, 그들의 실패를 통해 이익을 얻었던 사람들은 얻었던 것을 돌려줍니다. 이는 우리의 소유가 일시적임을 가르쳐 주시는 하나님의 지침입니다. 이로써 이 땅의 소유가 영원한 것이 아님을 깨닫게 하셨습니다. 하나님의 백성은 자기 힘이 아니라, 하나님의 공급하심과 지켜 주심을 신뢰하며 살아가는 것입니다.

이를 깊이 깨달았던 캐나다 노바스코샤의 한 노부부가 있습니다. 그들은 복권 당첨으로 미화 1천만 달러에 상당하는 거액을 수령했지만, 이를 전액 기부해 큰 화제를 낳았습니다.

78세인 바이올렛 라지와 알렌은 결혼 35년차 부부입니다. 알렌은 용접공으로 일하고, 바이올렛은 소매업을 운영하며 이들은 소시민으로 성실하게 살아왔습니다. 그러던 어느 날 복권 당첨으로 1,130만 캐나다 달러를 받았을 때, 바이올렛은 암 환자로 항암치료를 받고 있었습니다. 그러나 그들은 상금의 단 1퍼센트도 자신들을 위해 쓰지 않았습니다.

그들은 먼저 1,100만 캐나다 달러를 자선 단체에 기부했습니다. 그들이 먼저 이 베풂을 실천한 곳은 암 치료를 받고 있던 병원이었습니다. 또 교회, 소방서, 묘지, 적십자, 암과 알츠하이머를 치료하는 기관들을 선정해, 도움이 필요한 모든 곳에 골고루 나누어 기부했습니다.

무려 두 페이지에 달하는 기부처 목록을 작성하면서 실제 도움이 필요한 곳을 찾아 다녔다고 하니, 그 과정이 오히려 이 노부부에게는 고된 노동이었을 것입니다. 그러나 그들은 말합니다. "우리는 우리 동네에 사는 것을 자랑스럽게 생각합니다. 돈으로는 건강이나 행복을 살 수 없습니다. 본래 우리의 것이 아니었던 돈에 대해서는 일말의 후회도 없습니다."

우리가 세상을 이처럼 성경대로 살아간다면 우리도 진정한 '차이를 만드는 사람'이 될 수 있습니다.

"오, 주여.
우리도 차이를 만드는 사람이
되게 하소서.
이 아침의 기도입니다."

'염려'라는 헛발질

"목숨을 위하여 무엇을 먹을까 무엇을 마실까 몸을 위하여 무엇을 입을까 염려하지 말라"(마 6:25).

벌써 오래전 체코의 프라하에서 유럽 감리교 목회자 세미나를 인도한 적이 있습니다. 당시만 해도 전도연 주연의 인기 드라마 〈프라하의 연인〉이 끝난 지 불과 1~2년밖에 안 되었을 때였습니다. 이에 따라 한국발(發) '프라하 관광' 붐에 떠밀려, 목사님들과 함께 '프라하 하루 관광'을 했습니다. 온종일 걸으면서 도시를 구석구석 보여 주는 돈 안 드는 '난 코스'였습니다.

드라마를 찍었던 장소도 그 먼 곳을 걸어서 올라갔습니다. 꼭 이렇게 해야 하나 싶은 생각이 들 때쯤, 도시 한복판에서 체코가 자랑하는 두 사람의 동상을 보았습니다. 하나는 얀 후스의 동상으로, 마틴 루터에게 가장 큰 영향을 끼쳐 종교개혁의 시초가 된 순교자입니다. 당시 가톨릭의 부패에 저항하다 화형 당하는 끔찍한 최후를 맞았습니다.

또 하나는 프라하에서 유명한 유대인의 거리에 세워진 보헤미안 실존주의 문학의 거성 프란츠 카프카의 동상입니다. 《변신》이라는 그의 작품을 놓고 길거리에서 문학 토론을 벌이는 진풍경도 보았습니다. 카프카의 동상을 보려고 온 수많은 인파 사이에서 발견한 그의 어록 중 하나가 눈길을 끌었습니다. 카프카는 인간의 조급함이 모든 죄의 근원이라고 말하고 있었습니다. 그리고 조급증에 걸린 우리를 향해 "지금보다 조금 더 너그러운 마음을 가지고, 조금 더 천천히 생각하며, 조금 더 넉넉하게 말함으로, 조금 더 여유롭게 행동하라"고 권합니다.

이런 카프카의 충고를 읽으며 나 또한 조급증에 걸려 있기에 깊은 묵상을 하게 되었습니다. 그리고 카프카에게 백기를 들고 조급함이 모든 염려와 걱정의 주범임을 인정하게 되었습니다.

어떤 사람이 이 염려를 자동차에 재미있게 비유했습니다. 염려는 자동차에 앉아서 기어를 중립에 놓고 시동을 켠 다음 액셀러레이터를 밟아 대는 것과 같다는 것입니다. 소리는 요란합니다. 엔진은 나 죽는다고 돌아갑니다. 기름은 펑펑 들어갑니다. 그러나 차는 한 치도 움직이지 않습니다. 에너지만 소비합니다. 소음만 요란할 뿐입니다. 그래도 차가 출발하지 않으니 더 조급하게 액셀러레이터를 밟습니다.

염려가 무엇입니까? 기어를 중립에 놓고 액셀러레이터를 밟는 것과 같습니다. 사람만 분주합니다. 정서적으로, 영적으로 모든 에너지를 소모할 뿐입니다. 그러니까 무익합니다. 쓸모없는 것입니다. 왜 그렇게 합니까? 카프카의 말처럼 조급해서입니다.

이러한 염려를 묶어 놓을 수 있는 비결이 무엇일까요? 염려가 우리 삶에서 함부로 날뛰지 못하도록 재갈을 물리고 묶어 놓는 비결을 주님께서는 세 가지로 알려 주십니다.

첫 번째 말씀은 "하물며 너희일까 보냐"(마 6:30)입니다. 예수님께서 염려하는 제자들을 보고 두 가지 예를 드십니다. 공중에 나는 새와 들의 백합화입니다. 염려와 걱정이 문득문득 우리를 공격할 때 새와 들꽃을 보면서 우리를 먹이시고 입히시는 하나님을 생각하라는 것입니다. 그리고

'염려 스톱' 하고 선포하는 것입니다.

두 번째 말씀은 "있어야 할 줄을 아시느니라"(마 6:32)입니다. 이것은 하나님께서 우리의 사정을 다 알고 계심을 확신한다는 선포입니다. 하나님은 우리 사정을 우리보다 더 잘 아십니다. 이것을 잊어버리기에 자꾸 조급해지고 염려에 다시 묶이게 됩니다. 염려에 묶이지 않고 믿음으로 우리를 묶으려면 계속해서 우리 심령에 말씀을 공급해야 합니다. "있어야 할 줄을 아시느니라!" 믿음의 말씀이 우리 안에서 소리를 지르며 선포하는 이상, 염려는 꼼짝 못 합니다. 믿음이 염려를 묶어 놓는 것입니다.

세 번째 말씀은 "이 모든 것을 너희에게 더하시리라"(마 6:33)입니다. 우리가 하나님의 나라와 그 의를 구하기만 하면 하나님이 때를 따라 필요한 것을 구하지 않아도 다 주신다는 말씀입니다. 다 알고 암송하는 말씀인데도 실제로는 어렵게 느껴집니다. 그의 나라와 그의 의를 구하는 것이 너무 어렵다고 생각하기 때문입니다. 그의 나라와 그의 의를 구한다는 것이 무엇입니까?

나는 대학으로 떠나는 학생들에게 이 말을 꼭 해줍니다. "하루 스케줄에 하나님과의 시간을 꼭 넣어라." 예수님을 주로 인정하고 하루의 일과에 그분과의 시간을 꼭 포함시키라는 것입니다. 우리 삶에서 하나님을 제외시킨 날은 허무한 결과만 남을 뿐입니다.

"오, 주여.
주님과의 동행을 어렵게만
생각해 왔습니다.
생각을 바꾸게 하소서.
'염려'라는 헛발질을
믿음의 말씀으로 묶게 하소서.
이 아침의 기도입니다."

먼저 감사

"모든 일에 기도와 간구로, 너희 구할 것을 감사함으로 하나님께 아뢰라"
(빌 4:6).

기독교 포털 갓피플은, '갓피플 성경 앱'을 이용하는 50만 명을 대상으로, 코로나 팬데믹으로 힘들었던 2020년 한 해 동안 사람들이 가장 많이 찾고 읽은 성경 구절을 집계해 발표했습니다. 집계 기준은 앱에 설치된 기능 중 성경 말씀에 밑줄을 긋는 형광펜 기능이 적용된 횟수입니다. 그 결과, 가장 많이 읽은 성경 구절은 빌립보서 4장 6절이었습니다.

"아무것도 염려하지 말고 다만 모든 일에 기도와 간구로, 너희 구할 것을 감사함으로 하나님께 아뢰라."

2위는 바로 그다음 절로 "그리하면 모든 지각에 뛰어난 하나님의 평강이 그리스도 예수 안에서 너희 마음과 생각을 지키시리라"(빌 4:7)였습니다.

검색어 순위를 보니, 갑작스러운 불안과 걱정, 염려가 많았던 코로나 상황에서 하나님께 집중하며 불안과 염려를 이기려 했던 성도들의 마음이 그대로 드러나 있었습니다.

우리 마음과 생각에 염려가 뭉게구름처럼 피어오르고 마음을 어둡게 할 때, 그 모든 염려를 평강으로 바꾸어 주는 비결을 사도 바울은 전통적인 히브리 방법에서 찾고 있습니다. 바로 '샤알'입니다. 본인 스스로의 훈련에서 나온 방법입니다. '샤알'이란 '기도와 간구로 하나님께 아뢰는 것'입니다. 그런데 바울은 이 '샤알'에 감사를 더하고 있습니다. 즉, 감사함으로 '샤알'하는 것입니다.

대부분의 염려가 아직 일어나지 않은 일에 대한 선제적 염려이기에, 역으로 '선제적' 감사를 드림으로 염려를 상쇄하는 것입니다. 왜냐하면 감사는 믿음의 꽃이기 때문입니다.

우리가 기도할 때 먼저 감사로 시작하는 것은, 우리가 이미 받은 은혜로 인한 것도 있지만, 기도 제목이 기도 중에 해결될 것이라는 확신에 근거한 것이기도 합니다. 그러나 바울의 심중에 있는 감사는 '하나님께 맡김'으로 말미암은 평강과 감사임에 틀림없습니다. "모든 것을 합력하여 선을 이루시는" 하나님께 맡기는 것이기 때문입니다(롬 8:28).

하나님께 맡긴다는 것은 그 일이 무조건 잘될 것이라고 믿는다는 의미가 아니라, 하나님께서 원하시는 방식대로 원하시는 때에 이루실 것이라는 믿음에 근거합니다. 바울은 모든 것을 아시는 하나님에 대한 전적 신뢰를 말씀합니다. '샤알' 그 자체가 주는 평강을 말씀하는 것입니다. 그래서 '먼저 감사'입니다.

앞으로 벌어질 일들이 어떤 형태를 띠더라도, 설혹 사람들이 객관적으로 좋지 않은 일로 평가할 일이 일어난다 할지라도, 감사함으로 그 상황에 처할 수 있습니다. "그리 아니하실지라도"의 감사입니다. 왜냐하면 그 일은 하나님께서 허락하신 일이고, 하나님께서 하시는 모든 일은 우리에게 선한 것임을 믿기 때문입니다. 그래서 우리는 먼저 감사할 수 있습니다. 우리 자신을 하나님의 손에 맡겨 버리기 때문입니다.

1998년 미국 듀크 대학 병원에서 특별한 실험 결과를 발표했습니다. 매일 감사 일기를 쓰면서 감사하는 생활을 한 사람과 그렇지 않은 사람을 실험군으로 두고 평균 수명을 조사한 통계입니다. 매일 감사하면서 산 사람들이 평균 7년을 더 오래 살았습니다. 더 놀라운 결과는 감사하면 신체의 면역체계가 24시간 더 강화되고, 1분 동안 화를 내면 6시간 동안 면역체계가 약화된다는 것입니다.

이런 결과에 도전을 받은 저널리스트 제니스 캐플런이 《감사하면 달라지는 것들》(The Gratitude Diaries)이라는 책을 썼습니다. 그녀는 바쁘게 살다 보니 삶이 엉망진창이 되었는데 그중 제일 심각했던 것이 부부관계였습니다. 그래서 1년 동안 감사 일기를 쓰면서 어떤 변화가 있었는지, 그리고 그것을 통해 깨달은 바를 기록했습니다.

가장 먼저 남편과의 관계가 회복되었습니다. 또 한 가지는 돈을 대하는 태도가 달라졌습니다. 감사를 표현하면서 이기적인 태도가 이타적으로 바뀌고, 삶의 긴장이 완화되고, 몸과 삶의 모습이 변화하는 과정이 있었다고 고백합니다.

'먼저 감사'는 우리의 삶의 질을 바꾸고 건강하게 만드는 능력입니다. '샤알'에 감사를 더하십시오. 마침내 선을 이루시는 하나님을 신뢰하고 하나하나 그분께 맡기십시오.

"오, 주여.
오늘도 하나하나
주님께 '먼저 감사'로 아룁니다.
주의 뜻을 이루시옵소서.
이 아침의 기도입니다."

아브람 미션

"내가 네게 보여 줄 땅으로 가라…이에 아브람이 여호와의 말씀을 따라갔고"(창 12:1, 4).

얼마 전부터 은퇴 후 저렴한 생활비로 비교적 안락한 타국에 가서 생활하는 사람을 칭하는 '국외 거주자'(expat)를 꿈꾸는 사람들이 많아지고 있습니다. 그러나 아브람 당시의 상황은 전혀 달랐습니다. 75세의 나이에 전혀 모르는 새로운 곳으로 떠난다는 것이 쉬운 일은 아니었을 것입니다. 익숙하고 안전한 곳을 떠나 알 수 없는 어딘가로 가는 것은 보통 일이 아닙니다. 예상할 수 없는 일에 대한 두려움이 있습니다.

하나님의 부르심을 받은 아브람은 상당한 갈등을 느꼈을 것입니다. 아마 잠을 이루지 못하고 생각을 거듭했을 것입니다. 꼭 떠나야만 하는지, 다른 방법은 없는지 하나님께 되물었을지도 모릅니다. 하나님은 왜 아브람에게 이렇게 어려운 명령을 주셨을까요?

아브람 미션에서 하나님이 주신 명령은 두 가지입니다. '가라'와 '복이 되라'는 명령으로, 이 두 가지 명령은 서로 원인과 결과로 연결이 됩니다.

아브람이 떠나지 않고 머물러 있으면 복이 될 수 없지만, 명령에 따라 떠나면 복이 될 수 있다는 것입니다. 그래서 이 두 명령을 하나님의 명령에 따른 약속, 부르심에 대한 축복이라 정의할 수 있습니다.

한국의 초기 선교사를 보면 흥미로운 이야기가 많이 있습니다.

전통적 양반 지역인 충청도 공주 지역에서 사역한 샤프 선교사 부부는 충청도에 감리교가 자리 잡고 뿌리를 내리는 데 큰 역할을 한 사람들입니다. 이들의 사랑의 수고는 많은 열매를 거두었습니다.

샤프 선교사 부부는 언덕 위에 2층짜리 붉은 벽돌집을 짓고 살았습니다. 당시 한국 사람들에게는 2층짜리 벽돌집이 생소했고 많은 호기심을 불러일으켰습니다. 1905년 11월, 사택이 완공되자 샤프 부부는 마을 사람들에게 집을 공개했습니다. 현관, 응접실, 식당, 서재, 침실을 둘러보며 마을 사람들이 감탄사를 연발했습니다. 그중 한 명이 샤프 목사에게 이렇게 말했습니다. "당신은 천당에 갈 필요가 없겠소. 이렇게 깨끗하고 좋은 집에서 사니 천당인들 이보다 더 낫겠소?"

샤프 부부는 몰려드는 구경꾼들로 개인 생활과 사역에 차질이 생겼지만, 늘 식탁에 앉아 기도하고, 서재에서 성경 읽고, 응접실에서 오르간을 연주하며 찬송하는 모습을 보여 주었습니다. 예수님을 모시고 사는 생활 곧 천당 생활이 어떤 것이지 보여 주었던 것입니다. 흥미롭게도 이런 전도 방법을 '구경 미션'이라 부르며 다른 선교사들에게도 적극적으로 권상했습니다.

선교 초기에는 '구경 미션'으로 예수님을 믿게 된 경우가 많았는데, 한국인 최초 목사 김창식, 광주 최초 목사 최흥종, 민중 목회자 전덕기도 선교사 가족의 생활 모습에 감동해 예수님을 믿었다고 합니다.

이와 함께 공주에서 복음이 널리 전파될 수 있었던 데는 샤프 선교사의 부인인 사애리시, 곧 앨리스 샤프의 헌신이 결정적인 역할을 했습니다. 샤프 선교사는 1906년 2월 젊은 나이에 하늘나라로 부르심을 받습니다.

사경회 인도를 위해 논산 은진 지방에 갔다 발진티푸스에 걸려 손도 못 써보고 세상을 떠난 것입니다. 남편을 잃은 샤프 부인은 공주에서 남편이 하던 일을 30년 넘게 계속합니다.

그리고 그곳에 영명학교를 설립하고 많은 인재를 길러 냅니다. 우리가 잘 아는 유관순, 중앙대학교 설립자 임영신, 최초의 한국인 여자 목사 전밀라, 여성교육자 박화숙 등이 샤프 부인의 가르침을 받은 대표적인 인물입니다.

아브람 미션은 꼭 장소적인 이동에 국한되지 않습니다. 새로운 삶으로 부르시는 하나님의 부르심을 총체적으로 상징하는 것입니다. 하나님의 부르심은 참된 축복의 경험을 위해 지금 그 자리에 머물러 있지 말고 나오라고 도전하십니다. 변화를 두려워하지 말고, 정말 복된 삶을 위해 가라고 명령하십니다. 이제 더는 멈추어 있지 말고, 하나님의 계획에 동참하는 자가 되라고 말씀하십니다. 익숙한 것들을 버리고, 세상의 가치와 만족을 포기하고, 하나님께서 지시하신 곳으로 떠나라고 명령하십니다. 새로운 삶의 방식으로, 새로운 목표를 위해 살아가라고 말씀하십니다. 지금까지 나를 위해서, 내가 좋아하는 것을 위해서, 그리고 내가 원하고 바라는 것, 온통 내가 중심이 되어 살아온 방식을 버리라고 하십니다.

그리고 주 안에서 인생의 의미와 참된 가치를 발견하고 하나님의 목적대로, 그 방향으로 살도록 부르십니다. "가라" 그리고 "복이 되라"고 명하십니다.

"오, 주여.
편안한 곳에 안주하지 않게 하소서.
익숙한 곳을 떠나
가서 복의 근원이 되게 하소서.
이 아침의 기도입니다."

뜻밖의 결과

"산들과 언덕들이 너희 앞에서 노래를 발하고"(사 55:12).

요즘 미국 프로야구 포스트 시즌 경기가 한창입니다. 샌디에이고 파드리스에서 주전 유격수로 뛰고 있는 김하성 선수를 보는 재미가 쏠쏠합니다. 또 대진 결과를 보면 완전히 '꼴찌들의 반란'입니다.

시즌 111승의 다저스가 89승밖에 안 되는 파드리스에 졌습니다. 시즌 101승의 전년 챔피언 애틀랜타 브레이브스가 87승의 필리스에 졌습니다. 시즌 승률 50퍼센트를 조금 넘는 두 팀이 내셔널 리그 챔피언전에 오른 것입니다. 전혀 뜻밖의 결과입니다. 병범하던 팀들이 비범하던 우승후보들을 재낀 것입니다. 포스트 시즌의 묘미입니다.

그렇게 어렵다는 이슬람권 선교에서도 전혀 뜻밖의 결과가 나타나고 있습니다. 중동지역에서 직접 선교를 통해 예수를 믿게 된 사람보다 필리핀 가정부들을 통해 믿게 된 사람 수가 훨씬 더 많다는 것입니다.

시아파의 중심인 이란 같은 이슬람 국가에 지하교인들이 늘고 있습니다. 더 놀라운 사실은, 독일에 이민 온 이란 사람들이 매년 수천 명씩 예수를 믿고 세례를 받는다는 것입니다. 정작 독일 사람들은 세례를 안 받고 있는데 무슬림이던 이란 사람들이 수천 명씩 세례를 받으니, 독일 사람들에게 매우 충격이라고 합니다. 누가 이런 것을 생각할 수 있었습니까? 전혀 뜻밖입니다.

하나님의 역사는 우리의 생각과 전혀 다른 방법으로 끊임없이 계속되고 있음을 보여 줍니다. 이사야 선지자가 그린 이스라엘의 회복이 이런 모습입니다.

남 유다가 망하면서 바벨론으로 끌려와 포로 생활을 하던 그들은 이제 길이 없다고 좌절했습니다. 하나님을 배신한 자기들의 죄를 하나님이 절대 용서해 주지 않으실 것 같았습니다. 예루살렘이 무너지고 성전이 부서진 것, 또 사람들이 끔찍하게 죽임당하는 것을 보았기에 이제는 끝이라고 느꼈습니다. 회개하고 하나님께 돌아오더라도 막강한 바벨론이 무너질 것 같지 않았습니다. 설사 바벨론이 무너지고 새 제국이 일어날지라도 포로인 자기들을 풀어 줄 것 같지 않았습니다. 어떻게 고향으로 돌아갈 수 있을지 길이 안 보였습니다.

우리도 마찬가지입니다. 하나님을 믿으면서도 하나님이 어떻게 이 문제를 해결해 줄 수 있을지 염려할 때가 많습니다. 하나님은 염려를 안 하시는데, 우리가 하나님 대신 걱정을 해드릴 때가 많다는 것입니다

그런데 하나님은 전혀 다른 수준의 답을 갖고 계십니다. 길이 없다고 하지만 그것은 우리의 시각일 뿐, 하나님에게는 우리가 보지도 못하고, 생각지도 못한 길이 있습니다. 그래서 이사야 선지자는 하나님의 심정을 이렇게 표현합니다. "내 생각이 너희의 생각과 다르며 내 길은 너희의 길과 다름이니라"(55:8).

믿음이 성숙한 사람은 하나님의 생각이 차원이 다르고 자기 생각보다 높다는 것을 인정합니다. 그러므로 자기가 원하는 대로 삶이 풀리지 않아도 낙담하거나 섣불리 다른 길을 찾아 나서지 않습니다.

솔직히 지금까지 우리가 계획한 대로 척척 다 된 것이 얼마나 됩니까? 그러니 생각대로 안 될 때 걱정할 필요가 없습니다. 우리가 생각하는 것보다 더 잘 풀릴 것이기 때문입니다. 우리는 '이렇게' 되면 좋겠는데 생각할 때, 하나님은 '저렇게' 되게 하십니다. 그런데 나중에 보면 '저렇게' 되는 게 '이렇게' 되는 것보다 훨씬 더 좋습니다. 그러니까 걱정할 필요가 없습니다. 하나님께서 우리 생각과 계획보다 훨씬 더 좋은 길을 이미 준비해 놓으셨기 때문입니다.

물론 당장 내가 원하는 대로 안 되면 답답하고 괴로울 수 있습니다. 그러나 세월이 지난 다음에 보면 바로 그것이 우리를 위한 하나님의 선하고 은혜로운 인도하심임을 깨닫게 됩니다. 그래서 이사야 선지자는 말씀합니다. "너희는 기쁨으로 나아가며 평안히 인도함을 받을 것이요 산들과 언덕들이 너희 앞에서 노래를 발하고 들의 모든 나무가 손뼉을 칠 것이며"(55:12). 기쁨의 언덕으로 나아가라고 합니다.

우리가 걷는 이 길은 세상 사람들이 가는 길과 다른 길입니다. 좁고 험할 수 있습니다. 그러나 이 길은 하나님의 사람들이 반드시 가야 하는 길입니다. 왜냐하면 생명의 길이기 때문입니다. 이 길 끝에 누가 서 계십니까? 주님이 두 팔을 벌리고 우리를 안아 주실 것입니다. 그래서 우리는 오늘도 서로 사랑하며 함께 기도로 하나 되어 담대하게 걸어가는 것입니다. 같이 걷는 것입니다.

"오, 주여.
오늘도 한 걸음 한 걸음
기쁨의 언덕으로 나아갑니다.
뜻밖의 결과를 기대합니다.
이 길 끝에 계신 주님을 바라봅니다.
이 아침의 기도입니다."

말년 실수

"너희가 나를 믿지 아니하고…너희는 이 회중을 내가 그들에게 준 땅으로 인도하여 들이지 못하리라"(민 20:12).

하워드 휴즈는 개인 자산이 20억 달러가 넘는 엄청난 부자였지만, 죽기 전 10년간 매우 고독한 삶을 살았습니다. 그런데 더 놀랍고 아이러니한 사실은 그의 사망 원인이 영양실조였다는 것입니다.

그는 상상할 수 없는 물질적 풍요로움 속에서 고독과 공허를 달래기 위해 방탕한 생활을 했습니다. 영화배우 에바 가드너와의 불행한 결혼 생활도 세상에 대한 그의 불신에 한몫을 합니다. 결국 그가 몸져누웠을 때 주위에서 그의 재산을 노리는 많은 사람이 몰려들었습니다. 휴즈는 어느 누구도, 심지어 자식조차 믿지 않았습니다. 그리고 특수 유리로 제작된 방에 스스로를 유폐시킨 채 살다가 음식도 제대로 먹지 못해 영양실조로 죽고 말았습니다.

하워드 휴즈의 불행한 삶의 원인은 무엇일까요? 그가 재물 관리는 성공했지만 마음 관리는 실패한 것입니다. 특히 그의 말년은 실수로 점철된 시간이었습니다.

민수기는 이스라엘의 절대적 지도자 모세의 말년 실수를 보여 주고 있습니다. 요즘에도 볼 수 있는 몇몇 대형 교회 목사들의 말년 실수와 크게 다르지 않습니다.

이스라엘 백성들의 출애굽을 돕고 광야 40년을 인도하던 모세가 말년에 실수를 합니다. 그의 실수는 구스 여인을 첩으로 두는 일탈에서 비롯되어, 누이 미리암과의 리더십 갈등으로 이어집니다. 그 후 그의 지도력을 의심하고 도전하는 무리가 우후죽순처럼 생겨나기 시작합니다. 하나님이 그 모든 사태를 진정시키셨음에도 불신의 씨앗은 커져 갔습니다.

나이 팔십이 넘어 이스라엘의 지도자가 된 모세의 온유하던 마음에 균열이 가기 시작합니다. 38년 동안이나 잠잠히 듣던 백성들의 불평과 원망에 이제 짜증을 냅니다. 요즘 표현으로 한다면, 마음이 번 아웃 된 상태에 이른 것입니다. 그 온유한 사람이 분노로 마음 관리에 실패한 것입니다. 마음 관리에 실패하자, 연쇄적으로 그 전의 실수까지 겹쳐 나타납니다.

이스라엘 백성들이 가데스 광야에 머무를 때 누이 미리암이 죽습니다. 회중은 또다시 모세에게 와서 불평합니다. 마실 물이 없다는 것입니다. 과거 고라의 사건 때 하나님의 심판으로 많은 사람이 죽었습니다. 그런데 이들은 자신들도 차라리 그때 죽었더라면 좋았겠다고 말합니다. 자신들을 왜 광야로 인도해 죽게 하냐고 항변합니다. 하나님은 모세에게 지팡이를 가지고 반석에 명하여 물을 내라고 말씀하십니다.

이때 모세가 말년의 실수를 저지르고 맙니다. 하나님의 명령대로 지팡이는 들었으나 "우리가 너희를 위하여 이 반석에서 물을 내랴"(민 20:10) 하고는 반석을 두 번이나 쳤습니다. 물을 달라고 거칠게 요구하는 이스라엘 백성들에 대한 분노를 드러냈습니다. 마음 관리에 실패하자, 하나님의 음성을 온전히 듣지 못하게 되고, 또 하나님의 뜻을 분별하지 못하게 된 것입니다.

　물이 솟아나 백성들과 짐승이 마시긴 했으나 하나님께서는 모세를 불러 책망하십니다. "너희가 나를 믿지 아니하고…너희는 이 회중을 내가 그들에게 준 땅으로 인도하여 들이지 못하리라"(민 20:12).

　결국 이 사건으로 모세와 아론, 그리고 출애굽 1세대 백성들 모두가 가나안 입성에 실패합니다. 이스라엘 자손은 하나님과 다투었던 이곳을 '므리바 물'이라고 명명합니다.

　마음 관리에 실패한 모세는 이 말년의 실수로 하나님의 거룩하심을 나타낼 수 없었습니다. 분노는 하나님과의 관계를 가로막는 가장 큰 방해요소입니다.

　화를 내고, 치열하게 다투는 것으로도 맡겨진 일을 할 수는 있습니다. 결과는 같을 수 있습니다. 그러나 하나님께서 우리에게 원하시는 것은 그 모든 것을 통해 하나님의 영광을 드러내는 것입니다.

　특히 노년기를 아름답게 보내려면 무엇보다 화를 잘 다스릴 줄 알아야 합니다. 심지어 '앵그리 올드'라는 단어가 있을 정도로 노년기에는 무시당하고 있다는 억울함으로 쉽게 분노가 생길 수 있습니다. 이는 예전과 같지 않은 상실감 때문입니다. 모세의 말년 실수는 결국 억눌렀던 상한 감정을 온전히 표현함으로 치유하지 않았기 때문에 벌어진 일입니다. '속상하다', '슬프다' 등 자신의 감정이나 상태를 직접 말하는 것은 매우 중요합니다.

　말년을 아름답게 보내기 위해서는 마음을 다스리는 지혜를 찾아야 합니다. 화를 내면 주위 사람들이 상처를 입습니다. 그러나 그것보다 더 큰 상처를 입는 사람은 바로 화를 내는 자신입니다.

　"오, 주여.
　모세의 말년 실수를

반면교사로 삼게 하소서.
분노를 조절하고 마음 관리에
승리하게 하소서.
이 아침의 기도입니다."

아직 공사 중

"나라가 임하시오며 뜻이 하늘에서 이루어진 것같이 땅에서도 이루어지이다"(마 6:10).

성서 신학자 오스카 쿨만은 성경에 나타난 시간을 '이미'와 '아직'이라는 두 개념으로 설명합니다. 이보다 더 쉬운 성경의 시간 개념은 없습니다.

우리는 말씀을 묵상할 때도 항상 '이미'와 '아직' 사이의 긴장 상태에서 하나님의 뜻을 이해하게 됩니다. 이미 확정된 하나님의 뜻이 아직 우리 가운데 이루어지지 않은 것입니다. 그래서 주님은 "뜻이 하늘에서 이루어진 것같이 땅에서도 이루어지도록" 기도하라고 하십니다. 이미 이루어진 하나님의 뜻을 말씀에서 발견하고, 그 뜻이 우리 삶에서 이루어지도록 기도하는 것입니다.

우리의 뜻을 이루게 해달라는 것이 아니라, 하나님의 뜻을 깨닫고 확증하는 것으로 기도는 시작됩니다. 비유한다면 우리가 세계사에서 배운 'D-day'와 'V-day'의 두 가지 표현과 같습니다. 이는 제2차 세계대전 당시 연합군이 독일군에게 승리하는 과정에서 이루어진 두 단계입니다. 작전개시일인 'Decision day'와 마지막 승리의 날인 'Victory day'에서 첫 글자만 따온 표현입니다.

연합군이 노르망디 상륙작전을 시작한 날이 'D-day'입니다. 그러나 아직 완전히 전쟁을 승리로 마친 것이 아닙니다. 연합군이 독일의 수도 베를린을 공격하여 함락시켰을 때 비로소 종전됩니다. 그래서 마지막 승리를 이루는 날이 'V-Day'입니다. 그러니까 'D-Day' 이후 'V-Day' 이전까지는 국지적으로 저항하는 독일군과 싸울 수밖에 없습니다.

우리의 구원도 마찬가지입니다. 예수님은 2천 년 전 '이미' 십자가에서 승리를 거두셨습니다. 그러나 '아직' 끝난 게 아닙니다. 숨통이 완전히 끊어지지 않은 상태에서 사탄은 꿈틀거리며 발악을 합니다. 그러다 마지막 예수님의 재림 시에 완전히 패배할 것입니다.

그때까지 우리는 '이미' 구원받았지만, 죄와 사탄의 시험 가운데서 영적 전투를 '아직' 치러 나가야 합니다. 우리는 모두 이 과정에 있습니다. 우리는 '하나님이 만드신 작품'(엡 2:10)입니다. 그러나 아직 '완성된' 작품이 아닙니다. 뼈대와 골격은 이루어졌지만 아직 내부공사가 덜 끝나서 한창 공사 중입니다. 그래서 우리의 이마에는 모두 '공사 중'이라는 팻말이 붙어 있는 셈입니다. 서로 돌봄이 필요한 작품들입니다.

어느 초등학교 교실에서 있었던 일입니다. 아이들이 한 사람씩 글짓기 발표를 하고 있었습니다. 제목은 '부모님이 하시는 일'이었습니다. 이이들은 각자 부모님의 직입을 재미나게 발표했습니다. 그런데 다음 순서로 발표할 아이를 보고 선생님은 가슴이 철렁 내려앉고 말았습니다. 그 아이는 부모가 이혼하고 가정형편이 어려워져 보육원에서 생활하고 있었기 때문입니다. 선생님은 이 아이를 미처 생각하지 못했던 자신을 원망하며 초조하게 아이의 발표를 지켜봤습니다.

"우리 엄마의 직업은 아이들을 보살피는 일입니다. 그런데 아이들이 너무 많아 빨래도 많이 하고, 청소도 많이 하고, 설거지도 많이 합니다. 그래서 엄마는 항상 바쁘시지만, 우리가 자려고 불 끄고 누우면 '잘 자라, 사랑한다'라고 언제나 큰 소리로 우리에게 말씀해 주십니다."

아이는 마지막 문장을 읽기 전 가슴이 벅차오르는지 조금 말을 더듬습니다. "그래서 나는 엄마가 참 좋습니다." 반 친구들은 별다른 반응이 없었습니다. "우리 엄마도 집에서 그렇게 하시는데…." "저 애는 형제가 많나 봐." 수근대며 그 아이의 발표를 들었습니다. 하지만 선생님은 알고 있었습니다. 그 엄마는 보육원의 원장님이었을 것입니다. 선생님은 발표를 마치고 내려오는 아이에게 다가가 따뜻하게 안아 주었습니다.

'이미'와 '아직' 사이에서 완성을 향해 나아가는 우리 한 사람 한 사람은 아직 미완의 작품(포에마)이며 공사 중입니다. 우리 모두 서로 다른 사연이 담긴 그리스도의 편지입니다. 그래서 서로 보듬고 부족함을 따뜻하게 안아 줄 때 완성을 향해 힘차게 나아갈 수 있습니다. 이미 하나님의 뜻이 우리 가운데 이루어졌기 때문입니다.

"오, 주여.
우리는 미완의 작품입니다.
서로 보듬고 나아가게 하소서.
이미 시작된 주의 은혜를 붙들고
나아가게 하소서.
이 아침의 기도입니다."

기막힌 우연

"그들은…다른 길로 고국에 돌아가니라"(마 2:12).

태어난 지 20일 만에 부모에게 버림받은 한 아이가 있었습니다. 카자흐스탄에서 태어난 네 살짜리 키릴입니다. 키릴은 여섯 차례나 입양이 거부되었습니다. 태어날 때부터 오른팔이 없었기 때문입니다. 선천적 장애 때문에 부모에게 버림받았고, 이 때문에 입양도 이루어지지 않았습니다.

그래서 입양 알선 단체에서는 키릴의 장애를 미리 알리기로 했습니다. 그리고 얼마 후 캐나다의 한 부부에게서 꼭 그 아이를 입양하고 싶다는 연락이 왔습니다. 그 부부가 키릴을 입양하기 원했던 이유는, 아이가 캐나다의 공항에 도착했을 때 알 수 있었습니다. 입양 부모는 (시)아버지 크리스와 함께 공항에 마중 나왔습니다.

키릴은 오른쪽 팔꿈치 아랫부분이 없어 반소매 밑으로 팔 끝부분이 삐죽 나온 채였습니다. 공항에 도착한 키릴에게 제일 먼저 다가간 사람은 할아버지 크리스였습니다. 키릴은 환한 미소를 짓고 있는 할아버지의 팔을 보고 깜짝 놀랐습니다. 자신과 똑같이 오른팔이 없었던 것입니다. 크리스는 그들이 처음 만났던 순간을 이렇게 설명합니다.

"나는 아이 앞에 무릎을 꿇고 오른팔을 보여 줬어요. 그냥 쭉 내밀었죠. 키릴이 흠칫 놀라더니 곧 그의 오른팔을 뻗어 내 오른팔을 만졌어요. 그때 키릴의 표정을 나는 잊을 수가 없어요."

오른 팔이 없는 공통점을 지닌 키릴과 크리스는 금세 친해졌습니다. 그리고 현재 그들은 서로를 볼 때마다 짤막하게 남은 오른팔 끝부분으로 하이 파이브를 합니다.

3년 전부터 입양 준비를 한 이 캐나다 부부는 한 고아원에 오른팔이 없는 아이가 있다는 소식을 듣고 그들의 아버지 크리스를 떠올렸습니다. 그리고 아버지와 같은 처지인 이 아이를 입양하기로 결정했습니다. 크리스는 한쪽 팔이 없는 장애를 극복하고 사업가로 성공했으며, 장애인 올림픽에서도 두각을 나타냈던 자랑스러운 아버지였습니다. 아들은 말합니다.

"처음 아버지에게 키릴의 사진을 보여 줬을 때 아버지는 눈물을 흘리며 '나랑 똑같구나'라고 말씀하셨어요. 아버지는 키릴에게 완벽한 롤 모델이 될 것이라고 생각했지요."

장애 때문에 여섯 차례나 입양이 거부되었던 아이가 그들에게는 최우선 입양 조건이 된 것입니다. 키릴은 캐나다로 입양되어 부모가 생겼을 뿐 아니라, 자신의 롤 모델인 할아버지도 얻게 되었습니다.

키릴은 고아원에 있을 때는 부끄러워 목욕을 한 번도 제대로 한 적이 없지만 캐나다에 온 후 목욕하는 것을 좋아하게 되었고, 엄마 손에 팔꿈치를 잡힌 채 마켓에 가는 것을 좋아하게 되었습니다.

예수님께서 태어나신 2천 년 전의 상황도 별반 다를 바가 없었습니다. 키릴은 여섯 번 입양을 거절당했지만, 예수님은 "자기 땅에 오매 자기 백성이 영접하지 않는" 아픔을 겪으셨습니다(요 1:11).

요셉과 마리아는 예수님 탄생 즈음에 격동의 세월을 지내며 나사렛에서 베들레헴으로, 베들레헴에서 애굽으로, 애굽에서 나사렛으로 이동하는 고난의 행군을 해야만 했습니다.

주님의 탄생을 알고 경배한 사람은 이방인 동방박사들이었습니다. 그들은 순진하게도 헤롯에게 가서 유대인의 왕의 탄생지를 묻습니다. 성경 지식이 없었기 때문입니다. 아기 예수의 탄생 소식을 듣자 음흉한 속내를 감춘 헤롯은, 자신도 유대의 왕에게 경배하기 원하니 돌아오는 길에 자기에게 탄생지를 알려 달라고 부탁합니다. 그리고는 아기 예수를 죽이려는 계획을 세웁니다. 그러나 동방박사들은 꿈에 지시받은 대로 익숙하지 않은 다른 길로 갑니다. "그들은…다른 길로 고국에 돌아가니라."

이는 하나님의 작전이 드러난 사건입니다. 하나님의 사람은 자신의 뜻대로 하지 않습니다. 하나님을 사랑하는 사람은 뜻하지 않은 하나님의 인도하심에 순종합니다.

하나님의 작전은 때로 우리의 예측을 불허합니다. 그러나 모든 것을 미리 아시는 하나님은 우리를 가장 좋은 것으로 인도하십니다. 그래서 미리 알 수 없는 우리에게는 기막힌 우연처럼 보입니다. 그러나 기막힌 우연은 없습니다. 오직 하나님의 작전일 뿐입니다.

오늘은 '나의 기도하는 것보다'를 부르면서 하루를 시작하기 원합니다.

> 나의 기도하는 것보다
> 더욱 응답하실 하나님
> 나의 생각하는 것보다
> 더욱 이루시는 하나님
> 우리 가운데 역사하신
> 능력대로 우리들의 간구함을
> 넘치도록 능히 하실 주님께
> 모든 영광과 존귀 찬양과
> 경배를 돌릴지어다

기막힌 아침
왓 어 모닝!

1판 1쇄 인쇄 _ 2023년 1월 25일
1판 1쇄 발행 _ 2023년 1월 30일

지은이 _ 이강
펴낸이 _ 이형규
펴낸곳 _ 쿰란출판사

주소 _ 서울특별시 종로구 이화장길 6
편집부 _ 745-1007, 745-1301~2, 743-1300
영업부 _ 747-1004, FAX 745-8490
본사평생전화번호 _ 0502-756-1004
홈페이지 _ http://www.qumran.co.kr
E-mail _ qrbooks@daum.net / qrbooks@gmail.com
한글인터넷주소 _ 쿰란, 쿰란출판사
페이스북 _ www.facebook.com/qumranpeople
인스타그램 _ www.instagram.com/qrbooks
등록 _ 제1-670호(1988.2.27)
책임교열 _ 이주련·이화정

ⓒ 이강 2023   ISBN 979-11-6143-796-5   03230

책값은 뒤표지에 있습니다.
이 출판물은 저작권법에 의해 보호를 받는 저작물이므로 무단 복제할 수 없습니다.
파본(破本)은 구입처에서 교환해 드립니다.